एक सच्ची कहानी– किस तरह 120 भारतीय सैनिकों ने 5,000 चीनी सैनिकों का सामना किया!

18 नवंबर, 1962 को 13 कुमाऊँ रेजिमेंट, कुमाऊँ बटालियन की चार्ली कंपनी ने भारत के लद्दाख में स्थित रेजांग ला पर चीनी आक्रमण के विरुद्ध युद्ध किया। इस कंपनी में 120 सैनिक थे जिनका नेतृत्व मेजर शैतान सिंह ने किया था। इस आक्रमण में, इन सैनिकों में से 110 ने वीरगति प्राप्त की।

भारतीय खोजी दल, जिसने युद्ध-क्षेत्र का 10 फरवरी, 1963 को दौरा किया और इसने आश्चर्यजनक खोज की– जवानों के जमे हुए शरीर जो अभी तक अपने हथियारों को अपने हाथों में पकड़े हुए थे और जिन्होंने अपनी छाती पर गोलियाँ खाई थीं। एक परम वीर चक्र, आठ वीर चक्र, चार सेना पदक और एक मेंशंड-इन-डिस्पैचेज से चार्ली कंपनी के सैनिकों को सम्मानित किया गया, जिसके कारण आज तक यह भारतीय सेना की सर्वाधिक अलंकृत कंपनी बनी हुई है। चार्ली कंपनी की वीरता ने न केवल सफलतापूर्वक चीनी बढ़त को रोक दिया, बल्कि इसके कारण चुशुल हवाई अड्डा भी बच गया, जिससे 1962 में संपूर्ण लद्दाख क्षेत्र पर संभावित चीनी अधिकार अवरुद्ध हो गया। रिपोर्टों के अनुसार, रेजांग ला पर अधिकार करने के प्रयास में कुल 1,300 चीनी सैनिक मारे गए थे। चार्ली कंपनी एक पूरी अहीर कंपनी थी और 18,000 फुट ऊँचे भू-भाग पर लड़े गए युद्ध में भाग लेने वाले अधिकांश सैनिक हरियाणा के मैदानी भागों से थे।

रेजांग ला की शौर्य गाथा उन्हीं वीरों की कहानी है।

भारत @75 पुस्तकमाला

रेजांग ला की शौर्य गाथा

कुलप्रीत यादव

अनुवाद : ए. के. गांधी

nbt.india
एकः सूते सकलम्
राष्ट्रीय पुस्तक न्यास, भारत
NATIONAL BOOK TRUST, INDIA

मूल अंग्रेजी पुस्तक 'The Battle of Rezang La' का प्रकाशन वर्ष 2021 में पेंगुइन रैंडम हाउस इंडिया द्वारा किया गया था।

ISBN 978-93-5491-415-7

पहला संस्करण : 2022
तीसरी आवृत्ति : 2025 (*शक* 1947)

Rezang La Kee Shaurya Gatha (Hindi)

₹ 290.00

निदेशक, राष्ट्रीय पुस्तक न्यास, भारत
5 इंस्टीट्यूशनल एरिया, वसंत कुंज,
नई दिल्ली-110070 द्वारा प्रकाशित

www.nbtindia.gov.in

इस पुस्तक में वर्णित लोगों के नाम और घटनाएँ वास्तविक हैं, लेकिन वार्ताओं को बचे हुए लोगों के साथ व्यक्तिगत साक्षात्कार, युद्ध के उपलब्ध आधिकारिक अभिलेखों, तार्किक अनुमान और सामान्य रूप से उपलब्ध यथार्थ वर्णनों के आधार पर पुनर्रचित किया गया है। हालाँकि लेखक ने यह सुनिश्चित करने का भरपूर प्रयास किया है कि पुस्तक में दी गई सूचना सही हो, लेकिन लेखक त्रुटियों, अशुद्धियों, चूकों तथा अन्य प्रकार की असंगतता के लिए उत्तरदायी नहीं है और किसी पक्ष को किसी हानि, क्षति या व्यवधान के लिए किसी भी दायित्व का परित्याग करता है, जो त्रुटियों या चूकों के कारण हुई हों, चाहे ऐसी त्रुटियाँ या चूक लापरवाही, दैवयोग या अन्य किसी कारण से हुई हों।

“आप संसार के सैनिक इतिहास में ऐसे उदाहरणों को कम ही पाते हैं जिसमें इतनी भारी विषमताओं का साहसपूर्वक सामना करते हुए सैनिक अंतिम गोली और अंतिम योद्धा तक लड़े हों। निश्चित रूप से, रेजांग ला का युद्ध ऐसा ही एक चमकता हुआ उदाहरण है।”

–जनरल टी.एन. रैना, भूतपूर्व सेनाध्यक्ष

(जनरल टी.एन. रैना 114 ब्रिगेड के ब्रिगेड कमांडर थे जिनकी संक्रियात्मक कमान के अधीन 13 कुमाऊँ की चार्ली कंपनी ने 1962 में रेजांग ला का युद्ध लड़ा।)

“चार्ली कंपनी के सर्वोच्च बलिदान ने मेरी आशाओं को पूरा किया है। मुझे आशा है कि एक उचित स्मारक को हरियाणा में बनाया जाएगा, ताकि आने वाली पीढ़ियाँ अपने पूर्वजों के अपरिमित साहस और वीरता से प्रेरणा ले सकें।”

–जनरल के.एस. थिमैया, भूतपूर्व सेनाध्यक्ष

“जब रेजांग ला का बाद में दौरा किया गया, मृत जवानों को खाइयों में अपने हथियारों को अभी भी पकड़े हुए पाया गया...इस कंपनी का प्रत्येक जवान अपनी खाई में अनेक गोली या बम के टुकड़ों के घावों के साथ पाया गया। दो इंची मोर्टार चालक की मृत्यु हाथ में पकड़े बम के साथ हुई। मेडिकल अर्दली के हाथों में सिरिंज और पट्टियाँ थीं, जब चीनी गोली ने उन्हें मार डाला...एक हजार बमों में केवल सात को छोड़कर सभी को चला दिया गया था और शेष भी दागे जाने के लिए तैयार थे, जब (मोर्टार) सेक्शन पर अधिकार कर लिया गया।”

–मेजर जनरल इयान कार्डोजो (सेवानिवृत्त)

“जब चीनियों ने विशाल संख्या में आक्रमण किया और मृत्यु स्पष्ट थी। इन वीर अहीरों ने अंतिम जवान, अंतिम गोली तक अपने मोर्चों को

दृढ़ता से पकड़े रखा, हालाँकि उनके पास पीछे हटने और पहाड़ी के पीछे जाती ढलान पर लुढ़कने का अवसर था। नहीं, उन्होंने ऐसा नहीं किया। उन्होंने राष्ट्र की रक्षा करते हुए अंत तक अपने मोर्चे को सँभाले रखने को चुना, जबकि सामने भयंकर विषमताएँ थीं। क्या कोई संसार में ऐसे अमर साहस, कर्तव्यपरायणता और सर्वोच्च बलिदान के किसी अन्य उदाहरण को बता सकता है? नहीं, ऐसा कोई नहीं है।"

–ले. जनरल डी.डी. सकलानी (सेवानिवृत्त), भूतपूर्व कर्नल, कुमाऊँ रेजिमेंट

(ले. जनरल डी.डी. सकलानी 1962 में कैप्टन के रूप में 13 कुमाऊँ बटालियन के एडजुटेंट थे और मेजर शैतान सिंह से बात करने वाले अंतिम अधिकारी थे।)

"प्रतिष्ठित स्वर्गीय मेजर शैतान सिंह, परमवीर चक्र विजेता, के अधीन बटालियन की 'सी' कंपनी के वीर जवानों ने रेजांग ला में ऐसा युद्ध किया जिसके समान पूरे इतिहास में भारतीय सेना की किसी इकाई ने कभी नहीं किया था।"

–ब्रिगेडियर रघुनाथ वी. जाटार (सेवानिवृत्त)

(ब्रिगेडियर रघुनाथ वी. जाटार 13 कुमाऊँ बटालियन की 'बी' और 'डी' कंपनियों के चौकी कमांडर थे, जो रेजांग ला के उत्तर में स्थित मैगर हिल पर तैनात थीं।)

"मुझे इतिहास के पृष्ठों में इस तरह के किसी और युद्ध के बारे में ज्ञात नहीं है।"

–ले. जनरल के. बहादुर सिंह (सेवानिवृत्त), भूतपूर्व जी.ओ.सी.-इन-सी, केंद्रीय कमान, भारतीय सेना

"13 कुमाऊँ के मेजर शैतान सिंह और उनकी 'सी' कंपनी द्वारा प्रदर्शित वीरता, पराक्रम और देशभक्ति सर्वश्रेष्ठ प्रतिष्ठित अपवादों में से एक है जिसने भारतीय सेना के सम्मान को पुनर्स्थापित कर दिया और प्रत्येक सैनिक द्वारा अनुकरण योग्य उपाख्यान रचित कर दिया।"

–ले. जनरल आर.आर. गौर (सेवानिवृत्त), भूतपूर्व महानिदेशक इन्फेंट्री

सीमा पर तैनात प्रत्येक जवान के लिए जो अपने परिवार के बारे में सोचे बिना अपने प्राण न्योछावर कर देता है, ताकि हम स्वतंत्र रह सकें।

अनुक्रम

प्राक्कथन

मुझे प्रायः आश्चर्य होता है कि हमारे पास चीन के साथ 1962 के युद्ध के दौरान हुए वीरतापूर्ण युद्धों की गाथाओं पर और पुस्तकें व फिल्में क्यों नहीं हैं, जिन्हें हमारे जवानों ने लड़ा? जब मुझे 'रेजांग ला की शौर्य गाथा' पर एक प्राक्कथन लिखने के लिए आमंत्रित किया गया तो मैंने इसे तुरंत स्वीकार कर लिया। मैं यह देखकर प्रसन्न हूँ कि यह पुस्तक इस असाधारण युद्ध की एक दृढ़ नींव का निर्माण करती है, जिसे हमारे राष्ट्र को अभी तक जानने और इस पर वार्ता करने से वंचित रखा गया है।

'रेजांग ला की शौर्य गाथा' की कथा में वे तत्व हैं, जिनसे महाकाव्य रचित होते हैं। 13 कुमाऊँ, जो कुमाऊँ रेजिमेंट की पूर्णतः अहीर बटालियन है, ने वीरतापूर्वक युद्ध किया और एक निश्चित पराजय को भारतीय सेना या कहें तो पूरे संसार के इतिहास में भयंकरतम अंतिम मोर्चों में से एक बना दिया। यह तथ्य है कि केवल 120 इन्फेंट्री सैनिक विश्व की सबसे बड़ी सेना को रोकने में सफल हुए, जो इन सैनिकों के साहस, व्यावसायिक प्रेरणा और प्रतिबद्धता का प्रमाण है। उन्होंने न केवल एक भी इंच पीछे हटने से मना कर दिया, बल्कि ये बहादुर सैनिक अपनी खाइयों में से बाहर कूद पड़े और अपने खाली हाथों व बैनटों का प्रयोग कर शत्रु-सेना में घुस

पड़े। वे इतनी श्रेष्ठता से प्रेरित और भयहीन थे कि चीनियों ने भी उनकी वीरता और शूरवीरता को स्वीकार किया।

युद्ध के तीन महीने बाद, जब कंपनी कमांडर सहित इन बहादुरों के नश्वर अवशेष पाए गए थे, यह देखा गया था कि उनमें से प्रत्येक ने अपनी छाती पर गोली खाई थी (उनमें से किसी ने भी पीठ पर गोली नहीं झेली थी)। ब्रिगेडियर टी.एन. रैना को उनकी वीरता के बारे में यह कहना पड़ा, "आप संसार के सैनिक इतिहास के ऐसे उदाहरणों को कम ही पाते हैं, जब इतनी भारी विषमताओं का साहसपूर्वक सामना करते हुए सैनिकों ने अंतिम गोली और अंतिम जवान तक लड़ाई की हो। निश्चित रूप से रेजांग ला का युद्ध ऐसा ही एक चमकता हुआ उदाहरण है।" वास्तव में, इन सैनिकों के विरुद्ध विषमताएँ भारी थीं; वे संख्या में, अस्त्र-शस्त्र में और मौसम में अपने शत्रु से कहीं कमतर थे, लेकिन उनमें से प्रत्येक ने किसी सच्चे नायक के रूप में लड़ाई की और संसार को प्रमाणित कर दिया कि दृढ़ निश्चय, मनोबल और विश्वास किसी भी भौतिक विषमता से कहीं बड़े हैं।

रेजांग ला की कहानी को सभी भारतीयों को सुनाए जाने की आवश्यकता है, विशेष रूप से युवा पीढ़ी को जिनके पास वीरता और साहस के इस आश्चर्यजनक वर्णन की किसी अधिकृत और वास्तविक कहानी तक पहुँच नहीं है। प्रत्येक व्यक्ति को वह मूल्य जानना चाहिए, जो 1962 में भारत की रक्षा करने के लिए चुकाया गया था। आज हमारे पास एक नहीं, बल्कि तीन स्मारक हैं, इस असाधारण युद्ध को लड़ने वाले सैनिकों को सम्मानित करने और स्मरण करने के लिए। उनमें से एक रेजांग ला के निकट ही है, एक रेवाड़ी (हरियाणा) में और एक अन्य गुरुग्राम में है।

एक ऐसे व्यक्ति के रूप में जिसने हमेशा सामने से नेतृत्व करने के व्यक्तिगत उदाहरण को बनाया, यह मेरे लिए बड़े सम्मान की बात है कि मैं एक ऐसी पुस्तक का प्राक्कथन लिख रहा हूँ, जो उन सैनिकों की वीरता और बहादुरी का समर्थन करती है, जिन्होंने भारतीय सेना की उच्चतम

परंपराओं के अनुसार मातृभूमि की रक्षा की। मैं विश्व का अकेला जनरल रैंक का अधिकारी हूँ, जिसने आयरनमैन चैलेंज को पूरा किया है, हमेशा अपनी दृष्टि उच्चतर लक्ष्य पर बनाए रखी है और उन सीमाओं को और बढ़ाया है, जो शरीर तथा मस्तिष्क प्राप्त कर सकते हैं। इस असाधारण युद्ध में कंपनी कमांडर मेजर शैतान सिंह से लेकर जूनियर कमीशंड अधिकारियों और बहादुर जवानों तक, सभी ने अनुकरणीय मानसिक और शारीरिक शक्ति तथा राष्ट्र के लिए एकाग्र प्रेम व समर्पण का प्रदर्शन किया है, जो भारतीयों को आने वाली पीढ़ियों तक प्रेरित करता रहेगा। 13 कुमाऊँ की चार्ली कंपनी के प्रत्येक जवान ने लंबे-तगड़े लांस नायक सिंह राम, जिन्होंने खाली हाथों से शत्रु सैनिकों को मार डाला, से लेकर नायक गुलाब सिंह तक, जिन्होंने शत्रु की मध्यम मशीनगन पर घात लगाई और नायक राम कुमार तक, जिन्होंने नौ गोलियाँ लगने और बम के टुकड़े से नाक उड़ने के बाद भी तीन इंच के मोर्टार को दागना बंद नहीं किया; उन सभी में स्टील की हिम्मत थी। मैं आश्वस्त हूँ कि यह पुस्तक न केवल प्रत्येक व्यक्ति को स्वाधीनता के मूल्य को याद दिलाएगी, बल्कि नई पीढ़ियों को रेजांग ला के असाधारण युद्ध के वीर नायकों की शूरवीरता से पाठ सीखने को प्रेरित करेगी।

जय हिंद!

25 जनवरी, 2021

मेजर जनरल विक्रम देव डोगरा
अति विशिष्ट सेवा मेडल

आमुख

जब मैं छात्र था, मेरा भाई और मैं अपने माता-पिता के साथ हरियाणा में स्थित हमारे पुश्तैनी गाँव कोसली की यात्रा गर्मियों की छुट्टियों को बिताने के लिए किया करते थे। यह मेरे जीवन का निश्चिंत काल था और मेरे पास उन दिनों की स्नेहमयी स्मृतियाँ हैं– धानी-भुगदा (भुने हुए जौ और चने) चबाना, आइसक्रीम कैंडी बार चाटना, देशी घी में भीगी हुई रोटी खाना, गाँव की सीमा के निकट के जंगल से बेर बीनना, अपनी भैंसों को तालाब पर ले जाना, आर्य समाज आश्रम से मोरपंख एकत्र करना, अनेक हवेलियों में आइस-पाइस खेलना जो हमारे रिश्तेदारों की थीं और पतंग उड़ाना। गुलगुले, लाडु (वे लड्डू हुआ करते थे साबुत काली मिर्च के साथ, क्या आप विश्वास कर सकते हैं?), चूरमा और घी-बूरा कभी-कभी मिलने वाले व्यंजन हुआ करते थे। मैं जानता हूँ कि आपमें से अनेक ने इन भोजन पदार्थों के नाम भी नहीं सुने होंगे और मैं इसके लिए आपको दोष नहीं दे सकता, क्योंकि मैं उस समय की बात कर रहा हूँ जब हमारी अपनी उप-संस्कृति अभी तक अक्षुण्ण थी।

इन छुट्टियों में एक बात जो नियमित रूप से होती थी, वह थी रेजांग ला के युद्ध की बात, जिसमें मेजर शैतान सिंह और 13 कुमाऊँ बटालियन की चार्ली कंपनी के जवानों ने चीनियों के विरुद्ध एक पराक्रमी युद्ध लड़ा

था। जिन लोगों को मैं जानता था, उनमें से मेरे अपने परिवार सहित अधिकांश परिवारों के यदि अधिक नहीं तो कम-से-कम एक रिश्तेदार ने इस युद्ध में भारत की रक्षा की थी और अपना जीवन बलिदान किया था। उन दिनों महिलाएँ वीरता की रागनियाँ (लोकगीत) गाया करती थीं– वे अभी भी गाती हैं– और प्रत्येक व्यक्ति को रेजांग ला के युद्ध के नायकों पर गर्व था। और जब मैं अपनी छुट्टियों से वापस आया करता, साल-दर-साल, जब मैं केंद्रीय विद्यालय, सेक्टर 31, चंडीगढ़, जहाँ मैं पढ़ता था, में अपने सहपाठियों को इस युद्ध के बारे में बताता तो पाता कि उनमें से किसी ने इसके बारे में नहीं सुना है।

जब मैंने पुणे के नौरोसजी वाडिया कॉलेज में प्रवेश लिया तो भी इस बात में कोई परिवर्तन नहीं हुआ। छात्रों ने भी रेजांग ला के युद्ध के बारे में कभी नहीं सुना था। उस समय मैंने सोचा कि यह सामान्य था। आखिरकार भारत एक विशाल देश है।

1991 में मैंने नौसेना अधिकारी अकादमी में प्रवेश लिया और अधिकारी बनने का प्रशिक्षण लेना आरंभ किया। मैं कुछ प्रसिद्ध भारतीय और वैश्विक युद्धों के बारे में पढ़ना चाहता था, लेकिन यहाँ भी जब भी मैंने अपने अनुदेशकों से रेजांग ला के बारे में बात की, उनमें से किसी ने भी हमारे सैनिकों के इस वीरतापूर्ण 'आखिरी जवान, आखिरी गोली' के मोर्चे के बारे नहीं सुना था। बाद में जब मैंने भूमि पर या समुद्र में जिन इकाइयों में सेवा की, मुझे एक भी ऐसा अधिकारी या जवान नहीं मिला, जिसे इस युद्ध के बारे में कुछ पता हो। इसने मुझे निराश किया, लेकिन अब तक मैं समझ चुका था कि इसका कारण सूचना की अनुपस्थिति है। 1962 की पराजय, जिसमें नेहरू-नीत भारत अपमानजनक ढंग से चीन से हारा था, को लोकवार्ताओं में चर्चा का विषय नहीं बनने दिया जाता था; पुस्तकें, बहस, सेमीनार और पाठ्यपुस्तकों के पाठ इसके बारे में कभी बात नहीं किया करते थे और इसलिए इसमें कोई आश्चर्य नहीं कि उन जवानों की कहानी को बस किनारे कर दिया गया, जिन्होंने सभी विषमताओं के

विरुद्ध लड़ते हुए युद्ध का वरण किया था। आखिरकार कुछ ऐसे सेना के जनरल थे, जिन्हें बचाया जाना था; ऐसे मंत्री थे, जिन्हें लोकनिंदा से दूर रखा जाना था और राजनीतिक संस्थान की धारणा को हर संभव सीमा तक बनाए रखा जाना था।

अंत में, वर्ष 2014 में, 23 वर्ष सेवा करने के बाद मैंने भारतीय तटरक्षक बल से कमांडेंट के रैंक पर स्वेच्छा से सेवानिवृत्ति ले ली। तब से मैंने विभिन्न विधाओं में एक दर्जन से अधिक पुस्तकों का लेखन किया है जिनमें जासूसी, रोमांस और वास्तविक अपराध शामिल हैं। 2018 में जब रेजांग ला युद्ध के बारे में एक पुस्तक लिखने का विचार आया तो यह दैवी अभिव्यक्ति के रूप में था, जिसने मुझे विश्वास दिलाया कि मेरे जीवन की इससे पूर्व की घटनाएँ इस क्षण के लिए निर्माता मात्र थीं।

मैं एक विस्तृत प्रस्ताव लिखने बैठ गया, जिसका अनुमोदन 'पेंगुइन रैंडम हाउस इंडिया' द्वारा कुछ ही सप्ताहों में हो गया। अंततः मुझे इस युद्ध के सत्य को जीवंत करने का अवसर प्राप्त हो रहा था। जबकि मुझे ज्ञात था कि इस युद्ध के बारे में तथ्यों को प्राप्त करना एक संघर्ष होगा और जो बात मेरे मन में सबसे ऊपर थी कि मैं बचे हुए लोगों और जिन्होंने इस युद्ध में बलिदान दिया था, उनके परिजनों के लिए भावनात्मक पीड़ा का वाहक बनूँगा, क्योंकि वे उन क्षतियों को एक बार फिर याद करेंगे, लेकिन जब मैं अगले दो वर्ष के दौरान इस पुस्तक के संबंध में शोध करने और लेखन करने लगा तो पाया कि इसने मुझे संघर्ष से कहीं अधिक तृप्ति का भाव दिया। यह मानो ऐसा था कि कोई अदृश्य शक्ति मुझे प्रोत्साहित कर रही थी। मैं जहाँ भी गया, शहीदों के संबंधियों सहित सभी लोगों ने मुझसे जोशीली मुस्कराहट, खुली बाँहों और गर्व की भावना के साथ भेंट की जिसने मेरे हृदय को अवर्णनीय भाव से भर दिया।

1962 के युद्ध से संबंधित वर्तमान पुस्तकों और संस्मरणों में इस लड़ाई के बारे में पर्याप्त रूप से नहीं लिखा गया है, इसलिए इस अवधि की दर्जनों पुस्तकों को पढ़ने का प्रयास निष्फल ही गया। यह वह समय था, जब मैंने

बचे हुए लोगों को खोजना आरंभ किया और मैं दो अधिकारियों तथा चार जूनियर कमीशंड ऑफिसर्स (जे.सी.ओ.) को खोज सका, जो इस युद्ध से सीधा संबंधित थे।

ब्रिगेडियर रघुनाथ वी. जाटार (सेवानिवृत्त) उस समय मेजर के रूप में ब्रावो और डेल्टा कंपनियों के कमांडर थे और उनकी तैनाती रेजांग ला के निकट 'मैगर हिल' नामक पहाड़ी पर हुई थी। उन्होंने युद्ध के दौरान चार जवानों का एक गश्ती दल और विवरण खोजने भेजा था तथा उनमें से दो की क्षति हो गई थी। ब्रिगेडियर प्रेम कुमार (सेवानिवृत्त) उस समय कैप्टन थे और उन्होंने अक्तूबर, 1962 के अंत में रेजांग ला पर तैनात एक प्लाटून का नेतृत्व किया था, जिसके बाद वह हाई एल्टीट्यूड पल्मोनरी ओडेमा (एच.ए.पी.ओ. या हैपो) से पीड़ित हो गए थे जिसके कारण उन्हें श्रीनगर के अस्पताल में भर्ती कराना पड़ा था और इसके बाद मेजर शैतान सिंह चार्ली कंपनी के शेष जवानों के साथ रेजांग ला पर आए थे।

कैप्टन (मानद) राम चंदर (सेवानिवृत्त) उस समय जमादार (इस ब्रिटिशकालीन रैंक को सरकार ने 1965 के बाद नायब सूबेदार के रूप में पुनर्नामकरण किया था) के रैंक पर थे और युद्धक्षेत्र में प्लाटून 9 के प्लाटून कमांडर थे। कैप्टन राम चंदर उस समय सिपाही थे और रेडियो ऑपरेटर के रूप में युद्धक्षेत्र में मेजर शैतान सिंह के बिलकुल साथ तैनात थे। हवलदार निहाल सिंह (सेवानिवृत्त) भी एक सिपाही थे और वह मेजर शैतान सिंह की व्यक्तिगत सुरक्षा के लिए कंपनी मुख्यालय में एक हलकी मशीनगन के साथ तैनात थे। हवलदार गजे सिंह (सेवानिवृत्त) भी एक सिपाही थे और वे प्लाटून 9 के साथ मोर्चे पर थे। जबकि मैं ब्रिगेडियर रघुनाथ वी. जाटार (सेवानिवृत्त) और ब्रिगेडियर प्रेम कुमार (सेवानिवृत्त) से दूरभाष पर बात कर पाया, मैं अन्य लोगों से मिलने हरियाणा में स्थित उनके गाँवों में गया।

इन अधिकारियों से बात कर और इन जे.सी.ओ. से भेंट कर मैं युद्ध के बारे में प्रत्यक्ष धारणा का निर्माण कर पाया, साथ ही मैं भाग्यशाली था कि मैं अन्य कई अधिकारियों, शोधकर्ताओं और इतिहासकारों से मिला,

जिन्होंने वर्षों तक रेजांग ला के युद्ध के बारे में पर्याप्त सूचना को एकत्र किया था। इनमें मेजर (डॉ.) टी.सी. राव (सेवानिवृत्त), डॉ. ईश्वर सिंह यादव, प्रो. के.सी. यादव, राव अजीत सिंह और श्री नरेश चौहान शामिल थे।

मेजर टी.सी. राव कुमाऊँ रेजिमेंट के एक अधिकारी थे और सेवानिवृत्ति के बाद एक सफल व्यापारी हैं। उन्होंने मुझे महत्वपूर्ण सूचना प्रदान की, क्योंकि वह अहीर शूरवीरता की पहचान में सक्रिय रूप से लगे हैं। डॉ. ईश्वर सिंह यादव ने इस युद्ध के नायकों से संबंधित आँकड़ों और सूचनाओं की चार भारी-भरकम फाइलों को दिया, जिन्हें वह दशकों से एकत्र कर रहे थे। प्रो. के.सी. यादव एक इतिहासकार और प्रवीण लेखक हैं। उन्होंने उदारतापूर्वक एक डायरी प्रदान की जिसका उन्होंने वर्ष 2012 में संग्रह किया था, जिसमें युद्ध-नायकों के अनेक परिजनों ने पत्र और चित्र जैसे व्यक्तिगत विवरण प्रदान किए थे। उन्होंने मुझे एक पुस्तक भी भेंट की, जो रेजांग ला युद्ध पर विभिन्न लेखों का संग्रह थी। उनमें से सबसे अधिक उल्लेखनीय है पंजाब के भूतपूर्व मुख्यमंत्री, कैप्टन अमरिंदर सिंह (सेवानिवृत्त) द्वारा लिखित एक विस्तृत वर्णन, जिसका शीर्षक है– 'द बैटल ऑफ रेजांग ला : ए ब्लो-बाय-ब्लो एकाउंट ऑफ द ब्लडिएस्ट बैटल इन द इंडियन मिलीट्री हिस्ट्री', जो उनकी पुस्तक 'लेस्ट वी फॉरगेट' से लिया गया है। और अंत में, श्री नरेश चौहान, जो 'रेजांग ला समिति' के अध्यक्ष हैं, ने वीरगति-प्राप्त सैनिकों के बारे में सूचनाओं को प्रदान किया। ज्ञातव्य हो कि रेजांग ला समिति ने युद्ध-नायकों की विधवाओं और परिजनों के लिए बहुत सारा कार्य किया है। इनके अतिरिक्त मैंने हरियाणा में अनेक गाँवों का दौरा किया और जितना संभव हो सका, उनके परिजनों से भेंट की।

इस युद्ध के सबसे अधिकृत स्रोतों में से एक थी 13 कुमाऊँ बटालियन की 'युद्ध दैनिकी' और मैं भाग्यशाली रहा कि मेरी प्रार्थना पर बटालियन ने एक दल को बनाया और वे इस 1960-70 की अवधि की हस्तलिखित, चमड़े में मढ़ी पुस्तक को पर्याप्त अच्छी अवस्था में खोज पाए।

इस पुस्तक को लिखना मेरे लिए भावनात्मक रूप से थकाने वाला अनुभव रहा है। यह एक अधिकारी और 120 जवानों की गाथा है, जिन्होंने 18 नवंबर, 1962 की बहुत ठंडी सुबह को हमारे राष्ट्र की रक्षा करने के लिए एक भयंकर युद्ध लड़ा। उनके हथियार पुराने थे, उनके पास गोला-बारूद कम था, उनके पास ठंड के विरुद्ध प्रभावी वस्त्र नहीं थे और उनके पास खाने को थोड़ा भोजन था। उनके पास केवल वे स्वयं थे, मेजर शैतान सिंह के रूप में एक उत्कृष्ट नेता थे, नायब सूबेदारों सुरजा राम, राम चंदर और हरि राम के रूप में अनुभवी रणनीतिज्ञ थे और अपनी मातृभूमि के लिए प्रेम था। और उस सुबह यह सब पर्याप्त था।

इस कथात्मक-तथ्यात्मक वर्णन को जितना संभव था, निष्पक्ष रूप से लिखने पर मुझे राहत महसूस हुई कि इन अनकहे नायकों की कहानी अब पाठकों के हाथ में है।

जय हिंद!

25 जनवरी, 2020 — **कुलप्रीत यादव**

नई दिल्ली — कमांडेंट (सेवानिवृत्त)

अनुवादक की कलम से...

1962 का भारत-चीन युद्ध स्वतंत्र भारत के इतिहास का अहम भाग रहा है, जिसकी विभिन्न घटनाओं के बारे में मुझे बचपन में दादाजी के मुख से सुनने का अवसर मिला, क्योंकि हमारे एक निकट संबंधी ने इस युद्ध में भाग लिया था। उसके बाद भारतीय वायु सेना में कार्य करते हुए मेरी विशेषज्ञता चीन से संबंधित एक विषय की थी, इसलिए जब राष्ट्रीय पुस्तक न्यास, भारत द्वारा मुझे इस पुस्तक का अनुवाद-कार्य सौंपा गया तो मेरी पुरानी स्मृतियाँ और भावनाएँ उमड़ आईं और इन भावनाओं को नियंत्रित करने में मुझे काफी प्रयास करना पड़ा, ताकि आपके सामने एक पठनीय पुस्तक प्रस्तुत कर सकूँ। राष्ट्रीय पुस्तक न्यास, भारत के लिए अनुवादक के रूप में मेरी यह तीसरी पुस्तक है।

'रेजांग ला की शौर्य गाथा' एक अनूठी कहानी है, जिसे लेखक ने एक अद्‌भुत विधि से वर्णित किया है। मैंने प्रयत्न किया है कि लेखक की मूल भावना और प्रवाह को निरंतर बनाए रखा जाए और साथ ही जहाँ-जहाँ वार्तालाप वर्णित है, उसे उस भाषायी कलेवर में परोसा जाए, जो भारतीय सेना में आमतौर पर प्रयुक्त होता है, जिसमें हिंदी भाषा के आधार में उर्दू, खड़ी बोली और अंग्रेजी भाषा के शब्दों का मिश्रण होता है। इस पुस्तक में हमारे शूरवीर सैनिकों के लिए आदरसूचक शब्दों और वाक्यों का प्रयोग

किया गया है, यह लिखना कि “वह गोली चला रहा था” अपमानजनक लगा, इसलिए सभी स्थानों पर सम्मानसूचक वाक्यों जैसे ‘‘वह गोली चला रहे थे” का प्रयोग किया गया है; उनके लिए साधारण वाक्यों का प्रयोग गले ही नहीं उतर पा रहा था। कुछ सैनिक शब्द आम पाठकों के लिए क्लिष्ट हो सकते हैं, इसलिए उनकी सरल हिंदी कोष्ठकों में प्रदान की गई है और कुछ सामान्य शब्दों का हिंदीकरण भी किया गया है, ताकि उनके प्रवाह में कोई अड़चन न आए। पुस्तक के अंत में, मूल लेखक द्वारा दी गई परिभाषाओं में हिंदी पाठकों के लाभ के लिए कुछ और शब्दों को भी जोड़ा गया है। इस अनुवाद में ले. कर्नल अमरदीप त्यागी और सूबेदार सुनील कुमार सिंह ने सेना से संबंधित तकनीकी शब्दों को समझने में योगदान दिया है, मैं उन दोनों का हृदय से आभारी हूँ।

आशा है कि इस पुस्तक को आपका प्यार प्राप्त होगा।

धन्यवाद!

ए.के. गांधी

इतिहासकार, लेखक और अनुवादक

1

29 सितंबर, 1962; बारामुला, जम्मू व कश्मीर

13 कुमाऊँ बटालियन को जम्मू व कश्मीर के बारामुला से लेह स्थानांतरित करने का आदेश दिया जाता है। उन्हें केवल कुछ घंटों का ही समय दिया जाता है। आदेश प्राप्त करने के तुरंत बाद कमान अधिकारी (सी.ओ.) अपने अधिकारियों के साथ बैठक करते हैं और जवानों को संबोधित करते हैं। मेजर शैतान सिंह, जो चार्ली कंपनी के कंपनी कमांडर हैं, भी अपने जवानों को संबोधित करते हैं और उन्हें बताते हैं कि वह कुछ दिनों के बाद उनसे आ मिलेंगे, क्योंकि उन्हें क्वार्टर मास्टर का दायित्व सौंपना था। वह आगे बताते हैं कि उनकी अनुपस्थिति में कैप्टन प्रेम कुमार चार्ली कंपनी का नेतृत्व करेंगे। इसके बाद मेजर शैतान सिंह भी अपनी कंपनी के तीनों प्लाटून कमांडरों के साथ एक ऑपरेशनल ब्रीफिंग (संक्रियात्मक वार्ता/निर्देश) करते हैं, जो हैं नायब सूबेदार सुरजा राम, नायब सूबेदार हरि राम और नायब सूबेदार राम चंदर। इसके बाद इकाई के वाहनों का काफिला अपनी यात्रा आरंभ करता है।

बारामुला में 13 कुमाऊँ के बटालियन मुख्यालय में लेफ्टिनेंट कर्नल एच.एस. धींगरा उस विगूढ़ित संदेश को घूर रहे थे, जो उनके पास हाल ही में आया था। अंततः सीमा पर तुरंत जाने के आदेश आ गए थे। बटालियन के कमान अधिकारी होने के कारण लेफ्टिनेंट कर्नल एस.एस. धींगरा के पास 800 से अधिक सैनिकों का नेतृत्व था। इस समय शाम के पाँच बजे थे और बाहर लगभग 15 डिग्री सेल्सियस का सुहावना तापमान था, जो अब कम होना आरंभ हो चुका था।

कमान अधिकारी को एक सख्त अधिकारी के रूप में जाना जाता था। वह मध्यम ऊँचाई और शरीर के एक सिख अधिकारी थे, लेकिन उनकी विशेषता उनकी मूँछें थीं, जो गुरुत्वाकर्षण को मात देते हुए हर समय तनी रहती थीं। उन्होंने उस रेडियो ऑपरेटर की ओर देखा, जो यह संदेश लेकर आया था और सिर की एक जुंबिश के साथ उसे बाहर जाने को कहा और तब उन्होंने टेलीफोन की ओर हाथ बढ़ाया। रेडियो ऑपरेटर स्फूर्ति से दरवाजे पर गया, मुड़ा और करारा सैल्यूट देकर चिल्लाया, "जय हिंद!"

भारतीय थल सेना की सभी बटालियनों के समान 13 कुमाऊँ की भी चार कंपनियाँ थीं। इन कंपनियों की कमान कैप्टन या मेजर रैंक के अधिकारियों के पास थी और प्रत्येक कंपनी में लगभग 120 सैनिक (जवान) थे। शेष सैनिक बटालियन मुख्यालय के कर्मचारी थे।

ले. कर्नल एच.एस. धींगरा के टेलीफोन करने पर पहली घंटी बजते ही बटालियन के एडजुटेंट कैप्टन डी.डी. सकलानी ने फोन उठाया। जब कमान अधिकारी बोले तो उनकी आवाज में मजबूती थी, "हमें अगले पाँच घंटों के भीतर लेह की ओर निकलना है। आदेश तैयार करो और संदेश को भेजो, लेकिन पहले, मैं 'ओ' ग्रुप (ओ या ऑर्डर ग्रुप में वरिष्ठ अधिकारी होते हैं) को ऑप्स रूप (संक्रिया कक्ष) में चाहता हूँ। दौड़कर, पाँच मिनट में।"

एडजुटेंट ने उत्तर दिया, "रोजर, सर (समझ गया, श्रीमान)!"

कमान अधिकारी ने फोन नीचे रख दिया और अपनी कुर्सी से उठे। वह अपने कार्यालय की खिड़की की ओर गए और बाहर देखा। बारामुला छावनी में सामान्य शरद ऋतु की शाम हो रही थी। उन्होंने सैनिकों को वॉलीबॉल खेलते और अन्य को उनका जोश बढ़ाते देखा। वह यह देख रहे थे, जबकि उनका मस्तिष्क कहीं और था। इस बीच खेल समाप्त हो गया और एक पक्ष अपनी जीत की खुशी मनाते हुए प्रसन्नता से उछला।

कमान अधिकारी ने बाईं ओर देखा, लंगर से धुआँ उठ रहा था। रसोइये सैनिकों के लिए रात्रि का भोजन तैयार कर रहे होंगे। उन्होंने बाईं ओर थोड़ा आगे देखा और एक सीधी टँगी रस्सी को देखा, जिस पर तीन सैनिक चढ़ रहे थे, स्पष्टतया उन्हें दंड मिला था और एक वरिष्ठ नॉन-कमीशंड ऑफिसर (अराजपत्रित अधिकारी जो नायक, हवलदार रैंक का होता है) बेटन (छड़ी) को जीवंतता से ऊपर-नीचे लहरा रहा था। कमान अधिकारी दूर से आने वाले क्रोधपूर्ण आदेशों और फटकारों की आवाजों को भी सुन पा रहे थे। अधिक दूर नहीं, बाईं तरफ और आगे, इकाई (यूनिट) का धोबी रस्सी से कपड़ों को उतार रहा था, जिन्हें उसने उस समय सूखने डाला होगा जब सूरज चढ़ा हुआ था।

यह प्रतिदिन का दृश्य था, लेकिन कमान अधिकारी को ज्ञात था कि अब सब कुछ बदलने वाला था। उनके चेहरे पर चिंता की छाया छा गई उन्हें अपनी बटालियन की क्षमता पर और अपने अधिकारियों तथा जवानों की देशभक्ति पर कोई संदेह नहीं था, लेकिन तैयारी के लिए उन्हें मिले समय के बारे में वह चिंतित थे।

कमान अधिकारी को अपना मस्तिष्क दृढ़ करने में कुछ और क्षण लगे। उन्हें तीन कार्य करने की आवश्यकता थी– जितना शीघ्र हो सके वहाँ से चलो, सीमा पर जितनी अच्छी हो सके रक्षा प्रणाली तैयार करो और अपने सच्चे साहस के साथ लड़ो, जिसके लिए 13 कुमाऊँ बटालियन और इसमें तैनात अहीर सैनिक जाने जाते थे।

उनके विचार श्रीनगर की ओर घूम गए, जहाँ वह पिछले सप्ताह तक बीमारी के कारण भर्ती थे और मेडिकल बोर्ड के अधिकारियों के चेहरे उनकी आँखों के सामने चमके। जब उन्होंने यह कहा कि वह अपनी इकाई में जाने के इच्छुक थे और व्यक्तिगत रूप से अपनी बटालियन का नेतृत्व करना चाहते थे। तब डॉक्टरों ने उन्हें गंभीर स्वास्थ्य परिणामों की चेतावनी दी थी, लेकिन जब उन्होंने जाने पर जोर दिया तो अधिकारियों ने उन्हें एक वचनपत्र पर हस्ताक्षर करने को कहा, यह जानते हुए भी कि वह पूरी तरह स्वस्थ नहीं थे, वह यह जोखिम ले रहे थे। ले. कर्नल एच.एस. धींगरा ने बिना किसी संदेह के वचनपत्र पर हस्ताक्षर कर दिए और अब वह यहाँ थे।

एडजुटेंट को आदेश देने के कुछ ही मिनटों में कमान अधिकारी ने सीटी की आवाज सुनी। प्रत्येक सैनिक को पता था कि जब बटालियन हवलदार मेजर (बी.एच.एम.) सीटी को इस प्रकार बजाता है तो इसका क्या अर्थ होता है। रेजिमेंट पुलिस भी सैनिक छावनी के अंत तक सीटी बजाते हुए जा रहे थे, ताकि बटालियन का कोई भी कोना छूट न जाए।

कमान अधिकारी के दरवाजे पर दस्तक हुई। एडजुटेंट ने प्रवेश किया और फुर्ती से सैल्यूट किया, "श्रीमान, 'ओ' ग्रुप ऑप्स रूम में तैयार है।"

कमान अधिकारी ने अपना बेटन उठाया और बाहर की ओर चलने लगे, जबकि एडजुटेंट उनके पीछे-पीछे चलने लगे। ऑप्स रूम गलियारे के छोर पर स्थित था।

"जेंटलमैन, युद्ध सिर पर है" कमान अधिकारी ने घोषणा की और वह बिना अभिवादन का आदान-प्रदान करे सीधा ऑप्स रूम में लगे मानचित्र पर पहुँच गए। उन्होंने लकड़ी के संकेतक को उठा लिया और बताने लगे। चार कंपनी कमांडरों के अतिरिक्त वहाँ पर 2 आई/सी या उप-कमान अधिकारी मेजर जी.एन. सिन्हा और एडजुटेंट उपस्थित थे। उन्होंने अपने नक्शों के डिब्बों से छोटे नक्शे निकाले और उन पर चाइना-ग्राफ पेंसिलों से चिह्न लगाने लगे।

कमान अधिकारी ने लद्दाख के क्षेत्र की ओर संकेत किया और कहा, "ओरबैट (ऑर्डर ऑफ बैटल या युद्धादेश) के अनुसार अब हम

114 इन्फेंट्री (पैदल सेना) ब्रिगेड के अंतर्गत होंगे। हमारे अतिरिक्त इसमें चार और बटालियनें हैं– 14 जे. एंड के. मिलिशिया, सात जे. एंड के. गिलिशिया, पाँच जाट और 1/8 गोरखा राइफल्स। इस ब्रिगेड को इस क्षेत्र की रक्षा करने, शत्रु पर अधिकतम वार करने और यदि परिस्थितियाँ हमें पीछे हटने पर मजबूर कर दें तो अधिकतम उपकरणों और सामान को बचाने का कार्य सौंपा गया है।"

कमान अधिकारी ने कुछ क्षण रुककर वहाँ उपस्थित प्रत्येक व्यक्ति को देखा और आगे बोले, "हमारे पास केवल पाँच घंटे का समय है। अपने लड़कों को तैयार करो। हमारा पहला विश्राम लेह में होगा, ताकि हम ऊँचाई के आदी हो सकें। वहाँ कुछ सप्ताह तक रुकने के लिए तैयार रहो, लेकिन यदि स्थिति तेजी से खराब होती है तो हमें अपने मोर्चे पर कुछ दिनों के भीतर ही जाना होगा। कोई प्रश्न?"

अधिकारियों ने सिर हिलाया। अच्छे अधिकारियों को कोई संदेह नहीं होता और ये भारतीय सेना के सर्वोत्तम इन्फेंट्री अधिकारी थे।

कमान अधिकारी की ब्रीफिंग (विस्तृत निर्देश) 15 मिनट चली और इसके समाप्त होते ही सभी लोग अपने-अपने स्थानों पर लौट गए।

इस बीच, बाहर बटालियन के मैदान पर, चारों कंपनियाँ एकत्रित हो चुकी थीं और अपनी पहचान के अनुसार अपनी फॉर्मेशन (विन्यास) के अनुसार खड़ी थीं। इन कंपनियों को 'एल्फा', 'ब्रावो', 'चार्ली' और 'डेल्टा' या और सरल शब्दों में 'ए', 'बी', 'सी' और 'डी' कहा जाता था। बटालियन मुख्यालय के कर्मचारी अलग खड़े थे। अधिकारीगण भी आ चुके थे और सैनिकों की ओर मुँह किए खड़े थे। जैसे ही पैरों के घसीटे जाने की धीमी ध्वनि बंद हुई, वहाँ पूर्ण शांति छा गई।

सैनिक संख्या के बाद एडजुटेंट ने उप-कमान अधिकारी को रिपोर्ट किया। कुछ ही क्षणों में कमान अधिकारी अपने कार्यालय से बाहर आए और 13 कुमाऊँ के एकत्रित अधिकारियों और जवानों की ओर बढ़े। वहाँ केवल उनकी पदचाप ही गूँज रही थी। कमान अधिकारी जवानों की ओर

मुख कर केंद्र में आकर रुके। वहाँ माइक की व्यवस्था नहीं थी। इसकी आवश्यकता भी नहीं थी।

जब कमान अधिकारी बोले, उनकी गहरी आवाज पूरे बेस (आधार, इकाई) में गूँजने लगी, "13 कुमाऊँ के देशभक्तो, हमें जाने के आदेश प्राप्त हो गए हैं और जिस क्षण की सभी फौजी प्रतीक्षा करते हैं, वह आखिरकार आ गया है। आपने सीमा पर तनाव के बारे में रेडियो पर सुना होगा। अब चीनियों को पाठ पढ़ाने की बारी हमारी है। क्या आप तैयार हो?"

वहाँ गरजना हुई, "जी, साहब!"

अब युद्धघोष का समय था और प्रेरित करने पर 13 कुमाऊँ के सभी अधिकारियों और जवानों ने एक-साथ घोष किया, "दादा किशन की जय।"

कुछ क्षण की शांति हुई और फिर 'भारत माता की जय' का घोष हुआ।

कमान अधिकारी के शब्दों और युद्धघोष के कारण सभी उपस्थित सैनिकों की नाड़ियों में जोश उफनने लगा। सभी सामने देख रहे थे, उनके चेहरे कठोर परिस्थितियों में वर्षों के प्रशिक्षण के कारण तराशे जा चुके थे और अब वे तने हुए थे। बटालियन जाने को बेताब थी।

जैसे ही कमान अधिकारी मुड़े और अपने कार्यालय की ओर चले, कंपनी कमांडरों ने आगे बढ़कर अपनी कंपनियों की ओर मुँह किया। उनमें से एक मेजर शैतान सिंह थे, जो चार्ली कंपनी के कमांडर थे। 37 वर्षीय मेजर शैतान सिंह की हाल ही में मेजर रैंक पर पदोन्नति हुई थी। चार्ली कंपनी के कंपनी कमांडर होने के अतिरिक्त वह 13 कुमाऊँ के क्वार्टर मास्टर (क्यू.एम.) भी थे।

उन्होंने अपनी कंपनी के जवानों और जे.सी.ओ. (सूबेदार रैंक के अधिकारी) के चेहरों की ओर गर्व से देखा। चार्ली कंपनी खेलों में सर्वोत्कृष्ट थी और इसमें कुछ सबसे अधिक शक्तिशाली और तेज खिलाड़ी थे। ब्रिगेड स्तर पर और डिवीजन स्तर पर भी अधिकांश पदक चार्ली कंपनी ने जीते थे।

उनकी सबसे हाल में प्राप्त उपलब्धि थी डिवीजन स्तर पर 'सर्वोत्तम रक्षा तैयारी' पुरस्कार जीतना, जिसमें सभी नौ बटालियनों ने अपनी सर्वोत्तम कंपनियों को भेजा था। चार्ली कंपनी ने 13 कुमाऊँ का प्रतिनिधित्व किया था और समग्र विजेता बने थे।

मेजर ने बोलना आरंभ किया, उनकी आवाज शांत और साम्यपूर्ण थी, "समय आ गया है। भारत माता को हमारे बलिदान की जरूरत है और हम सब, हमेशा की तरह, एकजुट होकर चीनियों को मुँह-तोड़ जवाब देंगे। दिखा देंगे कि जो भारत माता के आँचल पे (पर) हाथ डालेगा, हम उसका केवल हाथ ही नहीं, हम उसका गला भी काट देंगे। क्या हम तैयार हैं?"

चार्ली कंपनी ने गरजना की, "जी साहब!"

"लेकिन आज मैं तुम्हारे साथ बारामुला से नहीं जा सकता, क्योंकि मेरे पास क्वार्टर मास्टर का दायित्व भी है। कैप्टन प्रेम कुमार मेरी ओर से आपका नेतृत्व करेंगे। मैं जल्दी-से-जल्दी आपके पास आने की कोशिश करूँगा, शायद एक सप्ताह में।"

मेजर शैतान सिंह को दुःख था कि उन्हें यह कहना पड़ा, लेकिन इससे बचा नहीं जा सकता था। क्वार्टर मास्टर के रूप में उनके पास कुल शस्त्रों, बारूद और रसद का दायित्व था, जिसका सही प्रकार से हिसाब देना था और किसी अन्य अधिकारी को उसका दायित्व अंतरित करना था। हालाँकि उन्होंने एक सप्ताह कहा था, उन्हें विश्वास था कि यदि वह रात-दिन काम करें तो वह इसे पहले भी पूरा कर सकते थे।

"कोई शक?"

"नहीं साहब," कंपनी ने दोबारा गरजना की।

उन्होंने प्लाटून कमांडरों को ठहरने का आदेश दिया और कंपनी को लाइन-तोड़ का आदेश दिया। कुछ ही क्षणों में सभी जवान अपनी बैरकों की ओर अपने एफ.एस.एम.ओ. स्केल ए. या बड़े पिट्ठू लेने भागे। अन्य कंपनियों को भी उनके कंपनी कमांडरों ने कुछ क्षण अंतराल से लाइन-तोड़ का आदेश दे दिया।

अब सभी लोग थ्री-टन (तीन टन वाले) ट्रकों को पंक्तिबद्ध होते देख सकते थे। मानक प्रक्रिया के अनुसार बड़ा पिट्ठू हमेशा उनकी चारपाई के नीचे रखा जाता था और इसलिए सभी जवानों और जें.सी.ओ. को जो करना था, वह था कि वे उस समय पहनी हुई पी.टी. ड्रेस को उतारकर अंगोला शर्ट, भूरी ऊनी पतलून और हलके हरे रंग की जर्सी पहन लें।

अब मेजर केवल तीनों रुके हुए प्लाटून कमांडरों से बात कर रहे थे, जो सभी सूबेदार थे। "हमारा ऑप एरिया (संक्रिया क्षेत्र) आपको पता ही है। वहाँ ठंड है और सब कुछ जमा हुआ है। यहाँ बारामुला में, आपको पता ही है कि हम औसत समुद्र-तल से 5,300 फुट की ऊँचाई पर हैं, लेकिन लेह 11,500 फुट पर है। सभी कंपनियों को वहाँ तैनात किया जाएगा, ताकि सभी उस ऊँचाई के अभ्यस्त हो सकें। इसके बाद हमें सीमा पर तैनात किया जाएगा, जो लगभग 18,000 फुट पर है। सीमा पर मोर्चे पर पहुँचने के बाद मैं चाहता हूँ कि जो आपको सबसे पहले करना है, वह है हलकी मशीनगनों और मोर्टारों की 'साइटिंग' (स्थान निश्चित करना)।"

मेजर शैतान सिंह अब मुड़े और चार्ली कंपनी के मुख्यालय की ओर चलने लगे। तीनों प्लाटून कमांडर मेजर के साथ-साथ चलने लगे। "मैं आपके अनुभव के बारे में आश्वस्त हूँ। हमारे सभी हथियारों की साइटिंग सबसे महत्वपूर्ण कार्य है। आपको सुनिश्चित करना है कि जब आप प्लाटून और सेक्शन स्थितियों की खाइयों की स्पिट-लॉकिंग (निशानदेही) करें तो गोली चलाने की वृत्त-चाप एक-दूसरे को घेरती हो, साथ ही हमें बंकरों और खाइयों को साथ-साथ तैयार करना है।"

कुछ कदम तक वे शांत रहे, जब नायब सूबेदार सुरजा राम बोले, "बंकर? क्या हमारे क्षेत्र में कोई तैयार बंकर नहीं हैं?"

पाँच फुट आठ इंच लंबे 35 वर्षीय नायब सूबेदार सुरजा राम कंपनी के जे.सी.ओ. थे और उनकी सेवा कुल 19 वर्ष की हो चुकी थी।

मेजर शैतान सिंह ने गंभीर मुद्रा के साथ नायब सूबेदार सुरजा राम की ओर देखा और कहा, "नहीं, इस समय हमारी सीमा-चौकियाँ कम

हैं और उनमें बहुत अंतर है, हमारी सरकार की फॉर्वर्ड पॉलिसी (अग्रिम नीति) के रूप में उनमें 20 या अधिक जवान हैं। इन सेक्शन आकार और प्लाटून आकार की चौकियों पर पुलिस, सी.आर.पी.एफ. और मिलिशिया (अनियमित सैनिक) तैनात हैं। जैसे ही हमारा क्षेत्र हमें आवंटित हो जाएगा, हमें हमारे 120 जवानों के लिए तीन प्लाटून चौकियों के अतिरिक्त कंपनी मुख्यालय की जरूरत होगी। इसलिए बहुत सारा काम करना होगा, सुरजा साहब!"

सुरजा मुस्कराए और कहा, "श्रीमान, चार्ली कंपनी वह सब करेगी, जिस पर 13 कुमाऊँ और हमारी बटालियन को गर्व होगा। चार्ली कंपनी को रक्षा तैयारी प्रतियोगिता में विजेता घोषित किया गया था और बेहतरीन लड़ाकू चौकियाँ बनाने में हम अपने शरीर की ऊर्जा की अंतिम सीमा तक काम करेंगे।"

वे उस तंबू में पहुँच गए, जो चार्ली कंपनी के ऑप रूम (संक्रिया कक्ष) के रूप में कार्य करता था। मेजर शैतान सिंह ने छोटे लटकने वाले दरवाजे में से झुककर सबसे पहले प्रवेश किया। तीनों जे.सी.ओ. उनके पीछे भीतर गए।

भीतर लद्दाख क्षेत्र का रेत का एक प्रतिरूप था। मेजर शैतान सिंह ने लकड़ी के संकेतक को उठाया और संभावित परिदृश्यों के बारे में वार्ता करने लगे। हालाँकि मेजर को उस निश्चित स्थान के बारे में ज्ञात नहीं था, जहाँ उनकी कंपनी की नियुक्ति हो सकती थी, क्योंकि यह अभी तक ब्रिगेड मुख्यालय द्वारा निर्णित नहीं हुआ था। उन्होंने जल्दी-जल्दी उन सामान्य बिंदुओं पर बात की, जो उस पूरे क्षेत्र पर लागू होते।

संक्रियात्मक निर्देशों के बाद उन्होंने एक गहरी श्वास लेकर कहा, "सच्चाई यह है और पूरी संभावना है कि युद्ध भयंकर होगा और कैजुअल्टी (मृतक, घायल, बंदी व लापता) होने की संभावना है।"

मेजर कुछ क्षण रुके, ताकि अपने शब्दों के महत्व का प्रभाव होने दें, लेकिन सूबेदारों ने उन्हें भावशून्यता से देखा। ऐसे क्षणों में उन सभी

अनुभवी व्यक्तियों को पता था कि आश्वासन देना आवश्यक नहीं था। जिस ढंग से उनकी आँखें मिली हुई थीं, यह स्पष्ट था कि चार्ली कंपनी अपनी प्रतिष्ठा पर खरी उतरेगी। मृत्यु स्वीकार्य थी, लेकिन पराजय नहीं। नायब सूबेदार सुरजा राम, हरि राम और राम चंदर ने मेजर को सैल्यूट किया और तंबू से बाहर आ गए। ये निर्देश मात्र 10 मिनट चले थे।

दो घंटे बाद, एडजुटेंट के आदेश पर, सभी जवानों ने लंगर में जल्दी से रात्रि भोजन किया। इसके बाद उन्होंने शक्कर-पारा (एक प्रकार की मिठाई) की एक बोरी और अपने किट बैग ट्रकों पर लादे। उसके बाद वे सभी नीचे उतर आए और ट्रकों के सामने पूजा की रस्म के लिए पंक्तिबद्ध हो गए।

अब तक सारे वाहन एक पंक्ति में खड़े कर दिए गए थे। उनमें पहला वाहन कमान अधिकारी की आधिकारिक जीप थी और सबसे अंतिम वाहन रिकवरी वाहन था।

बटालियन के पंडित अपनी थाली के साथ आ गए, जिस पर पूजा की सभी सामग्री सजी थी। भारतीय सेना में पूजा करना भी ड्रिल या सैनिक अभ्यास के समान होता है और इसलिए कमान अधिकारी की सहमति के बाद निश्चित प्रक्रिया आरंभ हुई। एक जवान ने कमान अधिकारी की जीप के टायरों के नीचे दो नींबू इस प्रकार रखे कि वाहन के चलने के साथ ही वे दोनों कुचल जाएँ।

पंडित ने तब एक अगरबत्ती जलाई और उसे कमान अधिकारी की जीप के बोनट पर रख दिया। इसके बाद पंडित ने मंत्रोच्चारण किया। दो मिनट बाद उन्होंने उच्चारण रोककर थाली से नारियल उठाया और उसे कमान अधिकारी को दे दिया। कमान अधिकारी ने उस नारियल को जीप के सामने सड़क पर फोड़ा। इस संस्कार के संपन्न होने के बाद सभी उपस्थित व्यक्तियों ने युद्धघोष किया, “दादा किशन की जय।”

इस बीच एक जवान ने नारियल के जल को एक गिलास में निकाल लिया और पहले कुछ वाहनों पर छिड़का। एक अन्य जवान ने नारियल के सफेद गूदे को निकाला और उसे अधिकारियों, सूबेदारों और सामने खड़े कुछ जवानों में बाँटा।

तब कमान अधिकारी और चालक जीप में बैठे, जबकि अन्य खड़े रहे। चालक ने चाभी घुमाई और वाहन को कुछ दूर तक चलाया। नींबू कुचले गए, जिससे वाहन के टायर और नीचे की भूमि नींबू के रस से भीग गई।

उस रात नौ बजने तक पूजा-संस्कार पूरा होने के बाद वाहन चलने लगे। तीन टनर और जीपों की लंबी पंक्ति ने बारामुला नगर के मध्य से होकर लेह की ओर जाने वाले राष्ट्रीय राजमार्ग संख्या एक पर अपना मार्ग बनाना आरंभ किया। सूरज लगभग दो घंटे पहले डूब चुका था और सर्द रात की आशा करते हुए सड़क लगभग निर्जन थी।

अपने वाहनों में बैठे अधिकारी और जवान उस शानदार नगर को छोड़ते हुए बुरा महसूस कर रहे थे। 13 कुमाऊँ मैदानी क्षेत्र में स्थित अपने शांतिकालीन स्टेशन अंबाला से मात्र तीन महीने पहले आई थी और स्थानीय कश्मीरियों के प्रेमभाव ने उनका दिल जीत लिया था।

उन तीन टनर्स में से एक में एक लांस नायक बैठे थे, जिनका नाम सिंह राम था। वह बटालियन के श्रेष्ठ मुक्केबाजों में से एक थे। वह पहलवान होने के साथ-साथ रस्सा-कशी के मुख्य खिलाड़ी भी थे। उन्होंने सिपाही राम कुमार की ओर मुस्कराकर देखा, जो उनका सगा भाई था और उनके ठीक सामने बैठा था। राम कुमार वापस मुस्कराया। तब सिंह राम ने उनका ध्यान ट्रक से बाहर की ओर खींचा। यही था जिसे वह करना चाहते थे—वास्तविक युद्ध।

1960 के दशक के आरंभिक भाग में कश्मीरी भारतीय सेना को पसंद करते थे और उसका एक कारण था। स्वाधीनता के बाद 22 अक्तूबर, 1947 को पाकिस्तानी सेना ने सैकड़ों पठान कश्मीर में भेजे थे, जिन्हें श्रीनगर पर कब्जा करने का आदेश दिया गया था। लश्कर के नाम से ज्ञात ये पठान हालाँकि मुजफ्फराबाद बहुत पहले पहुँच गए थे, लेकिन जैसे ही वे इस खूबसूरत और ऐतिहासिक नगर में पहुँचे, वे पागल हो उठे और स्थानीय लोगों को लूटने और उनका बलात्कार करने लगे।

इन 2,000 कबायलियों ने राज्य के शस्त्रागार को लूट लिया, बाजारों को आग लगा दी और उनका सामान लूट लिया। तब उन्होंने प्रत्येक उस व्यक्ति को गोली मार दी, जो कलमा नहीं पढ़ पाया; कलमा अरबी भाषा में मुस्लिम धर्म-घोषणा है। उन अधिकांश महिलाओं को दासी बना लिया गया, जो मुस्लिम नहीं थीं, जबकि अन्य बचने के लिए नदी में कूद गईं। बाजार और गलियाँ टूटी इमारतों, टूटे फर्नीचर और जले हुए शवों से अट गए। आक्रमणकारी मुजफ्फराबाद में होश आने तक तीन दिन रहे, जब उनके नेताओं ने उन्हें श्रीनगर की ओर चलने का आदेश दिया। श्रीनगर राज्य की राजधानी थी, जो पूरब की ओर 170 किमी. दूर स्थित थी।

जब वे 24 अक्तूबर, 1947 को बारामुला पहुँचे, उन्होंने एक बार फिर लूट-पाट, आगजनी और बलात्कार आरंभ कर दिए। शुरू में उन्होंने हिंदू और सिख लड़कियों व महिलाओं को निशाना बनाया। वे उनका बलात्कार करते और मार डालते, लेकिन बाद में उन्होंने मुस्लिम महिलाओं को भी नहीं छोड़ा। उन्होंने पवित्र स्थानों और मंदिरों को भी लूटना, जलाना और तहस-नहस करना शुरू किया। अंत में उन्होंने सेंट जोसेफ अस्पताल में ईसाई मिशनरी नन और नर्सों को भी बलात्कार कर मार डाला। 'कश्मीर : द केस फॉर फ्रीडम' नामक पुस्तक के लेखक तारिक अली के अनुसार, स्थानीय सिनेमा 'बलात्कार का केंद्र' बन गया था, जहाँ अनेक दिनों तक अत्याचार चलता रहा।

जब आक्रमण का समाचार श्रीनगर पहुँचा, महाराजा ने भारतीय सरकार से संपर्क किया और सहायता की माँग की। महाराजा द्वारा विलय संधि पर हस्ताक्षर करने के बाद कश्मीर 26 अक्तूबर, 1947 को भारत का एक भाग बन गया जिसके बाद भारतीय सरकार ने सहमति दी। भारतीय सेना 27 अक्तूबर, 1947 को बारामुला पहुँच गई और लश्करों को हराकर इस नगर को बचाया। भारतीय सेना ने कश्मीरियों का जीवन और सम्मान बचाया था, इसलिए 1962 में भी स्थानीय लोगों के दिल में उसके लिए सम्मान था।

2

2 अक्तूबर, 1962; लेह, लद्दाख

13 कुमाऊँ बटालियन लेह पहुँच जाती है और उस अधिक ऊँचाई वाले क्षेत्र में उनके अभ्यस्त होने की प्रक्रिया आरंभ होती है। जवानों को आराम करने, अच्छी तरह भोजन करने और निश्चिंत रहने के लिए कहा जाता है। इस बीच भारतीय और चीनी सेनाओं के बीच सीमा पर होने वाले टकराव गंभीर हो जाते हैं और ब्रिगेडियर टी.एन. रैना के नेतृत्व में 114 ब्रिगेड के लगभग 4,000 सैनिक, जिनका मुख्यालय लेह है, चीन के साथ सटी लद्दाख सीमा को सुरक्षित करने में कठिनाई महसूस कर रहे हैं। सीमा पर तनाव बढ़ने का एक मुख्य कारण है कि नवंबर 1961 में फॉरवर्ड पॉलिसी या अग्रिम नीति को लागू किया गया था, जिसके अंतर्गत सीमा-क्षेत्र में दर्जनों छोटी चौकियों को सक्रिय किया गया था। अंततः 20 अक्तूबर, 1962 को चीन पूरी चीन-भारत सीमा पर भारतीय सेनाओं पर आक्रमण कर देता है। लद्दाख में मेजर धन सिंह थापा के नेतृत्व में तैनात गोरखा अच्छी तरह युद्ध करते हैं,

लेकिन उनकी श्रीजप नामक चौकियों पर चीनी सेना का अधिकार हो जाता है। ये चौकियाँ पेंगोंग त्सो झील और इस झील के दक्षिण में स्थित युला में स्थित थीं। चार्ली कंपनी के जवानों को इन भारतीय हानियों से दुख पहुँचता है और वे सीमा पर अपनी तैनाती के लिए तैयारी शुरू कर देते हैं।

जिस समय 13 कुमाऊँ लेह पहुँची, दोपहर हो चुकी थी और सभी लोग थके हुए थे। कैप्टन प्रेम कुमार ने सूबेदारों को कंपनी को एकत्र करने का आदेश दिया।

जब सभी एक जगह एकत्र हो गए, कैप्टन प्रेम कुमार ने उनकी आँखों में देखकर कहा, "अब हम लेह में हैं, जो लद्दाख क्षेत्र का सबसे बड़ा नगर है। बारामुला की तुलना में यह बहुत ठंडा है, क्योंकि यह बहुत ऊँचाई पर स्थित है..." श्रोताओं द्वारा वह बात समझी जा सके, उसके लिए वे कुछ देर रुके और तब दोबारा कहना आरंभ किया, "मुझे पहले से पता है कि आपको इस क्षेत्र के बारे में विस्तार से बताया गया है, लेकिन मैं एक बार फिर कुछ सबसे महत्वपूर्ण बिंदुओं को बताऊँगा।"

जब कंपनी कमांडर ने दोबारा बोलना शुरू किया तो जवान उन्हें एकटक देखते रहे, बिना किसी भाव या भावना के। "यहाँ पहली समस्या जिसका आप सामना करेंगे, वह है जीवित रहना; शत्रु से लड़ना उसके बाद आएगा। चीन के तिब्बत के साथ लद्दाख क्षेत्र की सीमा लगभग 400 किमी. लंबी है। हम सबसे अग्रणी चौकियों की रक्षा उत्तर में कराकोरम दर्रे से लेकर दक्षिण में डेमचोक तक पूरी सीमा पर करते रहे हैं। अभी तक कोई शक?"

"नहीं, श्रीमान!" एक साथ आवाज आई।

"बहुत अच्छे! लद्दाख एक ठंडा रेगिस्तान है। हमारे कॉनवाय (काफिले) ने 420 किमी. का अधिकांश भाग रात में पार किया, नहीं तो आपने देखा होता कि अंतिम जंगल सोनमार्ग तक ही हैं, जो श्रीनगर से मात्र 80 किमी. पूरब की ओर है। उसके बाद पेड़ों की सघनता कम होना आरंभ हो जाती

है। आज सुबह पौ फटने तक कश्मीर घाटी और लद्दाख के मध्य का अंतर आपको स्पष्ट हो गया होगा। हालाँकि लद्दाख की अपनी खूबसूरती है और यह एक पवित्र स्थान है, जहाँ जोशीले और उदार लोग रहते हैं, लेकिन आपको इस उजाड़ जगह का अभ्यस्त होने में कुछ समय लगेगा। अब लेह की ऊँचाई कौन बता सकता है?"

अनेक जवानों ने अपने हाथ उठाए। सूबेदार आगे बैठे थे, उन्होंने घूमकर अपनी पीठ मोड़कर देखा कि उनकी अपनी प्लाटूनों के जवानों ने हाथ उठाए थे या नहीं। हालाँकि वे सभी एक ही कंपनी के सदस्य थे। उनकी प्लाटूनों के मध्य शाश्वत, लेकिन स्वस्थ प्रतिस्पर्द्धा होती थी।

कैप्टन ने एक जवान की ओर इशारा किया, "हाँ, आप बताओ।"

जवान ने उत्तर दिया, "साहब, 11,500 फुट।"

"बहुत अच्छा। बैठ जाओ। तो हम अभी वास्तव में एक अधिक ऊँचाई वाले क्षेत्र में हैं, लेकिन हमारी तैनाती चीन के साथ सीमा पर होगी, जो और अधिक ऊँचा है। क्या कोई बता सकता है कि सेना का अधिक ऊँचाई वाला क्षेत्र कितनी ऊँचाई पर शुरू होता है?"

एक बार फिर अनेक जवानों ने अपने हाथ उठाए और कैप्टन ने एक की ओर इशारा किया।

"साहब, 9,000 फुट अधिक ऊँचाई वाला क्षेत्र होता है, जहाँ हमें मेडिकल प्रयोजन के लिए ब्रांडी सहित विशेष भोजन दिया जाता है, लेकिन 15,000 फुट के बाद यह अत्यंत ऊँचाई वाला क्षेत्र हो जाता है।"

विशेष भोजन और ब्रांडी की बात पर सभी लोग हँसे।

"बिलकुल, अब आप ध्यान से सुनो, लेह में ऑक्सीजन की कमी के कारण अगले सप्ताह तक किसी भी प्रकार का परिश्रम करने की मनाही है, जब तक आपके शरीर अभ्यस्त न हो जाएँ।" कैप्टन प्रेम कुमार पहली बार मुस्कराए और अपनी अंतिम टिप्पणी में कहा, "आपको यहाँ केवल दो ही चीज एलाउड (की आज्ञा) हैं और वे हैं– खाना और सोना।"

जवान एक बार फिर हँसे और आदेश पर बिखर गए।

एल्फा, ब्रावो और डेल्टा कंपनियों के कंपनी कमांडरों ने भी अपने जवानों से इसी तरह बात की। 13 कुमाऊँ के जवानों के लिए अपने घरों को पत्र लिखने और अपने प्रियजनों को अपनी कुशलता का समाचार देने का यह शायद सबसे अच्छा अवसर था। बारामुला में पिछले तीन महीनों से वे सघन, 12 घंटे रोज का प्रशिक्षण कर रहे थे, लेह में यह विराम स्वागत-योग्य था।

आरंभिक अक्तूबर 1962 में लद्दाख की रक्षा का भार 114 ब्रिगेड के पास था जिसकी कमान ब्रिगेडियर टी.एन. रैना के पास थी, जिनका मुख्यालय लेह था। उनकी कमान में चार बटालियनें थीं, जिनमें कुल लगभग 4,000 सैनिक थे और जो चीन-भारत के 400 किमी. क्षेत्र में फैले हुए थे। ये बटालियनें थीं, 14 जे. एंड के. मिलिशिया, सात जे. एंड के. मिलिशिया, पाँच जाट और 1/8 गोरखा राइफल्स। इनके अतिरिक्त 1/8 गोरखा के नीचे एक महार की एक प्लाटून (मध्यम मशीनगन) भी थी।

अक्तूबर 1962 में सड़क आधारभूत संरचना कमजोर थी, क्योंकि केवल एक ही सड़क श्रीनगर को लेह से जोड़ती थी और सभी प्रकार का भूमि परिवहन केवल खच्चर मार्गों के माध्यम से था और इसलिए अग्रिम भारतीय चौकियों को पूरी आपूर्ति हवाई मार्ग से पहुँचाई जाती थी। वहाँ केवल लेह में ही एक हवाई अड्डा था, जिसे प्रत्येक मौसम में चालू रखा जा सकता था। अन्य स्थानों पर बनी वायुपट्टियों (हवाई पट्टियों) को एडवांस्ड लैंडिंग ग्राउंड (ए.एल.जी./अग्रवर्ती अवतरण भूमि) कहा जाता था, जो दिन के केवल कुछ निश्चित समय में ही प्रयुक्त की जा सकती थीं और प्रत्येक वायु संक्रिया अर्थात् वायुयान के प्रत्येक बार आगमन या प्रस्थान के बाद उन्हें उच्च स्तर की मरम्मत की आवश्यकता होती थी। ये ए.एल.जी. स्थित थीं– चुशुल, दौलत बाग ओल्डी, थ्वायस और फुकचे में। ड्रॉपिंग जोन (डी.जेड./हवाई जहाज आदि से सामान गिराने का क्षेत्र) में अलग प्रकार की चुनौतियों का सामना करना होता था। डी.जेड. को समतल क्षेत्रों में बनाए जाने की आवश्यकता थी, जहाँ से अग्रिम चौकियाँ

निकट हों, इसलिए सीमा-चौकियों को सामरिक रूप से कम लाभ वाले क्षेत्रों में बनाया गया था। दूसरी ओर चीनी संख्या में अधिक थे और उनकी चौकियाँ उनके आधार शिविरों से सड़कों के माध्यम से अच्छी तरह जुड़ी थीं, जो पीछे सुरक्षित स्थानों पर स्थित थे और वे भारतीय आपूर्ति पर भी कब्जा कर लिया करते थे।

लेकिन अब सारे देश का मानना था कि भारत और चीन के मध्य युद्ध होगा। हालाँकि प्रधानमंत्री जवाहरलाल नेहरू ने संसद में कहा था, जैसा ऑल इंडिया रेडियो ने समाचार दिया था कि चीनियों द्वारा आक्रमणों की और भारतीयों द्वारा प्रत्युत्तर की कुछ घटनाएँ हुई थीं, लेकिन उनसे युद्ध नहीं होगा, जबकि देश की मनोदशा भिन्न थी।

आने वाले दिनों में चार्ली कंपनी के 120 जवानों ने अपने को केवल तीन चीजों तक ही सीमित कर लिया– अपनी 0.303 ली एनफील्ड बोल्ट-एक्शन राइफलों और अन्य हथियारों की देखभाल, एक-दूसरे से कहानियाँ और चुटकुले कहना और घर पत्र लिखना। एक अन्य विषय जिस पर लगभग हर बार बात होती थी, वह हाल की फिल्मों के बारे में था। 'गंगा जमुना' एक प्रिय फिल्म थी जिसके सितारे दिलीप कुमार और वैजयंतीमाला थे, लेकिन यह अकेली फिल्म नहीं थी। अनेक जवान 'जंगली' के बारे में बात करते थे, जिसके सितारे शम्मी कपूर और सायरा बानू थे और वे 'हम दोनों' की बात भी करते थे, जिसमें देव आनंद दोहरी भूमिका में थे और दोनों भूमिकाओं में वह सैनिक अधिकारी थे। 'हम दोनों' में कई युद्ध-दृश्य थे और जवानों के मध्य ये दृश्य पर्याप्त चर्चा का विषय थे।

इस बीच 10 अक्तूबर, 1962 को देश के पूर्वी भाग में, नेफा (नॉर्थ-ईस्ट फ्रंटियर एजेंसी) के युम्त्सो में 15 जवानों के एक भारतीय सैनिक गश्ती दल का सामना 1,000 चीनी सैनिकों से हुआ। यह खतरनाक आमने-सामने का टकराव था, जो स्पष्ट रूप से एकतरफा था। दुखद रूप से भारतीय गश्ती दल के पास कोई आर्टिलरी (तोपखाना) सहायता उपलब्ध नहीं थी। कुछ देर तक दोनों पक्षों ने गोलीबारी को रोके रखा, लेकिन आखिरकार चीनियों

ने भारतीय सैनिकों पर गोलियाँ चला दीं और उसके बाद युद्ध आरंभ हो गया। भारतीयों ने जवाबी गोलीबारी की, जिसमें चीनियों के बहुत-से सैनिक मारे गए। इस बिंदु पर चीनियों ने मोर्टार से बम बरसाने आरंभ किए। इस समय चीनी पुनर्संगठित हो रहे थे और भारतीय गश्ती दल के कमांडर अपने ब्रिगेड कमांडर ब्रिगेडियर जॉन दल्वी से संपर्क करने में सफल हुए, उन्हें पीछे हटने का आदेश दिया गया। ब्रिगेडियर ने बाद में इस निर्णय को यह कहकर सही ठहराया कि भारतीय सैनिक जिस निराशाजनक स्थिति में थे, उसमें वह सबसे अच्छा रास्ता था। जब चीनियों ने भारतीयों को पीछे हटते देखा तो उन्होंने गोलीबारी रोक दी और वास्तव में उन्होंने पीछे हटते सैनिकों के सामने ही पूरे सैनिक सम्मान के साथ भारतीय सैनिकों को दफना दिया। उस दिन भारतीयों को 25 सैनिकों की हानि हुई, जबकि चीनियों के 33 सैनिक हताहत हुए थे। हालाँकि इस स्थिति को शांत कर दिया गया, लेकिन इस घटना ने दोनों पक्षों द्वारा अपनी युद्ध-तैयारियों को तीव्र करने का कार्य किया।

अक्तूबर, 1962 में 350 चीनी सैनिकों ने श्रीजप में एक भारतीय चौकी को घेर लिया, जो लद्दाख में पेंगोंग त्सो झील के उत्तरी किनारे पर स्थित थी। उन्होंने लाउडस्पीकरों का प्रयोग कर वहाँ तैनात 1/8 गोरखा राइफल्स को प्रभावित करने का प्रयास किया कि गोरखा होने के कारण उन्हें भारत के लिए नहीं लड़ना चाहिए। भारतीयों का अपमान करने के बाद वे पीछे हट गए।

क्या घटित हो रहा था, यह जानने के लिए जवानों के पास मात्र दो स्रोत थे— एक थे कैप्टन प्रेम कुमार, जो मेजर शैतान सिंह की अनुपस्थिति में उनकी कंपनी के कमांडर थे और दूसरा ऑल इंडिया रेडियो के समाचार बुलेटिन। अफवाहें भी फैल रही थीं; हालाँकि जवानों ने उनके बारे में सुना था, लेकिन उन्होंने उन पर कोई ध्यान नहीं दिया था, क्योंकि अफवाहों पर कान न धरने का उन्हें प्रशिक्षण दिया गया था। यह इस प्रकार की घटनाओं के कारण था कि 13 कुमाऊँ की चारों कंपनियों को छोटे दलों के रूप में लेह से चुशुल हवाई पट्टी की ओर कूच करने का आदेश दिया गया था।

एक और कारण था जिसने सरकार को लद्दाख में रक्षा-तैयारियों को बढ़ाने का संकेत दिया था। प्रधानमंत्री कार्यालय में नवंबर, 1961 में हुई एक बैठक में लिये गए अग्रिम चौकी निर्णय के आधार पर अक्तूबर, 1962 तक पूरी लद्दाख सीमा पर 36 नई चौकियाँ स्थापित की गई थीं। ये चौकियाँ छोटी थीं, अक्सर वे सेक्शन या प्लाटून के आकार की होती थीं, जैसा आप इससे पहले के अध्याय में पढ़ चुके हैं कि मेजर शैतान सिंह ने सूबेदारों को चर्चा के दौरान कहा था। इन चौकियों को अक्सर चीनी घेर लेते थे और तंग करते थे, चीनी ऐसा इसलिए करते थे क्योंकि उनको लगता था कि भारतीय उन क्षेत्रों पर बलपूर्वक अधिकार कर रहे थे, जिन्हें वे अपना समझते थे। शीर्ष स्तर पर चीन के साथ कूटनीतिक और राजनीतिक गतिरोध के कारण भारतीय सेना दिल्ली में बैठे वरिष्ठ अधिकारियों के बीच होने वाली खींचतान में फँसी हुई थी। 1947 में ब्रिटेन से स्वाधीनता प्राप्त करने के बाद भारतीय सेना ने कोई विस्तार नहीं देखा था, क्योंकि राजनीतिक रूप से संसार का भविष्य गुटनिरपेक्षता में देखा जा रहा था। अक्तूबर, 1962 में किसी को नहीं लगता था कि राष्ट्र को कुछ ही दिनों में भारी कीमत चुकानी होगी।

20 अक्तूबर 1962, लद्दाख

भारत के प्रधानमंत्री को लगता था कि चीन से कभी युद्ध नहीं होगा और वही युद्ध 20 अक्तूबर, 1962 को आरंभ हुआ जब चीन की सेना पिपुल्स लिबरेशन आर्मी (पी.एल.ए.) ने नेफा और लद्दाख में अग्रिम भारतीय चौकियों पर एक साथ और सुनियोजित आक्रमण किया। चार दिनों में ही चीनी सेना ने उन सभी भारतीय चौकियों को कब्जा लिया, जिन्हें वह अपना समझती थी।

विभिन्न कारणों से भारतीय सेना उस भारी आक्रमण के लिए पूरी तरह तैयार नहीं थी। मानव-शक्ति में वह शत्रु की अपेक्षा 10:1 के अनुपात में कमजोर थी। अन्य कारणों में शामिल थे– भारतीय जवानों के पुराने

हथियार, अपर्याप्त गोला-बारूद, सड़कों की अनुपलब्धता, कमजोर जासूसी नेटवर्क के साथ-साथ बर्फ के कपड़े और मूल रसद की उपलब्धता में कमी।

इस पुस्तक के प्रयोजन के लिए हम स्वयं को केवल चुशुल क्षेत्र तक ही सीमित रखेंगे। इस अवधि में चुशुल क्षेत्र में स्थित भारतीय अग्रिम चौकियों पर भी चीनी आक्रमण हुआ। तीन चौकियाँ, जिन्हें श्रीजप, श्रीजप एक और श्रीजप दो कहा जाता है और जो एक-दूसरे के निकट स्थित थीं, जिन्हें पराजित कर दिया गया था। गोरखाओं ने वीरतापूर्वक युद्ध किया, लेकिन सैकड़ों की संख्या में चीनियों की तुलना में वे मात्र कुछ दर्जन ही थे।

श्रीजप में मेजर धन सिंह थापा 1/8 गोरखा राइफल्स की डेल्टा कंपनी के कमांडर थे। डेल्टा कंपनी में उस समय केवल 28 जवान थे, जिसके कारण यह फैली हुई थी। एक अन्य मुख्य समस्या थी कि यह चौकी पेंगोंग त्सो झील के उत्तरी किनारे पर स्थित थी और वहाँ से चुशुल में स्थित इसके मुख्यालय से संपर्क के लिए कोई सड़क-मार्ग नहीं था और सारी रसद नावों द्वारा भेजी जा रही थी।

जब 20 अक्तूबर, 1962 को सुबह साढ़े चार बजे तोपखाने से भारी बमबारी से आक्रमण हुआ तो वीर गोरखाओं ने अपने अच्छी तरह से बनाए हुए बंकरों में शरण ली। उसके बाद बमबारी की सुरक्षा में चीनी पैदल सैनिक भारतीयों के 150 गज जितना निकट पहुँच गए, इस पर कंपनी ने हलकी मशीनगनों और राइफलों से गोलीबारी आरंभ की। पहला चीनी हमला नाकाम कर दिया गया। उसके समान ही गोरखाओं ने दो और हमले नाकाम कर दिए, लेकिन इस समय तक भारी बमबारी के कारण ब्रिगेड मुख्यालय का कंपनी के साथ संपर्क टूट गया और इसलिए उसने डेल्टा कंपनी की स्थिति को जाँचने के लिए दो स्टॉर्म बोट (आक्रमण करने वाली नाव) भेजी। जब ये नावें झील में आधी दूरी तक पहुँची थीं तो उन पर चीनियों द्वारा गोलीबारी हुई। जब एक नाव डूब गई और इसके चालक मारे गए तो दूसरी नाव वापस आने में सफल हो गई। इस नाव पर उपस्थित

जवान ने ब्रिगेड के डर की पुष्टि कर दी कि भारतीय चौकी को नष्ट कर दिया गया था और मेजर धन सिंह थापा सहित सभी लोग वीरगति को प्राप्त हो गए थे। यह केवल बाद में था कि भारत सरकार को ज्ञात हुआ कि कंपनी कमांडर जीवित थे और वास्तव में वह दो अन्य जवानों सहित चीनियों द्वारा बंदी बना लिये गए थे।

श्रीजप के समान पेंगोंग त्सो झील के दक्षिणी छोर पर तीन चौकियाँ थीं, जिन्हें मिलाकर 'युला कांप्लेक्स' कहा जाता था। इनमें 1/8 गोरखा राइफल्स के जवान तैनात थे, जबकि बटालियन की दो अन्य कंपनियों को स्पांगुर गैप, गुरुंग हिल और मैगर हिल पर तैनात किया गया था। चीनियों द्वारा भारी बमबारी के बाद इन सभी चौकियों को आरंभ में सामरिक कारणों से एक स्थान पर गठित किया गया और बाद में उन्हें पीछे हटा लिया गया।

13 कुमाऊँ के जवानों ने गोरखाओं के बलिदान के समाचार को भीगी आँखों से सुना। यह उनके लिए एक अशुभ समाचार था, जिसने उन्हें भौचक्का कर दिया था। अपने साथी सैनिकों के लिए वे कुछ कर सकने में असमर्थ थे, वह केवल हाथ जोड़कर उनके लिए प्रार्थना कर सकते थे, लेकिन जब उनकी भावनाएँ स्थिर हुईं तो जवान अधिक स्पष्ट सोच सकते थे। अब तक वे लेह की ऊँचाई के अभ्यस्त हो चुके थे और इसलिए सूबेदारों की आज्ञा के साथ जवानों ने अपना शारीरिक व्यायाम आरंभ किया, ताकि वे अपने दबाए हुए गुस्से और नैराश्य को पसीने में बहा सकें। लांस नायक सिंह राम ने अपने भाई सिपाही राम कुमार और अन्य की सहायता से समूह-प्रतिस्पर्द्धा भी आयोजित की।

1962 में भारत के साथ युद्ध से पहले ही चीनियों ने भारतीय जीवन के सभी पक्षों में घुसपैठ कर ली थी और संक्रियात्मक (ऑपरेशनल) जासूसी के लिए सही स्थानों पर उनके स्रोत उपस्थित थे। '1962 एंड मैकमोहन लाइन सागा' के लेखक क्लॉड आर्पी ने लिखा है कि भारतीय गोपनीय

सूचना को किस प्रकार तोड़ा गया होगा– "कुछ पुराने सैनिकों को याद आता है कि (नेफा में) बोमडिला के मार्ग में दो सुंदर 'स्थानीय' लड़कियों द्वारा चलाया जाने वाला एक ढाबा था। सभी अधिकारी और जवान वहाँ रुका करते थे, वे वहाँ चाय पीते और लड़कियों से बातें करते। बाद में पता चला कि वे दूसरी ओर से थीं। एक मुखबिर ने मुझे बताया कि आठ अक्तूबर, 1962 को जब लेफ्टिनेंट जनरल बी.एम. कौल को ऊँचाई के कारण बीमार होने के बाद उन्हें 'नामका चू' से निकाला गया था तो उन्हें 'स्थानीय' कुलियों ने पीठ पर ढोया था। यह बाद में पता चला कि उनमें से एक तिब्बत के युद्धबंदी शिविर का एक चीनी दुभाषिया था। रहस्य खुल गए थे!"

3 24 अक्तूबर, 1962; चुशुल, लद्दाख, जम्मू व कश्मीर

जिस समय 24 अक्तूबर, 1962 के बाद चीनी सेना अपना आक्रमण रोक देती है। चार्ली कंपनी का अग्रिम दल कैप्टन प्रेम कुमार के नेतृत्व में सड़क-मार्ग द्वारा रेजांग ला के लिए कूच करता है। यह प्लाटून के आकार की तैनाती है। चार्ली कंपनी के जवानों के पास इस ऊँचाई की ठंड के लिए उपयुक्त वस्त्र नहीं हैं और रसोइये भोजन बनाने में असमर्थ हैं। अगली सुबह कैप्टन प्रेम कुमार और नायब सूबेदार सुरजा राम सर्वेक्षण करते हैं और तीनों प्लाटूनों व कंपनी मुख्यालय की स्थिति के बारे में निर्णय लेते हैं। कैप्टन प्रेम कुमार हाई एल्टीट्यूड पल्मोनरी ओडेमा (एच.ए.पी.ओ. या हैपो) के लक्षण दिखाने लगते हैं और उन्हें वहाँ से निकाल लिया जाता है। मेजर शैतान सिंह उसके बाद बचे हुए जवानों के साथ आ जाते हैं। वह पहले से बनी योजना में सुधार करते हैं और तुरंत ही खुदाई शुरू हो जाती है।

भारत और चीन के मध्य नेफा और लद्दाख दोनों स्थानों में युद्ध जारी था। हालाँकि भारतीय वायु सेना और भारतीय नौसेना का अभी तक प्रयोग नहीं किया गया था और दोनों देशों की सेनाएँ सीमा संघर्ष में 20 अक्तूबर से उलझी थीं।

लेह में सभी जवानों के समान चार्ली कंपनी के जवान भी पूरी सीमा पर भारतीय क्षति के समाचारों से परेशान थे। अब तक नेफा में नामका चु नदी पहले ही हारी जा चुकी थी और पूरी सात इन्फेंट्री ब्रिगेड समाप्त हो चुकी थी, जिसमें 2000 से अधिक जवान और लगभग दो दर्जन अधिकारी थे और ब्रिगेड कमांडर ब्रिगेडियर जॉन दल्वी बंदी बनाए जा चुके थे।

लेह से चुशुल की ओर कूच करने के आदेश मिलने के समय से लेफ्टिनेंट कर्नल एच.एस. धींगरा अपने दल के साथ 13 कुमाऊँ की चारों कंपनियों के संगठित कूच के लिए योजना बनाने में व्यस्त थे। कमान अधिकारी पहले भी ब्रिगेड कमांडर के साथ एक बार सर्वेक्षण में चुशुल में आए थे और इसलिए उन्हें वहाँ की वास्तविक स्थिति के बारे में ज्ञान था।

13 कुमाऊँ के पहले काफिले (अग्रिम दल) ने लेह से चुशुल के लिए 24 अक्तूबर को सुबह साढ़े चार बजे कूच किया। यह एक छोटा दल था और योजना बनाई गई थी कि उसी प्रकार के छोटे दलों में सभी को जल्दी-से-जल्दी वहाँ पहुँचा दिया जाएगा।

लेह से चुशुल जाने वाले कच्चे जीप वाले रास्ते पर चल रहे वाहनों में अग्रिम दल के लोग थे और उनके भाव गंभीर थे। जवानों के पास पूछने के लिए अनेक प्रश्न थे, लेकिन उनका प्रशिक्षण उन्हें उन प्रश्नों को अपने होंठों तक लाने नहीं दे रहा था। वे शत-प्रतिशत निष्ठावान और देशभक्त थे। वे सीमा पर पहुँचकर चीनियों से लड़ने के अवसर की प्रतीक्षा कर रहे थे—अपनी पूरी शक्ति के साथ, क्योंकि मृत्यु स्वीकार्य थी, लेकिन पराजय नहीं।

अगले भाग के एक ट्रक में नायब सूबेदार सुरजा राम और कंपनी क्वार्टर मास्टर हवलदार (सी.क्यू.एम.एच.) जय नारायण बैठे थे।

वे कुछ देर से शांत थे, जब नायब सूबेदार सुरजा राम बोले, "मैं 1/8 गोरखा राइफल्स के गोरखा भाइयों के लिए दुखी महसूस कर रहा हूँ। वे शेरों की तरह लड़े।"

सी.क्यू.एम.एच. जय नारायण ने एक गहरी साँस ली और उत्तर दिया, "मेजर धन सिंह थापा साहब को सैल्यूट।"

"और कंपनी के वरिष्ठ जे.सी.ओ. सूबेदार मिन बहादुर गुरुंग को।"

"हाँ, और सभी बहादुर गोरखा जवानों को।"

तब नायब सूबेदार सुरजा राम ने उसमें जोड़ा मानो वह स्वयं से कह रहे हों, "हमें तोपखाने की मदद और समय से आपूर्ति चाहिए। यदि हमें ये मिल जाएँ तो हमारे लड़के दुश्मन के टुकड़े-टुकड़े कर देंगे।"

"मेरा विचार है कि गोरखाओं को आपूर्ति नहीं मिल पाई, क्योंकि वे झील के उस पार थे। हमें रेजांग ला भेजा जा रहा है, जहाँ आसानी से वह सब कुछ भेजा जा सकता है जिसकी हमें पीछे से जरूरत होगी।"

"ठीक है..." एक क्षण रुकने के बाद उन्होंने कहना आरंभ किया, "दुख इस बात का है कि नेफा और अकसाई चीन की अन्य चौकियों से भी समाचार अच्छे नहीं हैं।"

सी.क्यू.एम.एच. ने विचारपूर्वक सिर हिलाया।

उसी प्रकार के विचार पीछे बैठे जवानों के दिमाग में भी चल रहे थे। हालाँकि अधिकांश समय सोची-विचारी चुप्पी थी, जवान कभी-कभार बातचीत करने लगते थे। पूरी सीमा पर होने वाले घटनाक्रम से सभी दुखी थे और वे निश्चित रूप से चिंतित भी थे, लेकिन भयभीत नहीं। वास्तव में, उनमें से अधिकांश अपनी खाइयों में पहुँचना चाहते थे, जिन्हें वे मोर्चा कहते थे और चीनियों को अपने निकट आने देना चाहते थे। अपने गंतव्य की ओर यात्रा करते हुए वे अपनी व्यक्तिगत रसद के गोंद के लड्डू भी खा रहे थे, जो पारंपरिक उच्च ऊर्जा वाला भोजन था जिसे वे जब भी छुट्टी पर जाते साथ लेकर आते थे।

16 घंटों की ऊबड़-खाबड़ यात्रा के बाद उनका काफिला अंततः त्साका ला मार्ग पर रुक गया, जो चुशुल हवाई अड्डे से लगभग 20 किमी. दूर दक्षिण-पूर्व की ओर था।

13 कुमाऊँ की चार्ली कंपनी के प्रथम समूह के जवान अपने ट्रकों से उतरे। जब वे गिनती के लिए पंक्तिबद्ध हुए, कैप्टन प्रेम कुमार ने उन्हें सीमा पर उनकी सही चौकी के बारे में बताया।

वह जोर से बोले, ताकि प्रत्येक जवान उन्हें सुन सके, "चार्ली कंपनी के बहादुरो, हम अपनी मंजिल तक पहुँच गए हैं। वह देखो..." उन्होंने अपनी दाईं ओर के पहाड़ों की ओर संकेत किया जिनमें एक मार्ग था और फिर बोलना आरंभ किया, "वह है रेजांग ला। ला का मतलब, जैसा आपको पता ही है, पास (दर्रा)। रेजांग ला एक माउंटेन पास (पहाड़ी दर्रा) है। उसके दूसरी तरफ दो लेक (झील) हैं। बड़ी वाली उत्तर में है जिसका नाम है..."

वरिष्ठ लोग जानते थे, लेकिन वे चुप रहे, ताकि जवान उत्तर दे सकें। अनेक जवानों ने हाथ उठाए। कैप्टन ने एक की ओर इशारा किया जिसने कहा, "पेंगोंग त्सो!"

"बहुत अच्छा। त्सो का क्या मतलब होता है?"

"श्रीमान, लद्दाखी भाषा में त्सो लेक (झील) को बोलते हैं।"

"बहुत अच्छा। अब दूसरी लेक का नाम कौन बताएगा?"

इस बार कैप्टन ने एक अन्य जवान की ओर सिर हिलाया।

"श्रीमान, स्पांगुर त्सो!"

"बहुत अच्छा। शाबाश! अब आपको पता ही है कि पेंगोंग त्सो बहुत बड़ी लेक है, आधी हमारे पास है और आधी चाइना के पास, लेकिन स्पांगुर त्सो छोटी लेक है। अभी हम लोकेशन (स्थिति) पे (पर) जाएँगे और अपने मोर्चे तैयार करेंगे। हमारे पास केवल तीन घंटे की रोशनी बाकी है। आओ चलें!"

पेंगोंग त्सो झील के दक्षिण की ओर का क्षेत्र अभी तक चीनियों के आक्रमण का शिकार नहीं हुआ था। इसलिए उस दिन वहाँ उपस्थित प्रत्येक

व्यक्ति को होने वाले आक्रमण का ज्ञान था और उन्हें समझ थी कि उन्हें जल्दी से काम करना था। जवानों ने स्वयं को संगठित करना शुरू कर दिया, जबकि कैप्टन प्रेम कुमार ने निकट के क्षेत्र में जाकर जल्दी से दृश्य का सर्वेक्षण किया। 15 मिनट बाद जब वह वापस आए, प्रत्येक व्यक्ति तैयार था। उनके आदेश पर वे रेजांग ला दर्रे की ओर पैदल चलने लगे। तापमान लगभग आठ डिग्री सेल्सियस था। जवानों के पास उनका बड़ा पिट्ठू और फर्स्ट लाइन ऑफ एम्यूनिशन (कारतूसों की पहली पंक्ति) उनके पास पाउचों में थी। इनके अतिरिक्त उनके पास .303 राइफलें थीं। और इस प्रकार कुल भार लगभग 40 किग्रा. था।

कैप्टन प्रेम कुमार ने सी.क्यू.एम.एच. जय नारायण की ओर देखा और कहा, "मेरा विचार है कि यह चार्ली कंपनी का प्रशासनिक शिविर स्थापित करने का सबसे बढ़िया स्थान है!"

सी.क्यू.एम.एच. जय नारायण ने चारों ओर देखा मानो वह किसी उपयुक्त स्थान को खोजने की कोशिश कर रहे हों और तब उनकी निगाहें एक बिंदु पर जम गईं और उन्होंने कहा, "हाँ, श्रीमान! मेरा विचार है कि हमारे पास वह एक अच्छी जगह है।"

"बढ़िया! मैं आपको दो जवानों के साथ छोड़ दूँगा। आप अपनी कार्यवाही आरंभ करो और कल सुबह दर्रे पर आकर मुझे मिलो।"

"जी, साहब।"

उसी के साथ कैप्टन प्रेम कुमार ने दो रेडियो ऑपरेटरों, सिपाही राम चंदर और सिपाही महेंद्र सिंह के साथ चार्ली कंपनी के प्लाटून आकार के दल का नेतृत्व करना आरंभ किया। सिपाही राम चंदर के पास वायरलेस सेट संख्या 88 था, जो कि हलके भार का बैटरी-चालित मैन पैक वी.एच.एफ.-एफ.एम. रेडियो सेट था जिसकी रेंज लगभग दो मील थी। प्लाटूनों और कंपनी मुख्यालय के मध्य संचार के लिए यह एक आदर्श उपकरण था। सिपाही महेंद्र सिंह के पास वायरलेस सेट संख्या 31 था, जो कंपनी मुख्यालय और बटालियन मुख्यालय के मध्य संचार के लिए था। सेट

संख्या 31 सेट संख्या 88 की तुलना में अधिक बड़ा था और इसका भार भी सेट संख्या 31 के पाँच किग्रा. की तुलना में 17 किग्रा. था। उनके साथ हलकी मशीनगन लेकर सिपाही निहाल सिंह चल रहे थे, क्योंकि उनके पास कंपनी कमांडर की व्यक्तिगत सुरक्षा का दायित्व था। दूसरी ओर कंपनी कमांडर के पास नौ मिमी. की पिस्तौल थी।

यह एक दुष्कर चढ़ाई सिद्ध हुई। हर कुछ कदमों के बाद जवानों की साँस फूल जाती थी और बेहतर महसूस करने के लिए उन्हें रुकना पड़ रहा था। लेह में अभ्यस्त होने की प्रक्रिया पूरी होने के बाद भी सबसे सख्त जवानों को भी चलने में कठिनाई हो रही थी, जिसका कारण कम सघन पहाड़ी हवा थी। वृक्ष रेखा से ऊपर होने के कारण उनके चारों ओर का क्षेत्र सूखा था और बिना पेड़-पौधों का था। शाम होते ही तापमान गिरने लगा। काँपते हुए जवान अपनी विंटर क्लोदिंग (सर्दी के वस्त्र) में भी नहीं थे, हाई आल्टीट्यूड स्नो क्लोदिंग (अधिक ऊँचाई के बर्फ के वस्त्र) की बात तो रहने ही दो। उन्हें आगे बढ़ने के लिए अपने शरीर की ऊर्जा के प्रत्येक ओंस को खर्च करना पड़ रहा था।

उनकी मुख्य चुनौतियों में से एक थी तीन हलकी मशीनगनों और एक दो इंची मोर्टार को ढोने की, जो उनके पास थीं। कंपनी के बाकी हथियारों में शामिल थीं छः हलकी मशीनगनें, तीन दो इंच मोर्टार और दो तीन इंच मोर्टार, जो कुछ दिन बाद बचे हुए सैनिकों और मेजर शैतान सिंह द्वारा लाई जानी थीं।

जब सैनिकों का एक समूह उन भारी हथियारों को ढोते-ढोते थक गया तो उन्होंने उन्हें अन्य सैनिकों को सौंप दिया और इस प्रकार वे बारी-बारी से चलते रहे। जवानों का एक दायित्व उस स्पूल या चरखी को ढोने का भी था, जिस पर टेलीफोन की तार लिपटी हुई थी और चढ़ाई करने के साथ-साथ तारों को फिजिकल लाइन कम्युनिकेशन (भौतिक रेखीय संचार) के लिए स्थापित किया गया।

कैप्टन प्रेम कुमार सबसे आगे थे। वह एक युवा और ऊर्जावान अधिकारी थे, जिनका विवाह कुछ महीनों पहले ही हुआ था। वह सभी

को प्रोत्साहित कर रहे थे और अन्य सैनिकों से अधिक तेजी से चलकर व्यक्तिगत उदाहरण स्थापित कर रहे थे। "आओ बहादुर साथियो, केवल कुछ दूरी ही बाकी है...बहुत अच्छा...हाँ, इसी प्रकार।"

कुल मिलाकर उन्हें लगभग चार किमी. पूरा करने में लगभग तीन घंटे लगे। तब तक अँधेरा हो चुका था। उस चौकी पर सी.आर.पी.एफ. के जवान पहले से ही तैनात थे और वे 'सी' कंपनी के आगमन की प्रतीक्षा कर रहे थे। ये सी.आर.पी.एफ. के जवान इस कठोर इलाके में स्थित इस चौकी को भारतीय थल सेना को सौंपकर यहाँ से चले जाने में प्रसन्नता महसूस कर थे।

सी.आर.पी.एफ. ने जो बंकर तैयार किया था और जिसका वे उस समय प्रयोग कर रहे थे, वह रेजांग ला दर्रे के ठीक मध्य में था। यह बंकर अधिक-से-अधिक दस जवानों के लिए पर्याप्त था, लेकिन 'सी' कंपनी के अग्रिम दल में 40 जवान थे। इनमें दो रसोइये, एक नाई और एक उपकरण और बूट मरम्मत करने वाला मिस्त्री भी शामिल थे।

उस रात भोजन पकाने का कोई प्रश्न नहीं था, क्योंकि सभी को ज्ञात था कि रसोइयों को लंगर बनाने में समय लगेगा। इसलिए उस रात उन्होंने शकरपारे खाए, पानी पिया और खुले में सोये। उन्होंने अपनी गरमी की वर्दी और जर्सी पहनी हुई थी और सिर पर बलक्लावा टोपी (मुख के अतिरिक्त सारे सिर को ढकने वाली ऊनी) पहनी थी और सबसे ऊपर उनका कंबल था, जिसे उन्होंने अपने बड़े पिट्ठुओं से निकाल लिया था, लेकिन यह सब उस स्थान की ठंड के लिए अपर्याप्त था और जल्दी ही जवान ठंड से काँपने लगे, जब पारा और नीचे गिर गया। मध्यरात्रि तक तापमान शून्य से पाँच डिग्री नीचे था।

अगले दिन सुबह, जैसे ही सूरज निकला, जवानों ने अपनी कार्यवाही आरंभ की। मेजर शैतान सिंह के आदेशानुसार उनमें से पहली कार्यवाही थी प्लाटूनों को सामरिक रूप से तैनात करना। नायब सूबेदार सुरजा राम के रूप में केवल एक सूबेदार प्लाटून के साथ आए थे, वह कैप्टन प्रेम कुमार के पास गए और उनका अभिवादन किया, "राम-राम, साहब!"

कैप्टन प्रेम कुमार खाँसे और उत्तर दिया, “राम-राम! रात कैसी रही?”

“बहुत बुरी नहीं, साहब! आपको कैसा लग रहा है?”

कैप्टन प्रेम कुमार ने तुरंत कोई उत्तर नहीं दिया। कुछ क्षण बाद उन्होंने एक गहरी श्वास ली और कहा, “मैं ठीक हूँ।”

नायब सूबेदार सुरजा राम ने सिर हिलाया और चारों ओर देखा।

कैप्टन प्रेम कुमार ने फिर बोलना आरंभ किया, “ठीक है, अब हमें अपनी तैयारियाँ करनी चाहिए। जैसा आप जानते हो, हमें आदेश हैं कि हम रेजांग ला दर्रे को बंद कर दें और चीनियों को पहुँचने न दें। यह दर्रा लगभग 2,000 गज चौड़ा और 3,000 गज लंबा है। किसी एक कंपनी द्वारा कब्जा करने के लिए यह पर्याप्त बड़ी जगह है। हमने इसे सैंड मॉडल (रेत के प्रतिरूप) और नक्शों में कितनी बार देखा है, लेकिन सच्चाई कही जाने वाली बात से हमेशा अलग होती है। इसलिए हमें पहले इस जगह की रेकी (जाँच, सर्वेक्षण) करनी चाहिए।"'

कैप्टन सी.क्यू.एम.एच. जय नारायण की ओर मुड़े, जो अभी-अभी आए थे और कहा, “बटालियन मुख्यालय को एक संदेश भेजो कि हमें हाई आल्टीट्यूड क्लोदिंग (अधिक ऊँचाई के लिए उपयुक्त कपड़े) आज दिन समाप्त होने तक चाहिए। और उन्हें बंकर बनाने के लिए पायनियर्स को सही उपकरणों और डायनामाइट छड़ों के साथ भेजना है। यह सतह ठोस जमी हुई है। मुझे नहीं पता कि हमारे पास जो उपकरण हैं, उनसे हम कितना हासिल कर पाएँगे।”

“रोजर, साहब!”

उसी के साथ कैप्टन और नायब सूबेदार सुरजा राम चलने लगे। उन्होंने उस क्षेत्र की पूरी लंबाई और चौड़ाई को पैदल ही पार किया, इसके साथ-साथ उन्होंने मानचित्र पर दिए गए चिह्नों की पहचान की और उनका संबंध वास्तविक जमीन से जोड़ा, लेकिन प्रत्येक 50 मीटर पर कैप्टन प्रेम कुमार कुछ मिनटों के लिए रुकते और फिर चलते। एक बार नायब सूबेदार सुरजा राम ने कहा, “साहब, यदि आपको ठीक महसूस नहीं हो रहा तो

आप यहाँ रुको और मुझे रेकी करने दो, मैं वापस आकर आपको विस्तृत रिपोर्ट दे दूँगा।"

"नहीं, मैं ठीक हूँ।" कैप्टन प्रेम कुमार अपने पैरों पर खड़े हो गए और चलने लगे।

इसके बाद सूबेदार ने और कुछ नहीं कहा और बस अपनी गति को अपने कमांडर की दशा के अनुसार ढाल लिया। स्पष्ट रूप से कैप्टन प्रेम कुमार की हालत हर बीतते मिनट के साथ खराब होती जा रही थी। नायब सूबेदार सुरजा राम को केवल एक चिंता थी– क्या होगा यदि कैप्टन साहब को फेफड़ों संबंधी शोफ (एच.ए.पी.ओ. या हैपो) हो गया है? यदि यह सच था तो उनकी दशा तेजी से खराब हो जाएगी। उनकी केवल यही इच्छा थी कि मेजर शैतान सिंह के आने तक कैप्टन टिके रहें।

इसके परिणामस्वरूप उस पूरे क्षेत्र को पार करना परिश्रम से भरपूर काम था और उसके लिए क्षमता, धीरज और सहनशीलता की आवश्यकता थी। अंत में, इस प्रयास के परिणाम सकारात्मक रहे। उन्होंने उस क्षेत्र के सबसे ऊँचे बिंदु को चिह्नित कर लिया था, जिसे 18,300 कहा जाता था और जो ठीक उनके आगे था और उसे संदर्भ मानते हुए उन्होंने उस पूरे क्षेत्र के टीलों, उठानों, नालों, मोड़ों, पहाड़ियों और घाटियों की पहचान कर ली थी।

यह सही होगा कि कैप्टन अमरिंदर सिंह ने अपनी पुस्तक 'लेस्ट वी फॉरगेट' (हम कहीं भूल न जाएँ) में रेजांग ला के क्षेत्र का वर्णन किया है–

"14,400 फुट की ऊँचाई के साथ स्पांगुर त्सो इस क्षेत्र में ऊँचाई के प्रयोजन से सबसे नीचा स्थान है। यहाँ से उथली पहाड़ियाँ आरंभ होती हैं, जो चट्टानी मोड़ों के आकार की होती हैं और तब वे उस विशाल मैदानी क्षेत्र में बड़ी पहाड़ियाँ और पर्वत-शृंखलाएँ बनाती हैं। ये पहाड़ियाँ पर्याप्त नंगी (वनस्पति-विहीन) हैं, जिनमें से ढलानों और नालों पर चट्टानें निकली हुई हैं। उनके शीर्ष सामान्य रूप से समतल हैं और उन पर किसी प्रकार के कोई पेड़ या पौधे नहीं हैं। वर्षा छाया क्षेत्र में होने के कारण लद्दाख में प्रत्येक वर्ष बहुत कम वर्षा होती है और जो कुछ इंच की वर्षा यहाँ होती है,

वह सर्दी के महीनों में होती है और वह मुख्य रूप से बर्फ के रूप में होती है। यह पूरा क्षेत्र चंद्रमा पर किसी निर्जन स्थान के समान प्रतीत होता है।"

बहुत सारी बातचीत के बाद और इस कारण कि जे.सी.ओ. का अनुभव कैप्टन से अधिक था, कैप्टन ने जे.सी.ओ. द्वारा प्रस्तावित योजना का अनुमोदन कर दिया।

हालाँकि कुछ क्षण बाद उन्होंने टिप्पणी की, "सुरजा साहब, योजना अच्छी है, लेकिन अंतिम निर्णय मेजर शैतान सिंह द्वारा लिया जाएगा, जब वह यहाँ आएँगे।"

"जी, हाँ।"

"मैं जितना देख सकता हूँ, मुझे विश्वास है कि मेजर साहब इस योजना का अनुमोदन कर देंगे।" कुछ गहरी साँसों के बाद उन्होंने आगे कहा, "प्लाटून आठ के लिए हमारा बंकर तैयार है। हमें प्लाटून सात और नौ के लिए तुरंत बंकर बनाने शुरू कर देने चाहिए और उसी के साथ अपने जवानों को खाइयाँ खोदने के लिए भी लगाओ। प्लाटून मुख्यालय के लिए बंकर और सेक्शन चौकियों के लिए खाइयों का काम साथ-साथ चलना चाहिए।"

"रोजर, साहब!"

विभिन्न स्थितियों पर निर्णय लिये जाने के बाद कैप्टन प्रेम कुमार और नायब सूबेदार सुरजा राम ने वास्तविक स्थितियों को अपने मानचित्रों पर चिह्नित कर लिया और उन्हें वापस उनके डिब्बों में रख लिया और वहाँ चले गए, जहाँ बाकी सब थे। उन्होंने देखा कि रसोइया पानी में उबाल लाने की कोशिश कर रहा था।

कैप्टन प्रेम कुमार ने उससे पूछा, "आपको चाय बनाने के लिए कितना समय लगेगा?"

रसोइये ने चिड़चिड़ाते हुए कहा, "साहब, बर्फ तो पिघल गई है, लेकिन पानी स्टोव पर पिछले दो घंटों से है और अभी तक उबल नहीं पाया है।"

कैप्टन प्रेम कुमार को यह ज्ञात था, "इतनी सर्दी में आप किसी चीज को बस एक स्टोव से नहीं उबाल सकते। हमें जिस चीज की जरूरत है, वह है प्रेशर कुकर।"

उन्होंने सी.क्यू.एम.एच. की ओर देखा जिसने कहा, “श्रीमान, आपका अंतिम संदेश पहले ही भेजा जा चुका है।”

कैप्टन ने सिर हिलाया और कहा, “एक और भेजो। हमें प्रेशर कुकरों और डिब्बा-बंद राशन की तुरंत जरूरत है। रसोइयों से पूछो कि उन्हें और किस चीज की जरूरत है। एक सूची बनाओ और उसे भेजो।”

उसके साथ ही कैप्टन प्रेम कुमार को खाँसी का धचका उठा और वह एक शिविर कुर्सी पर बैठ गए। उनके होंठों के छोर से गुलाबी थूक बाहर बह रहा था। नायब सूबेदार सुरजा राम को पता था कि इसका क्या मतलब है और उन्होंने सिपाही (मेडिकल सहायक) धरमपाल दहिया को उनकी परीक्षा करने के लिए संकेत किया।

सिपाही दहिया ने नायब सूबेदार सुरजा राम के सबसे खराब डर की पुष्टि कर दी। “कैप्टन साहब को हैपो हो गया है। उनका जीवन बचाने का केवल एक ही रास्ता है, वह है उन्हें किसी अस्पताल ले जाना और वह नीचे स्थित है।”

उस दिन दोपहर तक प्लाटून के लिए अच्छा समाचार था। चुशुल से उनके किट बैग स्थानीय लद्दाखियों द्वारा पाले गए याकों और खच्चरों पर लदकर आ गए थे। ये स्थानीय लोग सेना से वेतन पाते थे और सूचना-स्रोतों का काम भी करते थे।

याक और खच्चरों को देखकर जवानों के चेहरों पर मुस्कराहट आ गई थी और जैसे ही उन्होंने अपने-अपने किट बैग की पहचान की, उन्होंने उनमें खोज की और जो भी कपड़े मिले, उन्होंने एक-दूसरे पर पहन लिए, ताकि वे ठंड से बच सकें। अब उनके पास सोने के लिए उनकी व्यक्तिगत बेडिंग (बिस्तर) थी। यह एक बड़ी राहत थी।

इस बीच नायब सूबेदार सुरजा राम ने बटालियन मुख्यालय को कैप्टन प्रेम कुमार की मेडिकल आपात स्थिति के बारे में सूचित कर दिया था और इसलिए याक के साथ एक मेडिकल सहायक भी आया था। इस समय तक कैप्टन प्रेम कुमार केवल अर्ध-बेहोशी की अवस्था में थे और उन्हें नायब सूबेदार सुरजा राम ने भारी मन से विदा किया।

कैप्टन के जाने के बाद प्लाटून की कमान अपने आप ही नायब सूबेदार के पास आ गई थी, जो चौकी पर सबसे वरिष्ठ सैनिक थे।

लेकिन नायब सूबेदार सुरजा राम के लिए और समस्याएँ प्रतीक्षा कर रही थीं। अगले कुछ ही घंटों में, लगभग एक-चौथाई जवानों में हैपो के लक्षण दिखाई देने लगे थे। जवान बस पिछली रात ही लेह से रेजांग ला आए थे और उन दोनों स्थानों में ऊँचाई का अंतर 6,000 फुट से अधिक था, इस तथ्य को ध्यान में रखते हुए ऐसा होने की आशंका थी, लेकिन इस समय वे जिससे पीड़ित थे, वह पहाड़ी रोग के तीन चरणों में से सबसे हलका चरण था। हालाँकि जवानों को मांसपेशी में दर्द और उलटी का अनुभव हो रहा था और यह किसी मद्यपान के बाद बुरे उत्तरप्रभाव (हैंगोवर) के समान महसूस हो रहा था, लेकिन इस चरण का उपचार दवाइयों और काफी सारे आराम से किया जा सकता था। इनमें से पहला उपाय आसान था, लेकिन बाद वाला ऐसा उपाय था जिसे वे कर पाने में असमर्थ थे।

देश युद्धरत था और वे यहाँ अत्यंत ठंडी, चट्टानी सतह पर आ पहुँचे थे– बिना तैयारी के, बिना सुरक्षा के, बिना उपकरणों के, बिना हथियारों के, कम भोजन के साथ, अनुपयुक्त कपड़ों के साथ। उनके पक्ष में केवल जो चीजें थीं, वे उनका स्वास्थ्य और देशभक्ति थीं और अब उनके स्वास्थ्य को भी खतरा था। इसलिए उनके पास अब केवल जो बचा था, वह था अपने राष्ट्र के लिए प्रेम।

नायब सूबेदार सुरजा राम ने सिपाही धरमपाल को बुलवाया। जैसे ही हँसमुख लगने वाला दहिया आया, सुरजा ने कहा, "पहाड़ी बीमारी के लिए हमारे पास कितनी दवाइयाँ हैं?"

"साहब, अधिक नहीं, हमारी मेडिकल आपूर्ति अभी आनी बाकी है। मेरे पास कुछ गोलियाँ हैं और मैंने उन्हें गंभीर लोगों को दे दी हैं।"

"इस समय तक कल हम जहाँ उतरे थे, वहाँ और जवान पहुँच गए होंगे। आप नीचे जाओ और अधिक दवाइयाँ लेकर आओ।" तब सुरजा ने रेडियो ऑपरेटर की ओर मुड़कर कहा, "राम चंदर, मैं चाहता हूँ कि आप भी जाओ और हमारी टेलीफोन तारों को नीचे आधार शिविर से जोड़ो।"

“इस समय दोपहर के तीन बज चुके थे। उस दिन सुरजा राम ने उस नई ऊँचाई पर अभ्यस्त होने के लिए जवानों को कुछ आराम देने का निर्णय किया। युद्ध चल रहा था और गोली चलाने के अवसर के बिना वे हताहतों को सहन नहीं कर सकते थे।

मेडिकल सहायक और रेडियो ऑपरेटर तुरंत ही चले गए। वे देर शाम को दवाइयों के साथ लौटे और जो जवान अस्वस्थ महसूस कर रहे थे, उन्होंने वे लीं और सो गए।

आराम ने उनका भला किया। अगली सुबह जवानों को अधिक राहत लग रही थी। अतिरिक्त कंबलों की परतों के नीचे सोने और अपनी अंगोला कमीज और जर्सी के नीचे व्यक्तिगत गरम कपड़ों को पहनने के कारण जवान बेहतर ढंग से सो सके थे। ये सामान पिछले दिन उनके किट बैग में आ गए थे। रात को तापमान शून्य से दस डिग्री सेल्सियस नीचे था, लेकिन अब उन्हें ज्ञात था कि आने वाले दिनों में नहीं तो हफ्तों में अवश्य रूप से यह शून्य से 30 डिग्री नीचे जा सकता था।

दोपहर से जरा पहले रेडियो ऑपरेटर ने संदेश प्राप्त किया कि मेजर शैतान सिंह शेष चार्ली कंपनी, हथियारों और गोला-बारूद के साथ आ रहे हैं। प्लाटून में उत्साह की एक लहर दौड़ पड़ी।

एक दिसंबर, 1924 को जन्मे मेजर शैतान सिंह भारत की स्वतंत्रता के समय जोधपुर के राज्य बलों का भाग थे। सात अप्रैल, 1949 को जब जोधपुर राज्य का भारतीय संघ में विलय हुआ तो उनका हस्तांतरण भारतीय सेना की कुमाऊँ रेजिमेंट में हो गया। वह एक अनुभवी अधिकारी थे; 1962 तक उन्होंने नागा पहाड़ियों के ऑपरेशन में और 1961 के गोवा स्वाधीनता संग्राम में भाग लिया था। वह एक कुशल रणनीतिज्ञ और उत्साही फुटबॉल खिलाड़ी थे। मेजर शैतान सिंह अपने सैनिकों के बहुत निकट थे।

जब मेजर शैतान सिंह नायब सूबेदारों हरि राम और राम चंदर व अन्य के साथ आए तो उन्होंने जो काम सबसे पहले किया, वह था अपने जवानों को संबोधित करना। अब तक जवान वर्तमान बंकर

(जो उन्होंने सी.आर.पी.एफ. से प्राप्त किया था) की मोर्चाबंदी कर चुके थे, पत्थरों के कुछ संगर तैयार कर लिए थे, एक अस्थायी लंगर की स्थापना कर ली थी और मैग्नेटो टेलीफोन व दो वायरलेस सेटों को चालू कर उनकी जाँच कर चुके थे।

जब सभी लोग एकत्र हो गए, मेजर शैतान सिंह ने चारों ओर देखा, मुस्कराए, अपने स्नो गोगल (बर्फ का चश्मा) सही किया और बोलना आरंभ किया, "हम भारत माता की जमीन पर खड़े हैं। दुश्मन को यहाँ से आगे नहीं जाने देंगे। समझ गए?"

"जी साहब!" समवेत स्वर ने उस पतली पहाड़ी वायु को गुंजायमान कर दिया।

उन्होंने आगे कहा, "मैं आपको कुछ महत्वपूर्ण बातें बताना चाहता हूँ। ध्यान दो। इसके उत्तर में पेंगोंग त्सो झील है, जो लगभग पश्चिम-पूरब दिशा में है और लंबाई में लगभग 130 किमी. है। झील के पश्चिमी छोर के दक्षिण में स्पांगुर गैप (संकरा मार्ग) है, यह उन खुले क्षेत्रों में से एक है जिसे पार कर चीनी आसानी से चुशुल हवाई अड्डे पर पहुँच सकते हैं। हमें पहले से पता है कि चीनियों ने तिब्बत के रुतोग से बिलकुल स्पांगुर झील तक वर्ग नौ सड़क बना ली है, जो स्पांगुर गैप के दक्षिण में स्थित है।"

मेजर रुके और अपने सैनिकों के चेहरों को देखा। सभी सीधा उनकी आँखों में देख रहे थे।

उन्होंने आगे कहा, "पूरी संभावना है कि चीनी स्पांगुर गैप में से पार जाएँगे। ब्रिगेड का मूल्यांकन कहता है कि इस बात का कोई तुक नहीं बनता कि चीनी पहले दक्षिण में आएँ, रेजांग ला दर्रे में से होकर चुशुल हवाई अड्डे की ओर उत्तर में 20 किमी. जाएँ। इसका कोई अर्थ नहीं, लेकिन चीनी वह कर हमें अचरज में डाल सकते हैं जिसकी हम आशा नहीं करते। इसलिए हमें सभी प्रकार के हालात का सामना करने के लिए अपनी रक्षा-तैयारियाँ करनी होंगी।"

कुछ और विवरणों के बाद जवानों को जाने के लिए कहा गया और मेजर ने तीनों प्लाटून कमांडरों को ठहरने के लिए कहा।

सभी तीनों नायब सूबेदार सुरजा राम, हरि राम और राम चंदर अनुभवी सैनिक थे। मेजर शैतान सिंह और प्लाटून कमांडर अपने हाथों में मानचित्रों के साथ दर्रे के सभी भागों में गए, ताकि वे जमीन पर वास्तविक स्थितियों की पहचान कर सकें और उनका संबंध मानचित्रों के चिह्नों से जोड़ सकें। इसमें सुरजा राम ने महत्वपूर्ण भूमिका निभाई, क्योंकि वह पिछली सुबह कैप्टन प्रेम कुमार के साथ इस क्षेत्र का पहले ही सर्वेक्षण कर चुके थे, वह उस दल का नेतृत्व करने में सक्षम थे।

उस समय कंपनी की कुल संख्या लगभग 75 जे.सी.ओ., एन.सी.ओ. और जवान हो चुकी थी जिनमें वे सैनिक भी शामिल थे, जो मेजर शैतान सिंह के साथ हाल में आए थे। जल्दी ही मेजर को कमान अधिकारी से आश्वासन मिल गया कि और जवान भेजे जाएँगे, जिन्हें मिलाकर कंपनी की कुल संख्या लगभग 120 हो जाएगी।

अंतिम बातचीत और सभी सूबेदारों को सुनने के बाद मेजर शैतान सिंह ने अपनी योजना बताई। यह निर्णय किया गया कि प्लाटून सात को लगभग 35 सैनिकों के साथ नायब सूबेदार सुरजा राम के नेतृत्व में दर्रे की उत्तरी तरफ अग्रिम ढलान पर लगाया जाए। प्लाटून आठ को दर्रे के क्षेत्र में दक्षिणी तरफ 40 सैनिकों के साथ स्थित किया जाए। प्लाटूनों सात और आठ के बीच 3,000 गज की दूरी थी, जो तीन किमी. से कुछ कम थी। यह निर्णय किया गया कि मेडिकल सहायक को प्लाटून आठ को दिया जाए, क्योंकि सीधा टकराव की स्थिति में उस स्थान पर हताहतों की संख्या अधिक हो सकती थी। प्लाटून आठ के लिए यह भी निर्णय लिया गया कि पहले से तैयार सी.आर.पी.एफ. बंकर का प्रयोग किया जाए। इस बंकर में एक-स्तरीय कँटीली तार का प्रयोग हुआ था, जो दो-स्तरीय घुमावदार तार (कंसर्टिना क्वायल) से कम प्रभावी थी। प्लाटून आठ नायब सूबेदार हरि राम की कमान में थी, जो चार्ली कंपनी के वरिष्ठ जे.सी.ओ. थे और उन सभी में सबसे अधिक अनुभवी थे।

यह निर्णय लिया गया कि प्लाटून नौ को 40 सैनिकों के साथ प्लाटून सात के दक्षिण-पश्चिम में लगभग एक किमी. पर स्थित किया जाए। यह प्लाटून कमान चौकी की रक्षा के लिए अंतिम रक्षा-पंक्ति होगी, जिसे प्लाटून नौ के 150 गज पीछे स्थित करने का निर्णय किया गया। कमान चौकी के 50 गज दक्षिण में लंगर को बनाया जाएगा और कमान चौकी के 150 गज पीछे, ढलान पर दो तीन इंची मोर्टार का सेक्शन रहेगा। कुल मिलाकर यह योजना उस प्रस्ताव से काफी मिलती-जुलती थी, जिसे नायब सूबेदार सुरजा राम ने सुझाया था।

सामरिक रूप से उपलब्ध हथियारों, गोला-बारूद और सैनिक शक्ति को ध्यान में रखते हुए यह रेजांग ला दर्रे की रक्षा के लिए सर्वोत्तम मार्ग प्रतीत होता था। कंपनी को माइन (भूमिगत बम) नहीं दी गई थीं, यदि वे होतीं तो आक्रमण की दशा में शत्रु की बढ़त को धीमा किया जा सकता था। कंपनी के पास कोई रिकॉयल-लेस गन (आर.सी.एल. या स्वचालित बंदूक) और मध्यम मशीनगनें (एम.एम.जी.) भी नहीं थीं, जो सामान्य रूप से किसी इन्फेंट्री (पैदल सेना) कंपनी का आवश्यक भाग होती हैं। इन अत्यावश्यक हथियारों की अनुपस्थिति के कारण आने वाले दिनों में चार्ली कंपनी को क्षति उठानी पड़ेगी।

कुल मिलाकर चार्ली कंपनी के पास केवल ली एनफील्ड .303 राइफलें (प्रति राइफल प्रति सैनिक 600 कारतूस), आठ लाइट मशीनगनें, तीन दो इंची मोर्टार (प्रत्येक प्लाटून के पास एक), दो तीन इंची मोर्टार और हथगोले (लगभग 500, जो प्रति सैनिक दो मिलते थे तथा शेष रिजर्व या आरक्षित थे) थे।

दोपहर तक, जब सिपाही प्लाटून कमांडरों के मार्गदर्शन में बंकर तैयार करने का काम करने लगे तो हवा ने गति पकड़ ली। मेजर शैतान सिंह को ज्ञात था कि वे भाग्यशाली थे कि उन्हें रेजांग ला में अक्तूबर में भेज दिया गया था, क्योंकि प्रत्येक वर्ष नवंबर के आरंभ में भारी बर्फबारी के कारण लेह को जाने वाली सड़क अवरुद्ध हो जाती थी। अब सूरज उनके सिर पर

था और दिन का तापमान शून्य से कुछ अंश ऊपर उठ चुका था। हालाँकि धूप अत्यंत चमकदार थी, क्योंकि उनके आस-पास की पर्वत-शृंखलाओं पर जमी बर्फ से किरणें प्रतिबिंबित हो रही थीं, लेकिन मौसम कुछ काम करने दे रहा था, विशेषकर उन्हें जिन्हें अधिक अस्वस्थता महसूस नहीं हो रही थी।

अपने स्नो गोगल (बर्फ का चश्मा) पहने जवानों ने कठिन परिश्रम किया, लेकिन जल्दी ही ठंड उनके शरीरों में चुभने लगी। जब तक वे काम करते रहे, परिश्रम के कारण पैदा होने वाली गरमी ने उनके शरीरों को गरम बनाए रखा, लेकिन जब वे साँस फूलने के कारण काम रोकते तो वे और भी अधिक काँपने लगते।

जब मेजर शैतान सिंह सूर्यास्त से जरा पहले अंतिम निरीक्षण के लिए विभिन्न प्लाटून स्थितियों पर गए, जो एक-दूसरे से कई किलोमीटर दूर थे, उन्हें लगा कि प्रगति धीमी थी। उनके पास फावड़े और कुदाल जैसे मामूली उपकरण थे, जिनसे उस चट्टानी और जमी हुई जमीन को तोड़ना असंभव था। अब तक तापमान एक बार फिर गिरना आरंभ हो गया था।

उन्होंने एक और संदेश लिखा और इसे बटालियन मुख्यालय भेजा। इसमें प्रार्थना की गई थी कि पायनियर्स से और जवान भेजे जाएँ। उन्हें सतह को नरम करने के लिए निर्माण उपकरण और डायनामाइट की आवश्यकता थी। नायब सूबेदार सुरजा राम ने उन्हें बताया कि कैप्टन कुमार ने भी उनके लिए माँग की थी, लेकिन स्पष्ट रूप से उस पर कोई कार्यवाही नहीं हुई थी।

20 अक्तूबर, 1962 को स्क्वाड्रन लीडर चंदन सिंह का ए.एन.-12 वायुयान, जो लद्दाख के सुदर उत्तरी छोर पर स्थित दौलत बेग ओल्डी (डी.बी.ओ.) की हवाई पट्टी पर नियमित उड़ान पर था, पर चीनियों ने हलकी मशीनगनों से हमला किया था। जब तक वायुयान चंडीगढ़ में सुरक्षित उतरता, भारतीय वायु सेना को पाँच ए.एम.एक्स-13 टैंकों को लद्दाख के चुशुल में वायु-मार्ग से उतारने की माँग मिल चुकी थी, लेकिन

समस्या यह थी कि वायु सेना ने पहले कभी ए.एन.-12 वायुयान में टैंक नहीं ढोया था। जब उन्होंने यह करने का निर्णय किया, उनके सामने दो चुनौतियाँ थीं– पहली, टैंक की चेन (ट्रैक) से वायुयान के फर्श को क्षति पहुँच सकती थी और दूसरी, टैंक को लादने के दौरान वायुयान के पहियों वाले क्षेत्र में अत्यधिक भार हो जाता जिसके कारण पहिये क्षतिग्रस्त हो सकते थे, जिसके कारण पूरा लदान ही बेकार हो जाता। पहली चुनौती को हल करने के लिए, वायुयान के फर्श पर लकड़ी का मजबूत आधार सही प्रकार से लगाने के लिए स्थानीय बढ़इयों को लगाया गया और दूसरी चुनौती को हल करने के लिए एक लकड़ी का चाप तैयार कर इसे रेत की बोरियों के साथ वायुयान के नीचे इस प्रकार लगाया गया कि यह किसी धक्के को यांत्रिक रूप से सहन कर सके। उसके बाद सेना और वायु सेना के कार्मिकों ने लदान संक्रिया का अभ्यास किया जिसे 25 अक्तूबर को किया जाना था, लेकिन लदान वाले दिन सेना के युवा चालकों में से एक को छुट्टी पर जाना पड़ा, क्योंकि उसकी पत्नी बच्चे को जन्म देने वाली थी। उसका गाँव निकट ही था, इसलिए उसे बुलाया गया और समझाया गया कि उसे कार्य समाप्त होने के तुरंत बाद छुट्टी पर भेज दिया जाएगा। पाँच टैंकों को सफलतापूर्वक वहन किया गया। यह एक उल्लेखनीय उपलब्धि थी, जो कम समय में प्राप्त की गई थी और जिसमें वायुयान और मानव जीवन को जोखिम था। अंत में, जब युवा चालक लौटा, उसे उसके नवजात शिशु और उसकी मुस्कराती पत्नी का चित्र भेंट में दिया गया। कमान अधिकारी ने अपनी इकाई से एक डॉक्टर को भेजा था, जो प्रसव की निगरानी कर सके और वह डॉक्टर उस चित्र को प्रमाण के रूप में लेकर आया था। उसके बाद उस युवा चालक को छुट्टी दे दी गई।

4 26 अक्तूबर, 1962; चुशुल वायुपट्टी, लद्दाख

जब सरकार निर्णय लेती है कि लद्दाख क्षेत्र की रक्षा का भार एक इन्फेंट्री डिवीजन को दे दिया जाए तो 114 ब्रिगेड को चुशुल भेजा जाता है, जिससे इसके उत्तरदायित्व का क्षेत्र 40 किमी. सीमा तक छोटा हो गया जिसका यह अच्छी तरह प्रबंधन कर सकती थी। उसके बाद चुशुल वायुपट्टी की रक्षा की सामरिक योजना की समीक्षा के लिए ब्रिगेडियर टी.एन. रैना अपने अधीन बटालियन कमान अधिकारियों के साथ बैठक करते हैं। उसके बाद ले. कर्नल एच.एस. धींगरा मैगर हिल और रेजांग ला जाते हैं, जहाँ वह प्रत्येक चौकी का निरीक्षण करते हैं और अधिकारियों, सूबेदारों व जवानों के साथ वार्ता करते हैं। अपने सक्षम प्लाटून कमांडरों की सहायता से मेजर शैतान सिंह खाइयों की खुदाई और बंकरों के निर्माण की देख-रेख करते हैं। तीनों प्लाटून कमांडर सावधान भी हैं और जवानों को ऑब्जर्वेशन पोस्ट (ओ.पी./निगरानी चौकी) और लिसनिंग पोस्ट (एल.पी./श्रवण चौकी) के लिए भी नियमित रूप से तैनात करते हैं।

ब्रिगेडियर टी.एन. रैना को सूचना दे दी गई थी कि लेह की रक्षा का उत्तरदायित्व अब 114 ब्रिगेड पर नहीं था। उन्होंने अपना कार्य भली-भाँति किया था, लेकिन दिल्ली स्थित सेना मुख्यालय ने पूरे लद्दाख क्षेत्र के संगठन को पुनर्रचित करने का निर्णय किया था। लेह को मेजर जनरल बुध सिंह की कमान में तृतीय इन्फेंट्री डिवीजन का डिवीजनल मुख्यालय बनाया जाना था। लेह में तैनात होने वाली 70वीं और 163वीं इन्फेंट्री ब्रिगेड थीं जिनके साथ दो टैंक इकाइयाँ, एक फील्ड आर्टिलरी रेजिमेंट, एक भारी मोर्टार बैटरी और अन्य सहायक इकाइयाँ थीं। यह भारतीय वायु सेना के ए.एन.-12 वायुयानों ने संभव बनाया था, जैसा हम पहले पढ़ चुके हैं।

मेजर जनरल बुध सिंह एक मिलीट्री क्रॉस (और बार) विजेता थे, उनकी बहादुरी के दो कारनामे द्वितीय विश्वयुद्ध के दौरान बर्मा (अब म्याँमार) में हुए थे, जहाँ वह कैप्टन के रूप में कंपनी का नेतृत्व कर रहे थे।

इसलिए 26 अक्तूबर, 1962 तक ब्रिगेडियर टी.एन. रैना के सामरिक मुख्यालय को लेह से स्थानांतरित कर चुशुल वायुपट्टी के निकट स्थापित किया गया था। ब्रिगेड को मिलने वाली गुप्त सूचना के अनुसार, चीनियों ने स्पांगुर झील के पार भी अपनी शक्ति बढ़ाना आरंभ कर दिया था। इसका अर्थ था कि चुशुल क्षेत्र में आने वाले दिनों में आक्रमण होने की आशंका थी।

ब्रिगेडियर तपेश्वर नारायण रैना का जन्म 24 जनवरी, 1921 को एक कश्मीरी परिवार में हुआ था। उनके पिता पंजाब राज्य के पोस्टमास्टर जनरल थे। लुधियाना में शिक्षा प्राप्त करने के बाद 21 वर्षीय तपेश्वर को भारतीय सेना में आपातकालीन कमीशन प्राप्त हुआ था, जो उस समय द्वितीय विश्वयुद्ध के लिए अपनी सेनाओं को बढ़ाने के लिए भर्ती अभियान चला रही थी। अधिकारी बनने के बाद विश्वयुद्ध के दौरान उन्हें बर्मा अभियान में भेजा गया था, जहाँ एक हथगोला दुर्घटना के कारण उनकी एक आँख चली गई। युद्ध में उनके वीरतापूर्ण कार्य के लिए उन्हें मेंशंड-इन-डिस्पैचेज (एम.आई.डी.) प्राप्त हुआ था।

1962 तक इस 41 वर्षीय अधिकारी को सैनिकों के प्रति अपने उदार व्यवहार के कारण 'सैनिकों का सैनिक' कहा जाता था। इसका एक कारण था। बर्मा अभियान में, जहाँ से उन्होंने प्लाटून कमांडर के रूप में अपना सैनिक जीवन शुरू किया था, उन्होंने जवानों के साथ जीवन-मृत्यु की स्थितियों में जवानों के साथ निकटता से कार्य किया था और उन्हें ठीक प्रकार पता था कि उनकी संक्रियात्मक और भावनात्मक आवश्यकताएँ क्या थीं। सैनिक दायरे में उन्हें लोकप्रिय नाम 'टैपी' रैना कहकर बुलाया जाता था।

चुशुल में अपने सामरिक मुख्यालय की स्थापना के बाद ब्रिगेडियर टी.एन. रैना का पहला कार्य था अपने बटालियन कमांडरों की एक ऑप्स (संक्रिया) बैठक आयोजित करना।

पिछली रात को रेत के प्रतिरूप बनाने में प्रशिक्षित सैनिकों ने संक्रियात्मक (ऑपरेशनल) क्षेत्र का एक विस्तृत प्रतिरूप बना लिया था।

बैठक में ब्रिगेडियर टी.एन. रैना के अतिरिक्त उपस्थित होने वाले मेजर जसजीत सिंह थे, जो ब्रिगेड के स्टाफ अफसर थे। जैसे ही चारों कमान अधिकारी आए, ब्रिगेडियर रैना ने अपनी योजना को बताना शुरू किया, "जेंटलमैन, पूरे चुशुल क्षेत्र की रक्षा का भार हमारी ब्रिगेड पर है। यह क्षेत्र पेंगोंग त्सो झील के दक्षिण से, यहाँ से..." उन्होंने झील के छोर पर संकेत करते हुए कमान अधिकारियों को देखा, "...से लेकर इस जगह तक है, जिसे त्साका ला पहाड़ी दर्रा कहा जाता है। हमें रक्षा करने के लिए जो कुल सीमा दी गई है, वह 40 किमी. है। इसके लिए हमारे पास आपकी चार बटालियनें हैं। मैं नहीं चाहता कि आप गोला-बारूद की चिंता करें। भारतीय वायु सेना प्रतिदिन उड़ान भर रही है। जल्दी ही हमारे पास हेलीकॉप्टर भी होंगे, ताकि इकाइयों को गोला-बारूद और राशन को तैनाती की जगहों पर ही भेजा जा सके।"

ब्रिगेडियर टी.एन. रैना लगातार उभरती परिस्थिति पर निगरानी रख रहे थे। 13 कुमाऊँ और 1/8 गोरखा राइफल्स नामक दो बटालियनों के

अतिरिक्त उनके पास एक जाट लाइट इन्फेंट्री और पाँच जाट उनकी अपनी कमान में थी। यदि चीनी उत्तर दिशा से उनके क्षेत्र में आते तो ब्रिगेड कमांडर ने उनके लिए एक जाट लाइट इन्फेंट्री को स्पांगुर गैप के टोकुंग नामक क्षेत्र में तैनात किया था, जो पेंगोंग त्सो झील के दक्षिणी किनारे पर था। उसी प्रकार दक्षिण से वायुपट्टी की रक्षा करने के लिए पाँच जाट को त्साका ला दर्रे के निकट तैनात किया गया था।

ब्रिगेडियर टी.एन. रैना कुछ क्षण रुके और ले. कर्नल एच.एस. धींगरा की ओर देखा, जो 13 कुमाऊँ के कमान अधिकारी थे और कहा, "मुझे पता है कि रेजांग ला एक अलग चौकी है और आपकी एक कंपनी वहाँ है, लेकिन खुलकर कहूँ तो, जैसा हमने पहले भी मूल्यांकन किया है, उस तरफ से आक्रमण होने की संभावना नहीं है। वे वहाँ से तभी आएँगे, यदि वे त्साका ला मार्ग को काटना चाहें और जैसा कि हमने पहले भी देखा है कि यह दूर की कौड़ी है। क्या आप सैंड मॉडल पर अपनी कंपनियों की विस्तृत तैयारी बताएँगे?"

ले. कर्नल एच.एस. धींगरा ने अपना गला साफ किया और कहा, "श्रीमान, ब्रिगेड के निर्देश के अनुसार, हम चुशुल के पूर्व और दक्षिण-पूर्व की रक्षा कर रहे हैं," उन्होंने रेत के प्रतिरूप पर संकेत किया और आगे कहा, "13 कुमाऊँ की अल्फा कंपनी बटालियन रिजर्व में है और यह मेजर जी.एन. सिन्हा की कमान में है, इसे यहाँ चुशुल के निकट बटालियन मुख्यालय में ऊँचाई पर तैनात किया गया है। ब्रावो और डेल्टा कंपनियाँ मैगर हिल पर हैं, जो स्पांगुर गैप और रेजांग ला दर्रे के बीच यहाँ है।"

"ठीक है, एक क्षण, इस समय इन कंपनियों की कमान किसके पास है?"

"श्रीमान, कैप्टन रघुनाथ वी. जाटार।"

"ठीक है, लेकिन मुझे बताया गया था कि वह छुट्टी पर हैं।"

"हाँ, श्रीमान, वह छुट्टी पर दिल्ली में यू.एस.आई. गए थे, स्टाफ कॉलेज परीक्षा की तैयारी के लिए, लेकिन वह वापस आ गए हैं और इस समय वह मैगर हिल पर इन कंपनियों के साथ हैं।"

"बहुत अच्छा। तो आपने उन्हें वापस बुलाया है, नहीं क्या?"

"वह मेरे टेलीग्राम भेजने से पहले ही यहाँ आ गए थे, श्रीमान! जब मैंने उनसे बात की तो उन्होंने कहा कि जैसे ही उन्होंने युद्ध आरंभ होने की बात सुनी, वह दिल्ली से तुरंत चल पड़े।"

"कोई भी अच्छा अधिकारी ऐसा ही करता। बोलते रहो, कर्नल धींगरा!"

"हाँ, सर, और चार्ली कंपनी रेजांग ला दर्रे के क्षेत्र में है, जो मेजर शैतान सिंह की कमान में है।"

"क्या मेजर शैतान अपनी कंपनी में आ गए हैं? आपने कहा था कि क्यू.एम. दायित्व को हस्तांतरित करने वह बारामुला में रुक गए थे।"

"हाँ, श्रीमान, उन्होंने यह कार्य जल्दी से निबटा लिया है, अभ्यस्त होने के लिए वह आवश्यक अवधि तक लेह में रुके और अब जब हम बात कर रहे हैं, वह अभी-अभी रेजांग ला में पहुँच गए हैं।"

"बढ़िया! उन्हें जल्दी से कार्यभार लेने की जरूरत है। हालाँकि वहाँ से हमला होने की संभावना कम है, लेकिन हम कोई जोखिम नहीं ले सकते।"

"जी, श्रीमान!"

"ठीक है, जेंटलमैन, अब हम अन्य स्थितियों की समीक्षा करेंगे। मैगर हिल के उत्तर में स्पांगुर गैप है और दूसरी ओर गुरुंग हिल और गन हिल हैं। ये दो पहाड़ियाँ और उनके बीच का अंतर अब 1/8 गोरखा राइफल्स की जिम्मेदारी है।"

1/8 गोरखा के बटालियन कमांडर ने कहा, "जी, श्रीमान!"

"क्या श्रीजप और युला से पीछे हटने के बाद आप इन स्थानों की रक्षा कर सकते हो?"

कमान अधिकारी ने उत्तर दिया, "जी, श्रीमान!"

"ब्रिगेड को मेजर धन सिंह थापा और सूबेदार मिन बहादुर गुरुंग पर गर्व है। उन जैसे सैनिकों के कारण ही हिंदुस्तान भाग्यशाली है।"

कुछ क्षण वहाँ चुप्पी रही। इसके बाद एक जाट लाइट इन्फेंट्री और पाँच जाट की इकाइयों की तैनाती की समीक्षा की गई।

ऑप्स ब्रीफिंग (संक्रियात्मक निर्देश) में उपस्थित सभी अधिकारियों को संज्ञान था कि पिछले कुछ दिनों से चीनी नावें स्पांगुर त्सो झील में गश्त लगा रही थीं। भारतीय चौकियों से सैनिकों ने चीनी कमांडरों को अपने मानचित्र खोलकर स्पांगुर गैप को घूरते भी देखा था। यह केवल धोखा था जिसका पता भारतीयों को कुछ सप्ताह बाद लगेगा, साथ ही सैनिकों ने अनेक धमाके सुने थे जिनसे संकेत प्राप्त होता था कि चीनी झील के पार के क्षेत्र में अपनी बंकर स्थितियों को मजबूत कर रहे थे।

कुछ देर रुकने के बाद, जब सभी उपस्थित लोग उस रेत के प्रतिरूप को ध्यानपूर्वक देख रहे थे, ब्रिगेडियर टी.एन. रैना ने अंत में कहा, उनका स्वर धीमा और गहरा था, "ध्यान दो कि यहाँ केवल कुछ ही मार्ग हैं जिनका प्रयोग चीनी चुशुल वायुपट्टी पर हमला करने के लिए कर सकते हैं, क्योंकि स्पांगुर गैप सबसे छोटा मार्ग है, हमारी ब्रिगेड का ध्यान इस पर केंद्रित होना चाहिए। हम सुनिश्चित करेंगे कि हमारी तोपें और भारी मोर्टार उस दिशा में बम बरसाने के लिए तैयार रहें। हमने अपनी आर.सी.एल. को भी उसी दिशा में लगाया है और रात में माइन बिछाने की प्रक्रिया चालू रहनी चाहिए। इनके साथ ही हमने वहाँ बख्तरबंद सैनिक भी तैनात किए हैं।"

सभी ने कहा, "रोजर (हाँ), श्रीमान!"

ब्रिगेडियर टी.एन. रैना ने आगे कहा, "जेंटलमैन, यह इस प्रकार है कि चुशुल वायुपट्टी की हमारी 40 किमी. सीमा दिखती है। कोई प्रश्न?"

एक कमान अधिकारी ने कहा, "श्रीमान, मेरा विचार है कि हम अन्य मार्गों पर भी आदमी लगाएँ।"

"मुझे पता है, लेकिन उसके लिए हमारे पास समय नहीं है। हमला होने ही वाला है और हमें वह दिशा भी पता है, जहाँ से यह होगा। हमें उसे अजेय बनाने के लिए ध्यान लगाना चाहिए। हाँ, यदि वे हमें और अधिक समय देते हैं, हम अन्य मार्गों पर भी आदमी लगाएँगे। हालाँकि इस समय

हमारी सूचना स्पष्ट है और हमें पी.एल.ए. (चीनी सेना) के इरादे पता हैं, रेजांग ला और इसके दक्षिण की ओर के क्षेत्र को छोड़कर जहाँ पाँच जाट तैनात है, हमें अपने सभी क्षेत्रों में आदमी लगाने चाहिए।"

अब वहाँ चुप्पी हो गई और कुछ क्षण के बाद ब्रिगेडियर टी.एन. रैना ने जोड़ा, "जेंटलमैन, युद्ध पहले से ही चल रहा है। इस समय कुछ समय के लिए रुका हुआ है। हमें अपने संसाधनों का प्रयोग सही प्रकार से करना चाहिए। आने वाले दिनों में और अधिक टैंक, तोपें, जवान आते रहेंगे और हम उन्हें आवंटित करते रहेंगे। तब तक हमें स्पांगुर गैप पर ध्यान केंद्रित करना चाहिए। ठीक है?"'

"जी, श्रीमान!"

"देखो, हमारे पास लगभग 4,000 सैनिक हैं और हमारे पास एक ही मिशन है– चुशुल हवाई अड्डे को दुश्मन के हाथों में पड़ने से बचाना। स्पष्ट है?"

चारों बटालियन कमांडरों ने एक-साथ उत्तर दिया, "जी, श्रीमान!"

कुछ और बिंदुओं पर वार्ता होने के बाद बैठक समाप्त हो गई।

अगले कुछ दिन भारतीय वायु सेना के परिवहन वायुयान नियमित रूप से सैनिक, रसद, राशन और गोला-बारूद लाते रहे, जैसा ब्रिगेड कमांडर ने वादा किया था। इन अभियानों में प्रयुक्त वायुयान रूस में बने ए.एन.-12 और अमेरिकी फेअरचाइल्ड सी-119 थे। भारतीय वायु सेना द्वारा दिए गए अनवरत समर्थन ने थल सेना को अपने मोर्चों को तीव्रता से मजबूत करने में महत्वपूर्ण भागीदारी निभाई थी।

लेकिन ये अभियान आसान नहीं थे। वे अभूतपूर्व तो थे ही, उनके कारण मानव और सामग्री को भी पर्याप्त जोखिम था। एक मूल जटिलता थी कि वायुपट्टी उस प्रकार के संक्रियात्मक भार के लिए नहीं बनी थी। अब इसे प्रतिदिन छह ए.एन.-12 उड़ानों और लगभग आठ सी-119 उड़ानों को सहन करना होता था और इसलिए यह बार-बार बेकार हो जाती थी। सेना की 9 फील्ड कंपनी के जवानों को इसे ठीक रखने के लिए कड़ी

मेहनत करनी होती थी और इसलिए उनकी सहायता के लिए इस कार्य में डिविजनल इंजीनियरों को भी लगाया गया था।

जोखिम के बावजूद यह मानव कौशल और इच्छाशक्ति का ही परिणाम था कि भारतीय वायु सेना की आपूर्ति संबंधी भागीदारी ने पूरे लद्दाख क्षेत्र को तैयार करने में केंद्रीय भूमिका निभाई। परिणामस्वरूप 13 नवंबर, 1962 तक चुशुल वायुपट्टी पर कुल 95 ए.एन.-12 और 57 फेयरचाइल्ड सी-119 उतरने वाले थे।

* * * * *

14,300 फुट की ऊँचाई पर चुशुल एक छोटा सीमांत नगर है, जहाँ वर्ष 1962 में लगभग प्रत्येक व्यक्ति अशिक्षित था। स्थानीय लोगों का मुख्य व्यवसाय है– भेड़, बकरी और याक पालना, इसके अतिरिक्त साल में एक बार व्यापार के लिए तिब्बत जाना। प्रत्येक वर्ष नवंबर से अप्रैल तक भारी बर्फबारी और सड़कों की अनुपस्थिति के कारण यह गाँव देश के दूसरे भागों से कट जाता है। उस समय पूरे देश में हॉकी लोकप्रिय थी, क्योंकि भारत 1928 से लेकर 1956 तक ओलंपिक में पराजित नहीं हुआ था, लेकिन चुशुल में सर्दी के महीनों में जब लोगों के पास करने को कुछ खास नहीं होता था, तब आइस हॉकी एक लोकप्रिय खेल होता था।

वह सड़क जिससे 114 ब्रिगेड के सैनिक 1962 में चुशुल गए थे, वह नई व कच्ची थी जिसे सीमा सड़क संगठन (बॉर्डर रोड आर्गेनाइजेशन) ने अक्तूबर के पहले सप्ताह में बनाया था। उस समय सड़क सीमा संगठन मात्र दो वर्ष पुरानी संस्था थी और नेफा व लद्दाख दोनों के अधिक ऊँचाई वाले क्षेत्रों में प्रशंसनीय कार्य कर रही थी जिसमें वह सड़कों, पुलों, वायुपट्टियों, हेलीपैडों, सुरंगों आदि का निर्माण कर रही थी। इस नए संगठन के लिए यह एक विशाल उत्तरदायित्व था।

चुशुल वायुपट्टी एक अग्रिम अवतरण पट्टी (एडवांस्ड लैंडिंग ग्राउंड) था, जब भी यहाँ कोई वायुयान उतरता या उड़ान भरता तो उसे मरम्मत की आवश्यकता होती थी। यह एक अस्थायी वायुपट्टी थी, लेकिन जहाँ तक

संक्रियात्मक उपयोग का संबंध था, लद्दाख क्षेत्र में सैन्य शक्ति को बढ़ाने और मजबूत करने में यह अन्यत्र स्थित लेह, दौलत बाग ओल्डी, थ्वायस और फुकचे की वायुपट्टियों के साथ यह जीवनरेखा के समान थी, जैसा कि पहले कहा गया है।

26 अक्तूबर, 1962 को रेजांग ला दर्रा क्षेत्र में जहाँ चार्ली कंपनी के सैनिक काम कर रहे थे और एक ही बात सबके मन में थी कि चीनी आक्रमण किसी भी समय हो सकता था। यह तूफान से पहले शांति के समान था। पेंगोंग त्सो झील के उत्तर में भारतीय सेना द्वारा संचालित अग्रिम चौकियाँ या तो समाप्त हो चुकी थीं या वे भारतीय सीमा के भीतर अधिक रक्षात्मक स्थितियों में आ गई थीं।

मेजर शैतान सिंह के आगमन के समय से इकाई के न केवल प्लाटून कमांडर, बल्कि अन्य जवान और एन.सी.ओ. भी पूरे जोश में थे। भारतीय सेना में किसी अधिकारी और उसकी कंपनी या बटालियन के मध्य का भावनात्मक संबंध अनूठा होता है। इसे महीनों में पोषित किया जाता है, जब सभी लोग एक साथ प्रशिक्षण लेते हैं, एक साथ खाते हैं और एक साथ लड़ते हैं। सेना में सिपाहियों के लिए इकाई एक घर के समान होती है, जहाँ प्रत्येक अपने आपमें होता है। प्रतिस्पर्द्धा एक-दूसरे के साथ न होकर शांतिकाल में दूसरी इकाइयों के साथ होती है, जबकि युद्ध के दौरान यह शत्रु के विरुद्ध होती है।

मेजर शैतान सिंह के आगमन के दूसरे दिन तक तीनों प्लाटून कमांडरों ने खाइयों की स्थितियों को चिह्नित कर लिया था। यह तीन सैनिकों वाली एल आकार की खाइयाँ थीं जिनमें अपने प्लाटून कमांडरों की कमान के अंतर्गत सेक्शन तैनात किए जाएँगे। प्रत्येक प्लाटून में तीन सेक्शन थे और यह निर्णय किया गया था कि इनमें एक सेक्शन कमांडर और दो जवान तैनात किए जाएँगे। इन सेक्शनों के अतिरिक्त मोर्टार स्थितियों को भी अंतिम रूप दे दिया गया था। इन खाइयों की सीमाओं को प्लाटून मुख्यालय की सीमाओं के समान दर्रे से लाए गए पत्थरों द्वारा चिह्नित किया गया

था। जवान कठिन मेहनत कर अपने फावड़ों और कुदालों से खुदाई करने का कार्य कर रहे थे, लेकिन उनकी प्रगति धीमी बनी रही। कुछ जवान जो 20 वर्ष से कम या कुछ अधिक थे, अब तक उस ऊँचाई में लगभग पूरी तरह अभ्यस्त हो चुके थे और ये वही लोग थे, जो सबसे अधिक परिश्रम कर रहे थे।

मेजर शैतान सिंह ने सेट 31 पर कैप्टन रघुनाथ वी. जाटार के साथ वायरलेस संचार स्थापित कर लिया था, जो रेजांग ला के पाँच मील उत्तर में स्थित मैगर हिल पर तैनात ब्रावो और डेल्टा कंपनियों के कमांडर थे। मेजर शैतान सिंह ने अपने कमान अधिकारी से भी कुछ बार संपर्क किया था, ताकि वह चार्ली कंपनी की तैयारी की प्रगति के बारे में उन्हें नवीनतम जानकारी दे सकें। वास्तव में, कमान अधिकारी का आगमन अगले दिन के लिए निश्चित था और इसलिए मेजर शैतान सिंह ने प्लाटून मोर्चों का एक-एक कर दौरा किया और जवानों को और तेजी से काम करने के लिए उत्साहित किया।

हालाँकि उन्हें वायरलेस (बेतार) संचार में कुछ समस्या होने लगी थी। प्लाटूनों और कंपनी मुख्यालय व कंपनी मुख्यालय और बटालियन मुख्यालय के मध्य फील्ड टेलीफोन संचार ठीक प्रकार से काम कर रहा था, लेकिन दोपहर बाद और रात को, विशेषकर जब रेडियो ऑपरेटर चलते थे तो वी.एच.एफ. रेजांग ला से बाहर के क्षेत्रों के लिए विश्वसनीय नहीं था जिसका कारण पहाड़ियों द्वारा पैदा किया गया व्यवधान था। वी.एच.एफ. सेटों की बैटरियाँ भी जमाने वाले तापमान के कारण परेशानी खड़ी कर रही थीं।

26 अक्तूबर, 1962 को चुशुल में ऑप्स ब्रीफिंग के बाद जिसमें ले. कर्नल एच.एस. धींगरा ने ब्रिगेड मुख्यालय में भाग लिया था, वह मैगर हिल चले गए। इसके दो कारण थे। पहला, वह कैप्टन रघुनाथ वी. जाटार से स्वयं मिलना चाहते थे, क्योंकि उनके दिल्ली से आने के बाद उन्होंने उनसे केवल फील्ड टेलीफोन पर ही बात की थी और दूसरा, वह फील्ड में तैयारी की प्रगति को देखने के बाद ब्रिगेड कमांडर के मूल्यांकन और आदेशों को आगे देना चाहते थे।

ले. कर्नल एच.एस. धींगरा और कैप्टन रघुनाथ वी. जाटार दोनों को हॉकी के खेल से प्रेम था। अंबाला में और उसके बाद बारामुला में लगभग प्रत्येक शाम वे अपने जवानों के साथ यह खेल खेला करते थे। इससे उनकी आपसी समझ बेहतर हो गई थी।

कमान अधिकारी के दौरे में सारा दिन बीत गया और जिस समय वह चुशुल हवाई अड्डे के निकट के ऊँचे स्थान पर स्थित बटालियन मुख्यालय पहुँचे, सूर्यास्त हुए कुछ समय हो चुका था। दिन समाप्त करने से पहले उन्होंने रेजांग ला में तैनात चार्ली कंपनी को संदेश भेजा कि वह अगली सुबह निरीक्षण के लिए आएँगे।

अगली सुबह अर्थात् 27 अक्तूबर, 1962 को सुबह 11 बजे तक ले. कर्नल एच.एस. धींगरा ने खच्चर की पीठ पर तीन घंटे लंबी यात्रा की। उनके पहुँचने से पहले मेजर शैतान सिंह एक बार फिर तीन किमी. के क्षेत्र में फैले सभी प्लाटून मोर्चों पर गए। जब तक वह वापस आते, 10 बज चुके थे। वह जल्दी से मानचित्र को अद्यतन करने लगे, जिसे उन्होंने तैयार किया था और उसे एक स्टैंड पर लगा दिया।

जिस समय कमान अधिकारी 11 बजे से कुछ मिनट पहले पहुँचे, वह उनका स्वागत करने के लिए वहाँ उपस्थित थे। कमान अधिकारी ने कंपनी कमांडर के सैल्यूट का उसी करारेपन के साथ उत्तर दिया और कहा, "गुड मॉर्निंग, मेजर! तो यंग मैन, कैसा चल रहा है?"

"गुड मॉर्निंग, श्रीमान! जवान अब इस ऊँचाई पर अभ्यस्त होते जा रहे हैं और हम तरक्की कर रहे हैं, लेकिन हमें विशिष्ट निर्माण उपकरणों की जरूरत है।"

दोनों अधिकारी कंपनी मुख्यालय के बाहर शिविर कुर्सियों पर बैठ गए।

अब तक लंगर पूरी तरह चालू हो चुका था। प्रेशर कुकर आ चुके थे और उनके पास पर्याप्त मात्रा में राशन था। जैसे ही उन्हें चाय दी गई, कमान अधिकारी ने कहा, "मुझे पता है कि आपको खाइयों और बंकरों की खुदाई के लिए मदद चाहिए, लेकिन सच्चाई यह है कि पायनियर्स बहुत

व्यस्त हैं, मेजर! पूरे चुशुल क्षेत्र की मोर्चाबंदी के लिए बहुत काम किए जाने की आवश्यकता है, लेकिन मैं सुनिश्चित करूँगा कि वे यहाँ जल्दी आएँ।"

"श्रीमान, हम पूरी मेहनत के साथ काम कर रहे हैं।"

"मुझे पता है। आखिरकार चार्ली कंपनी सबसे अच्छी है। ये मेरे लड़के हैं। मुझे भी गर्व है कि हरियाणा के इन मजबूत लड़कों की कमान करने का अवसर मुझे मिला था, जब मैं मेजर था।"

कमान अधिकारी इनेमल मग से चाय का घूँट लेने के लिए रुके।

"जी, श्रीमान!"

कमान अधिकारी कहते रहे, "आपकी निगरानी और लिसनिंग चौकियाँ अच्छा काम कर रही हैं, जैसा कि मैं आपकी सूचना से देख सकता हूँ। आई.बी. (इंटेलीजेंस ब्यूरो) नियमित रूप से सूचना दे रहे हैं, जो वे स्थानीय जासूसों से एकत्र कर रहे हैं। इसलिए, हम ठीक हैं।"

वे एक मिनट तक चुप रहे, जब कमान अधिकारी ने फिर कहा, "ब्रिगेड का मूल्यांकन कहता है कि चीनी आपकी तरफ से हमला नहीं करेंगे, मेजर! वे वास्तव में स्पांगुर गैप की तरफ से हमला करेंगे, जहाँ हम इस समय मजबूत और रक्षात्मक स्थितियों में मोर्चाबंदी किए हुए हैं। इसलिए यदि चीनी सैनिक उस गैप से आने का खराब फैसला करते हैं तो हम उनका गरमागरम स्वागत करेंगे। उन्हें चुशुल को हमारी अग्रिम चौकियों के समान कमजोर और बेदिली से बनाए गए मोर्चे नहीं मानना चाहिए।"

कमान अधिकारी ने अपना खाली मग नीचे रख दिया और खड़े हो गए। मेजर भी अपने पैरों पर कूदकर खड़े हो गए।

"प्लाटून मोर्चे आपके निरीक्षण के लिए तैयार हैं, श्रीमान!"

उसी के साथ दोनों अधिकारी उन स्थानों की ओर चल पड़े, जहाँ प्लाटून मोर्चों का निर्धारण किया गया था। मेजर शैतान सिंह ने अपने मानचित्र का डिब्बा खोला और विस्तृत चौथाई इंच का मानचित्र निकाला। कुछ कदमों के बाद जब कमान अधिकारी ने रुककर चारों ओर देखा, मेजर अवसर का लाभ उठाते हुए अपने चारों ओर की भूमि की विशेषताएँ बताने

लगे, वह इसके साथ मानचित्र पर संदर्भ देते जाते और संबंधित दिशा में संकेत करते जाते।

कमान अधिकारी ने मानचित्र को अपने हाथों में लिया और उसकी दोबारा पुष्टि की, जो अभी-अभी मेजर ने कहा था। उन विशेषताओं को चाइना-ग्राफ पेंसिल से चिह्नित किया गया था और इस तथ्य ने पूरे मानचित्र का वास्तविक स्थिति से संबंध सरल कर दिया था। कुछ क्षणों बाद वह दोबारा चलने लगे।

वे पहले प्लाटून सात पर आए। नायब सूबेदार सुरजा राम ने आगे बढ़कर करारा सैल्यूट किया। कमान अधिकारी ने उसका प्रत्युत्तर दिया और चारों ओर देखा। कमान अधिकारी के आगमन को पहचानते हुए जवानों ने अपनी गतिविधि बीच में ही रोक दी थी। जब वह उनकी ओर देखते, वे अपना शरीर सीधा करते, छाती फुलाते और सावधान अवस्था में आकर अपनी बाँहें अपनी तरफ खींचते।

"कैसे हैं आप लोग? काफी काम किया है इतने छोटे औजारों से। आपकी मदद के लिए जल्दी ही पायनियर्स आएँगे।"

जवानों ने कमान अधिकारी को भावरहित रूप से देखा। उनसे आशा नहीं थी कि वे प्रतिक्रिया करें और उन्होंने वैसा ही किया। प्लाटून कमांडर ने भी कमान अधिकारी के अगले आदेश की प्रतीक्षा की।

"सुरजा साहब, मैंने आपके बारे में मेजर शैतान सिंह से सुना है। उन्होंने कहा है कि उन्होंने आपके साथ पहले काम नहीं किया है, लेकिन उन्हें आपकी पिछली इकाई से आपके रुझान और काबिलियत की जानकारी मिली है।"

नायब सूबेदार सुरजा राम ने कोई प्रतिक्रिया नहीं दी।

कमान अधिकारी ने आगे कहा, "सुरजा साहब, गन्स की बाईं हद (सीमा) और दाईं हद डबल चैक की हैं न?"

"जी साहब, मेजर साहब भी यहीं थे।"

"बहुत अच्छा। मुझे पता है कि चार्ली कंपनी सबसे अच्छी है। काम करते रहो। मुझे आप पर गर्व है।"

इसके साथ कमान अधिकारी और मेजर अन्य दो प्लाटूनों की ओर गए और वहाँ भी कमान अधिकारी की उपस्थिति ने सभी को भरोसा दिलाया।

रेजांग ला छोड़ने से पहले ले. कर्नल एच.एस. धींगरा ने मेजर शैतान सिंह की ओर देखा और कहा, "यदि दुश्मन यहाँ से आने का दुस्साहस करता है, मेजर, तो मैं चाहता हूँ कि आप वह करो जो सबसे अच्छा है।"

"श्रीमान, चार्ली कंपनी आखिरी जवान, आखिरी गोली तक लड़ेगी।" इसके साथ मेजर शैतान सिंह ने सैल्यूट किया।

कमान अधिकारी मुस्कराए, सैल्यूट का उत्तर दिया और उसके तुरंत बाद चले गए।

कमान अधिकारी के आगमन ने तुरंत परिणाम दिए और ठीक अगले दिन पायनियर्स भारी निर्माण उपकरणों और डायनामाइट के साथ आ गए। उसके साथ सेक्शनों और प्लाटून कमान चौकियों के लिए बंकरों व खाइयों की खुदाई ने गति पकड़ ली। हालाँकि इस कार्य ने जमीन पर लगभग तुरंत ही परिणाम दिखाना आरंभ कर दिया था, लेकिन कंपनी को अभी कुछ और सप्ताह लगने वाले थे कि सही प्रकार से मोर्चाबंदी हो सके।

इस बीच तीव्र चीनी आक्रमण के खतरे की प्रबल संभावना थी। इसलिए ठीक पहले दिन से ही लिसनिंग और निगरानी चौकियों से संबंधित कार्यवाही की जा चुकी थी। सीधे शब्दों में कहा जाए तो एक लिसनिंग पोस्ट या चौकी (एल.पी.) में दो या तीन जवान होते हैं, जो प्लाटून की चौकियों के 100 गज आगे सुनने का कार्य करते हैं। उनका मुख्य कार्य होता है कि यदि वे शत्रु के आने की आहट सुनें या देखें तो पहले से चेतावनी दें। यह एक नीरस कार्य होता है, क्योंकि आपको केवल प्रतीक्षा करनी होती है। जवान एक-दूसरे से बात तक नहीं कर सकते या रेडियो नहीं सुन सकते या पढ़ नहीं सकते या और कोई काम भी नहीं कर सकते। घंटों तक उन्हें अपनी आँखें और कान आगे की ओर लगाए रखने होते हैं।

एक निगरानी चौकी (ऑब्जर्वेशन पोस्ट या ओ.पी.) में भी दो या तीन जवान होते हैं, जिसे किसी इकाई की रक्षा स्थिति से एक मील या अधिक आगे भेजा जाता है, आदर्श रूप से उन्हें 24 घंटे के आधार पर भेजा जाता है, ताकि शत्रु की गतिविधि को जाँच सकें। लिसनिंग चौकियों से भिन्न निगरानी चौकियों के पास एक रेडियो होता है, ताकि उन्होंने जो देखा है, उसका समाचार दे सकें। यह एक जासूसी कार्य होता है और इसे छुपकर करना होता है। कभी-कभी निगरानी चौकी एक स्थिर अस्थायी मोर्चा होता है, जो वातावरण के साथ मिल जाती है, ताकि शत्रु की दृष्टि से बचे रहा जा सके। चार्ली कंपनी के मामले में निगरानी चौकियों को सुबह सात बजे से शाम सात बजे तक लगाया जाता था, जहाँ से उस समय के दौरान की शत्रु की कार्यवाही की अद्यतन सूचना को रेडियो द्वारा भेजा जाता था। रात के समय उन्हें दो जवानों की नई टुकड़ी से बदला जाता था, जो वहाँ सुबह सात बजे तक रहते थे, जब एक बार फिर, दिन के जवान वहाँ वापस लौट जाते थे और प्रभार स्वयं ले लेते थे। इस प्रकार पारियों में यह चक्र में चलता रहता था।

अभी तक श्रवण चौकियों ने कुछ भी असामान्य रिपोर्ट नहीं किया था और निगरानी चौकियाँ भी वही सूचना भेज रही थीं कि जो चीनी पक्ष देख सकते थे, वे निष्क्रिय प्रतीत होते थे और केवल कुछ जवान नियमित गश्त पर दिखाई देते थे। यह अच्छा चिह्न था और इसका अर्थ था कि चार्ली कंपनी के पास और तैयारी करने का समय था। लिसनिंग चौकियों और निगरानी चौकियों की रिपोर्ट को नियमित रूप से मेजर शैतान सिंह द्वारा सिटरेप (सिचुएशन या स्थिति रिपोर्ट) के माध्यम से बटालियन मुख्यालय को भेजा जाता था।

अब लंगर पूरी तरह चालू था, इसलिए कंपनी के साप्ताहिक मेन्यू (भोजन सूची) का पालन किया जा रहा था। अत्यंत ऊँचाई के कारण राशन का स्तर भी लेह की ऊँचाई पर मिलने वाले राशन के स्तर से बेहतर था, साथ ही चाय, कॉफी और कोकोआ (एक प्रकार का गरम पिया जाने वाला पेय)

की भी पर्याप्त मात्रा में उपलब्धता थी, लेकिन सबसे अधिक प्रिय पेय था जैम-पानी, जो और कुछ नहीं, बल्कि एक प्रकार का नवीन पेय था जिसे जैम में गरम पानी मिलाकर बनाया जाता था। इससे जवानों को तुरंत ऊर्जा प्राप्त होती थी और वे अधिक लंबे समय तक कड़ी मेहनत कर पाते थे, जब वे बंकर और खाई खोदने में पायनियर्स की सहायता करते थे।

21 अक्तूबर, 1962 को जब लद्दाख पर से उड़ान भर रहे एक भारतीय परिवहन वायुयान ने रिपोर्ट किया कि एक दो मील लंबा चीनी सैनिक वाहन दस्ता तिब्बत के रुडोक से चुशुल की ओर जा रहा था, तो सेना मुख्यालय और रक्षा मंत्रालय में चेतावनी घंटियाँ बजने लगीं। तब तक भारतीय सूचना तंत्र को लद्दाख सीमा की चीनी तरफ सैनिक संगठन के बारे में कोई सूचना नहीं थी। भारत इसका भारी मूल्य चुकाने वाला था। चीनियों की आक्रामक सड़क-निर्माण गतिविधि के बारे में कोई ज्ञान न था, जिसके कारण उनकी सीमा-चौकियों को उनके भीतर गहरे स्थित आधार शिविरों से जोड़ा गया था। इसके कारण चीनी सेना द्वारा सैनिकों, तोपों और रसद को स्थानांतरित करने का कार्य तीव्रता से होता था। इसकी तुलना में भारतीयों ने लद्दाख में उस सड़क को बस अभी पूरा किया था, जो श्रीनगर को लेह से जोड़ती थी। हमने यह भी देखा है कि लेह को चुशुल से जोड़ने वाली सड़क का निर्माण भारत पर चीनियों द्वारा आक्रमण से कुछ सप्ताह पहले ही किया गया था। अन्य सभी 36 अग्रिम भारतीय चौकियाँ अभी भी खच्चर मार्गों से जुड़ी थीं, जहाँ पहुँचने में कई दिन लगते थे और स्पष्टतया उनकी भार ढोने की सीमाएँ भी थीं।

साभार : 13 कुमाऊँ

रेजांग ला शहीदों का सामूहिक अंतिम संस्कार फरवरी, 1963 में चुशुल (लद्दाख) के निकट रेजांग ला में।

साभार : 13 कुमाऊँ

शहीदों का अंतिम संस्कार फरवरी, 1963 में रेजांग ला में।

साभार : 13 कुमाऊँ

ब्रिगेडियर टी.एन. रैना, एम.वी.सी., कमांडर, 114 इन्फेंट्री ब्रिगेड, रेजांग ला के युद्ध में वीरगति प्राप्त शहीदों की चिता को अग्नि देते हुए, फरवरी, 1963।

साभार : 13 कुमाऊँ

श्रीमती शैतान सिंह, डॉ. सर्वपल्ली राधाकृष्णन, भारत के राष्ट्रपति, से मेजर शैतान सिंह की ओर से परमवीर चक्र प्राप्त करते हुए।

साभार : कुलप्रीत यादव

13 कुमाऊँ की मूल युद्ध दैनिकी, दिसंबर, 2020 में जिस प्रकार यह लेखक को 13 कुमाऊँ द्वारा प्रदान की गई।

साभार : कुलप्रीत यादव

नायक गुलाब सिंह, वीर चक्र, द्वारा युद्ध में प्रयुक्त पानी की बोतल, 13 कुमाऊँ के साथ सह-स्थित रेजांग ला संग्रहालय में संरक्षित।

साभार : कुलप्रीत यादव

जमादार (अब नायब सूबेदार) हरि राम, वीर चक्र, की साबुनदानी, युद्ध-क्षेत्र से खोजी गई और 13 कुमाऊँ के साथ सह-स्थित रेजांग ला संग्रहालय में संरक्षित।

साभार : कुलप्रीत यादव

मूल बिगुल जिनसे फरवरी, 1963 में 'लास्ट पोस्ट' (अंतिम मोर्चा) बजाया गया, जो अब 13 कुमाऊँ के साथ सह-स्थित रेजांग ला संग्रहालय की दीवार की शोभा हैं।

सामार : कुलप्रीत यादव

सिपाही (हवलदार के रूप में सेवानिवृत्त) निहाल सिंह, सेना पदक, दिसंबर, 2020 में अपने गाँव में।

लांस नायक सिंह राम, वीर चक्र, के पुत्र अपने पिता का चित्र पकड़े हुए, दिसंबर, 2020

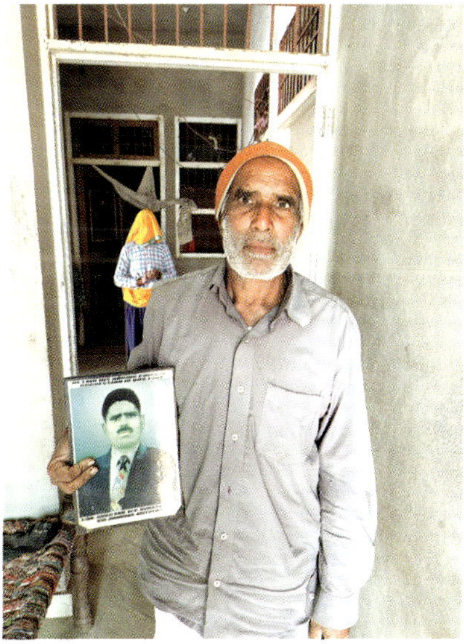
सामार : कुलप्रीत यादव

साभार : कुलप्रीत यादव

नायक गुलाब सिंह, वीर चक्र, की पत्नी और पुत्र के साथ लेखक, दिसंबर, 2020

साभार : कुलप्रीत यादव

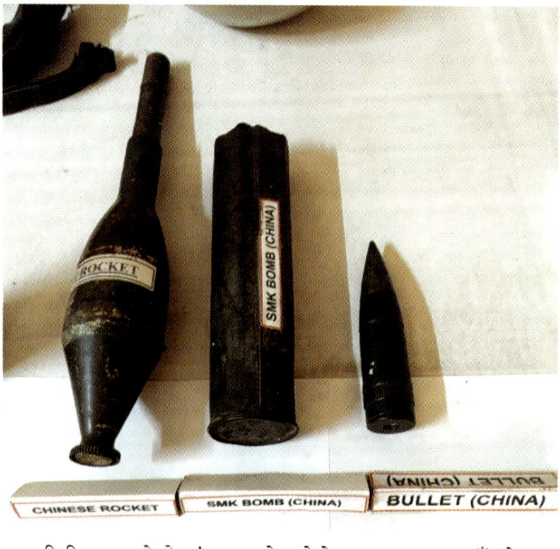

कुछ चीनी बम जो रेजांग ला से खोजे गए, 13 कुमाऊँ के साथ सह-स्थित रेजांग ला संग्रहालय में प्रदर्शित।

साभार : कुलप्रीत यादव

13 कुमाऊँ को अब आधिकारिक रूप से रेजांग ला बटालियन कहा जाता है।

स्पांगुर झील के निकट रेजांग ला, रचिन ला और उनकी घाटियों को प्रदर्शित करता मानचित्र।

स्रोत : *विकीपीडिया, डिफेंस मैपिंग एजेंसी-टेक्सस लाइब्रेरिज, टेक्सस विश्वविद्यालय, ऑस्टिन के सौजन्य से, साथ ही यूनाइटेड स्टेट्स जिओलॉजिकल सर्वे।*

साभार : 13 कुमाऊँ

ले. कर्नल एच.एस. धींगरा, कमान अधिकारी, 13 कुमाऊँ, युद्ध से कुछ दिन पहले इस दुर्लभ चित्र में अपने जवानों के साथ।

साभार : कुलप्रीत यादव

मानद कैप्टन राम चंदर, वीर चक्र, प्लाटून कमांडर, प्लाटून नौ, 13 कुमाऊँ, जो 1962 के युद्ध में बच गए थे, लेखक के साथ। इस चित्र को उनके गाँव में जनवरी, 2021 में लिया गया था। मानद कैप्टन राम चंदर की मृत्यु मार्च, 2021 में हो गई।

5

30 अक्तूबर, 1962; रेजांग ला, लद्दाख

बर्फ के कपड़े आ जाने और पायनियर्स द्वारा डायनामाइट छड़ें व बेहतर खुदाई के उपकरण लाने के साथ रेजांग ला में बंकरों तथा खाइयों की तैयारी की गति बढ़ जाती है। मेजर शैतान सिंह सेक्शन कमांडर नायक राम कुमार के साथ संभाव्य शत्रु-मार्गों और मोर्टारों की रेंज (मार) का सर्वेक्षण करते हैं और उनके कोड वर्ड (कूट शब्द) निश्चित करते हैं। इस बीच नए रंगरूट, जो एक दिन पहले रानीखेत से चुशुल वायुपट्टी पर आए थे, उन्हें रेजांग ला पर तैनात कर मानव शक्ति की कमी को पूरा किया जाता है। उसके साथ कंपनी का आकार 120 सैनिकों का हो जाता है। कंपनी कमांडर को भी जवानों से बातचीत करते देखा जा सकता है और उनकी सहायता कंपनी हवलदार मेजर (सी.एच.एम.) हरफूल सिंह कुशलतापूर्वक करते हैं।

लद्दाख में रेजांग ला पर आए हुए चार्ली कंपनी को एक सप्ताह हो गया था। ठंड और बढ़ गई थी तथा रात का तापमान शून्य से लगभग

18 डिग्री सेल्सियस नीचे तक जा रहा था। बर्फ के कपड़े अंततः एक दिन पहले आ गए थे, लेकिन कोट परका उस गुणवत्ता के नहीं थे, जो हड्डियों को जमाने वाली ठंड का सामना कर सकें। वैसे जवानों ने इनका स्वागत किया, उनमें से एक ने टिप्पणी की, "कुछ न होने से कुछ होना बेहतर है।"

मौसम की कठोरता और कपड़ों की निम्न गुणवत्ता जवानों से एक चीज नहीं छीन सकती थी, वह था उनका स्वास्थ्य। युवा, भली-भाँति प्रशिक्षित गाँव में पले लड़के, जो देशी घी और श्रेष्ठ गुणवत्ता वाले दूध को पीते हुए बड़े हुए थे, अब कार्यवाही के लिए तैयार थे। ये जवान अब काफी सीमा तक अभ्यस्त हो चुके थे और निम्न गुणवत्ता वाले कपड़ों और भोजन की मध्यम मात्रा के साथ भी उनका निष्पादन बेहतर हो गया था, साथ ही पायनियर्स शाखा के जवानों का खाइयों को खोदने और बंकर बनाने में सहायता-कार्य ने उन्हें जीवंत बना दिया था। श्रवण चौकियों और निगरानी चौकियों से अभी तक कोई खतरे वाली चेतावनी नहीं मिली थी, लेकिन चार्ली कंपनी उपलब्ध संसाधनों के साथ अपनी रक्षा की तैयारियाँ करती रही।

ऑल इंडिया रेडियो की रिपोर्ट के अनुसार, जिसे जवान रोज शाम को सुनते थे, पूरी चीन-भारत सीमा पर 24 अक्तूबर, 1962 से चीनी आक्रमणों में विराम चल रहा था। वास्तव में, यह शांति की अवधि थी और विश्वास किया जा रहा था कि दोनों देशों के राजनीतिज्ञ सीमा-संकट को हल करने का प्रयास कूटनीतिक और राजनीतिक स्तर पर कर रहे थे। हाँ, चार्ली कंपनी को यह जानने का कोई स्रोत नहीं था कि सरकार के सभी प्रयास विफल हो जाएँगे और यह कि दो सप्ताह से कुछ अधिक समय में चीनी सेना सीमा के साथ-साथ सभी क्षेत्रों में अपने आक्रमण दोबारा आरंभ कर देगी।

30 अक्तूबर, 1962 को चार्ली कंपनी को एक संदेश प्राप्त हुआ कि 47 नए रंगरूट 29 अक्तूबर, 1962 को सुबह दस बजे चुशुल हवाई अड्डे पर उतरे थे और उस दिन ले. कर्नल एच.एस. धींगरा के संबोधन के बाद उन्हें रेजांग ला लेकर आया जाएगा।

उस दिन सुबह सात बजे, जब मेजर शैतान सिंह ने अपना नाश्ता समाप्त ही किया था और वह विभिन्न प्लाटून चौकियों के दृष्टि निरीक्षण के लिए जाने के लिए तैयार हो रहे थे कि उन्होंने एक तेज धमाका सुना। वह सहज बोध से झुके और दूर धुआँ उठता देखा, लेकिन कुछ ही क्षणों में उन्हें समझ आ गया कि यह उन डायनामाइट धमाकों में से एक था, जो पायनियर्स अपने आगमन के बाद से रह-रहकर करते रहे थे। सभी कुछ योजना के अनुसार चल रहा था और उन्हें विश्वास था कि नवंबर के मध्य तक कंपनी सभी प्रकार से तैयार हो जाएगी।

मेजर ने अपना बर्फ का चश्मा पहना जिससे वह चारों ओर की बर्फ की सफेद चमक से होने वाले अंधेपन को नियंत्रित कर सकें और तब वह अपनी कैंप कुर्सी से उठे। उसके बाद वह कंपनी मुख्यालय की चौकी के पीछे गए, जहाँ तीन इंची मोर्टार सेक्शन को लगाया गया था और जहाँ उस समय पूरे जोर-शोर से खुदाई चल रही थी। तीन इंची मोर्टार कंपनी के पास सबसे बड़ा और खतरनाक हथियार था, इसलिए वह न केवल इसकी स्थिति, बल्कि इसकी दिशा और प्रहार के बारे में भी सुनिश्चित होना चाहते थे।

वहाँ जिस पहले व्यक्ति को मेजर शैतान सिंह ने देखा, वह नायक राम कुमार थे जो तीन इंची मोर्टार चौकी के इंचार्ज (प्रभारी) थे, जिसे कंपनी मुख्यालय के 140 गज पीछे एक नीचे जाती ढलान पर स्थित किया गया था। राम कुमार एक असाधारण सैनिक थे और मेजर उन पर विश्वास करते थे, यह तब था जब राम कुमार को काफिला अनुशासन से संबंधित एक हाल की घटना के कारण हवलदार से नायक अवनत कर दिया गया था।

राम कुमार ने जब अपने कमांडर को देखा, उन्होंने काम बंद किया, उन्हें सैल्यूट किया और प्रसन्नतापूर्वक कहा, "राम-राम साहब! यूनिट में वापस आपका स्वागत है।"

"धन्यवाद, राम कुमार! आपको यहाँ कबड्डी की याद आ रही होगी।"

"जी, साहब! यहाँ हम अपनी ताकत अपनी मोर्चाबंदी में खर्च कर रहे हैं। कबड्डी बहुत खेल लिए।"

मेजर मुस्कराए और पूछा, “मिश्री देवी कैसी हैं? क्या घर से कोई चिट्ठी आई?”

राम कुमार की पत्नी का नाम मिश्री देवी था, जो पीछे हरियाणा के रेवाड़ी जिले में गाँव बहरामपुर में थी।

“हाँ, साहब! वह ठीक है।”

उन्होंने राम कुमार के कंधे पर थपकी दी और कहा, “यह जानकर अच्छा लगा...”

कुछ क्षण रुकने के बाद जिस दौरान मेजर ने चारों ओर देखा और आस-पास काम कर रहे अन्य लोगों की राम-राम (अभिवादन) को स्वीकार किया, उन्होंने आगे कहा, “राम कुमार, हमें तीन इंची मोर्टार को तैनात करने का काम आज खत्म कर लेना चाहिए।”

नायक राम कुमार ने अपने औजार नीचे रख दिए और मेजर के साथ चलने लगे।

कुछ कदमों के बाद मेजर ने कहा, “तो, हवलदार से एक बार फिर नायक बनकर कैसा लगता है? क्या कोई आपका मजाक उड़ाता है?”

“साहब, वे अभी भी सोचते हैं कि मैं हवलदार हूँ, क्योंकि मैं अपने दिमाग में ऐसा सोचता हूँ।”

मेजर हँसे, “आपको पता है क्या कि अधिकारियों में भी ऐसे कुछ लोग हैं, जो ऐसे व्यवहार करते हैं मानो वे कर्नल हों, हालाँकि वे सच में मेजर होते हैं। ऐसे अधिकारी दूर तक जाते हैं, राम कुमार!”

“आप भी उनमें से एक हैं क्या, साहब?”

राम कुमार पर दृष्टि डालने के लिए मेजर मुड़े, उनकी आँखों में एक रहस्यमयी चमक थी, “आपको क्या लगता है?”

“मैं नहीं जानता, लेकिन मैं एक चीज निश्चित रूप से जानता हूँ, साहब!”'

“और क्या है वह?”

"क्योंकि आप हर समय इतना शांतचित्त रहते हैं, मुझे विश्वास है कि आप एक दिन जनरल बनेंगे।"

मेजर शैतान सिंह हँसे, "यदि मैं जनरल बन जाता हूँ, राम कुमार, तो आप एक सूबेदार मेजर होंगे और मेरी जहाँ भी पोस्टिंग होगी, मैं आपको बुलवा लूँगा।"

"धन्यवाद, श्रीमान!"

वे कुछ मिनटों तक चुपचाप चलते रहे।

"राम कुमार, हालाँकि अभी आपके पास नायक का रैंक है और 3-इंची कमांडर को आदर्श रूप से हवलदार रैंक का होना चाहिए, फिर भी मैंने आपको यहाँ तैनात किया है। जानते हो क्यों?"

"क्योंकि आप मुझ पर विश्वास करते हैं, साहब!"

"बिलकुल। मैंने आपको तीन इंची मोर्टार को चलाते देखा है...आज हमें ठीक से सर्वेक्षण करना चाहिए और दुश्मन के संभावित मार्गों की खोज करनी चाहिए और अपनी मोर्टार की मार को निश्चित करना चाहिए।"

"जी, साहब!"

अब तक उन्होंने आगे की ढलान पर स्थित प्लाटून नौ की स्थिति को पार कर लिया था और अब वे पूर्व की ओर देखते हुए खड़े हो गए, उस दिशा से निगरानी चौकियाँ दुश्मन की स्थिति के बारे में रिपोर्ट कर रही थीं।

दोनों मुड़े, जब उन्होंने अपने ठीक पीछे एक आवाज सुनी। यह नायब सूबेदार सुरजा राम थे।

"साहब, राम-राम!"

"राम-राम, सुरजा साहब!"

"साहब, क्या आदेश है?"

"सुरजा साहब, रामकुमार और मैं यहाँ दुश्मन के मार्ग की पहचान करने के लिए आए हैं। आपको क्या लगता है कि वे कहाँ से आएँगे?"

सुरजा ने अपनी ठोड़ी को खरोंचा और कहा, "साहब, मेरा विचार है कि वे रात के समय नालों में से होकर आएँगे। बिलकुल सुबह, तीन और चार के बीच कहीं।"

राम कुमार ने कहा, "साहब, नेफा और श्रीजप हमलों से हमने जो कुछ सुना है कि चीनी मानव लहरों का प्रयोग करते हैं।"

मेजर का मुख अब गंभीरता से कठोर हो गया था। "हाँ, और एक चीज, वे सहसा हमले का प्रयोग करते हैं, जैसा उन्होंने कोरिया में किया था।"

"साहब, हम चीनियों के हर हमले को हरा देंगे। उनके पास संख्या बल होगा, लेकिन हमारे पास दादा किशन (भगवान कृष्ण) का आशीर्वाद है।"

"बिलकुल!"

वे कुछ क्षण तक शांत रहे। तब मेजर ने कहा, "निशानेबाजी तैनाती के लिए कुछ नाम सुझाओ।"

राम कुमार ने उत्तर दिया, "हमें पक्षियों के नामों का प्रयोग करना चाहिए, जैसे तोता, मैना, बुलबुल, कबूतर, मोर, पक्षी वगैरह।"

"ओके!" उसके साथ ही मेजर ने कुछ कदम आगे लिए।

राम कुमार ने अपनी जेब से कागज और पेन निकाला तथा उन तैनातियों को लिखने लगे, जो मेजर ने संभावित रेंज, प्रयुक्त होने वाले चार्ज और संबंधित ट्रेजेक्टरी (प्रक्षेप पथ) के आधार पर कहे थे। इस प्रक्रिया में उन्हें कई घंटे लगे।

इस बीच नायब सूबेदार सुरजा राम अपनी चौकी पर वापस चले गए। अब उन्हें अपनी प्लाटून की दो इंची मोर्टार के साथ यही करना था, लेकिन अंतर केवल इतना था कि मेजर के दिमाग में पूरी कंपनी की सुरक्षा थी, क्योंकि तीन इंची मोर्टार की मार अधिक थी, जबकि सुरजा राम के दिमाग में अपनी प्लाटून की रक्षा थी, क्योंकि उनके पास एक दो इंची मोर्टार थी।

* * * * *

जैसा कि पहले बताया गया है कि पिछली सुबह लगभग दस बजे चुशुल वायुपट्टी पर एक ए.एन.-12 उतरा था। रसद, हथियारों और गोला-बारूद के साथ इसमें 47 युवा अहीर रंगरूटों का एक दस्ता भी था, जिन्हें रानीखेत के कुमाऊँ रेजिमेंटल सेंटर में अंतिम चरणों में चल रहे प्रशिक्षण से निकालकर यहाँ लाया गया था।

इन जवानों ने वायुयान से बाहर कदम रखा और स्वयं को ठंड से समायोजित करने के लिए अनिच्छा से कंधे सिकोड़े, चमकती पहाड़ी धूप में आँखों को मिचमिचाया और जैसा उन्हें प्रशिक्षण प्राप्त हुआ था, वे पंक्तिबद्ध खड़े होने लगे। उस समय इन युवा सैनिकों को ज्ञात नहीं था कि आने वाले दिनों में उनके साथ क्या होने वाला था।

जब वे पक्की सतह (टारमाक) पर पंक्तिबद्ध हो गए, 13 कुमाऊँ का एक सूबेदार उन्हें हवाई अड्डे के छोर पर ले गया। यहाँ उन्हें रुकने के लिए कहा गया। कुछ मिनटों के बाद, दो ट्रक आए और उन्हें उनमें चढ़ने को कहा गया। तब युवा रंगरूटों को बटालियन मुख्यालय में ले जाया गया, जहाँ गरम नाश्ता उनकी प्रतीक्षा कर रहा था। खाने के बाद उन्हें अगले दिन तक आराम करने का निर्देश दिया गया और किसी तरह का परिश्रम नहीं करने को कहा गया, क्योंकि ऊँचाई से होने वाले रोग के होने की आशंका थी।

अंत में, अगले दिन दोपहर के भोजन के बाद दो बजे अर्थात् 30 अक्तूबर, 1962 को 13 कुमाऊँ के कमान अधिकारी के संबोधन के लिए उन्हें एक बार फिर पंक्तिबद्ध होने के लिए कहा गया। इस क्षण को 13 कुमाऊँ की युद्ध-पुस्तिका में निम्न प्रकार सम्मिलित किया गया है—

"47 जवानों का एक नया दस्ता चुशुल में आया। किसी वायुयान में पहली बार सफर करते हुए, बड़ी ऊँचाइयों और हवा की विरलेपन के कारण, अधिकांश जवान बुरी तरह प्रभावित हुए थे। ले. कर्नल एच.एस. धींगरा ने अगले दिन उन्हें संबोधित किया और उन्हें निर्देश दिया कि उन्हें धीरे-धीरे टुकड़ियों में सम्मिलित किया जाएगा, जिसकी रक्षा उन्हें करनी है। उनके निर्दोष चेहरों, उनके नियंत्रण से बाहर चलती उनकी नाक और चक्कर खाने के कारण हिलते शरीरों को देखना एक अजीब दृश्य था।"

—युद्ध-डायरी, 13 कुमाऊँ बटालियन

संबोधन के तुरंत बाद जवानों को रेजांग ला ले जाया गया, जहाँ वे तीन घंटे बाद सूर्यास्त से कुछ पहले पहुँचे।

इस बीच सारा दिन काम करने के बाद शाम को पाँच बजे अग्रिम प्लाटून मोर्चे से जब मेजर शैतान सिंह कंपनी मुख्यालय की ओर वापस जा रहे थे, तो उनकी दृष्टि उन युवा रंगरूटों पर पड़ी। उन्होंने सी.एच.एम. हरफूल सिंह को बुलाया।

हवलदार हरफूल एक अत्यंत फुर्तीले एन.सी.ओ. थे, जिनके पास अच्छी अवलोकन क्षमता थी। जवान उन पर विश्वास किया करते थे और कंपनी में यदि कोई भी कंधे पर सिर रखकर रोना चाहे तो वह अपना कंधा आगे कर देते थे। हरफूल के स्वाभाविक गुण उनके उत्तरदायित्व अनुसार इतने अच्छे थे कि उन्हें अपने जवानों की नब्ज का हमेशा ज्ञान होता था।

वह दौड़कर आए और मेजर को सैल्यूट किया, “राम-राम, साहब।”

“राम-राम, हरफूल! इन युवा रंगरूटों को कैसा लग रहा है?”

“साहब, उन्हें सीधा 13,000 फुट पर भेज दिया गया है। कल वे चुशुल में थे और आज वे यहाँ रेजांग ला में 16,000 फुट पर हैं। उनमें से आठ से दस लोग अस्वस्थ महसूस कर रहे हैं, लेकिन बाकी ठीक हैं।”

“ऊँचाई का रोग को शुरू होने में लगभग 24 घंटे लगते हैं, हरफूल! उन्हें इन ऊँचाइयों पर आए हुए 24 घंटे से अधिक हो चुके हैं, इसलिए मुझे नहीं लगता कि अब कोई बीमार पड़ेगा, लेकिन हमें उनका ध्यान रखना है, विशेषकर वे जो गंभीर हैं। सिपाही दहिया को उन्हें दवाई देने, उनको अच्छी तरह देखने और बहुत आराम करने को कहो। अगले दस दिनों तक उनके लिए कोई ड्यूटी (काम) नहीं, यदि परिस्थिति में बदलाव नहीं होता। ठीक है? वे युवा हैं और अच्छी तरह प्रशिक्षित हैं, लेकिन उस सबका प्रयोग तभी किया जा सकता है, यदि उनके शरीर इस ऊँचाई पर एडजस्ट (समायोजित) कर पाएँ।”

“जी, साहब!”

जैसे ही मेजर शिविर कुर्सी पर बैठे, उन्होंने सी.एच.एम. को युवा सैनिकों से वार्ता करते और उन्हें आधे तैयार बंकरों में आवंटित स्थानों की ओर धीरे से चलने का आदेश देते देखा।

एक घंटे बाद मेजर शैतान सिंह ले. कर्नल एच.एस. धींगरा को शाम की ऑपरेशनल रिपोर्ट देने के लिए मेग्नेटो लैंडलाइन फोन पर थे।

कमान अधिकारी कुछ ही क्षणों में लाइन पर आ गए, "कैसी स्थिति है, मेजर?"

"सर, सब ठीक है। नए रंगरूट आ गए हैं, लेकिन उनकी हालत खराब है। कोई एक्लीमेटाइजेशन (अभ्यस्तता प्रक्रिया) नहीं हुई।"

"मुझे पता है, उनके लिए मुझे भी बुरा लगा, लेकिन यह लड़ाई का समय है। इसमें हम सभी एक साथ हैं।"

"जी, सर!"

"बंकर और खाइयों को तैयार करने की तरक्की कैसी है?"

"हम पूरी गति से काम कर रहे हैं, सर! अगले दस दिनों में हो जाना चाहिए। यह हमारा संशोधित अनुमान है।"

"निगरानी पोस्ट और श्रवण पोस्ट?"

"कोई विशेष रिपोर्ट नहीं, सर!"

"मैं जानता हूँ कि यह उलझन में डालने वाली शांति है।"

"खुफिया रिपोर्ट के बारे में क्या चल रहा है, सर?"

"यह अभी भी वही है। पेंगोंग त्सो के उत्तर में नियमित सैनिक वृद्धि हो रही है, इतनी स्पांगुर झील की तरफ नहीं है, लेकिन भारत से भिन्न चीन के पास किसी भी समय तीव्रता से सैनिक वृद्धि करने के संसाधन हैं, क्योंकि उनके पास सड़कें हैं और सीमा के उनकी तरफ आसान इलाका है।"

"हम काम पर हैं, सर! अभी भी यदि पी.एल.ए. कुछ अनिष्ट करने की कोशिश करती है तो हम निश्चित रूप से उसकी नाक तोड़ देंगे।"

टेलीफोन वार्ता के बाद मेजर शैतान सिंह बंकर में सोने चले गए। कंपनी मुख्यालय चौकी के बाहर मृत्यु के सदृश सन्नाटा था। आश्चर्यजनक रूप से हवा नहीं चल रही थी। उस चंद्रमा के समान निर्जन स्थान पर, जहाँ चार्ली कंपनी को तैनात किया गया था, वहाँ एक ही निश्चितता थी कि वहाँ का मौसम अनिश्चित था। उन्होंने अपनी आँखें बंद कर लीं, लेकिन उनका मन सोने से मना कर रहा था।

अगले दिन सुबह पाँच बजे सिपाही राम चंदर, जो रेडियो ऑपरेटर होने के अतिरिक्त मेजर शैतान सिंह के बैटमैन के रूप में भी कार्य करते थे, कमान चौकी के द्वार पर आए। चारों ओर देखने के लिए वह रुके। चारों ओर धुँधली सफेदी थी, हालाँकि सूर्योदय अभी भी दो घंटे बाद होना था। सारी रात बर्फ गिरी थी और तापमान शून्य से लगभग 15 डिग्री सेल्सियस नीचे था। केवल एक राहत की बात थी कि हवा नहीं चल रही थी।

मेजर भीतर थे और बैटमैन ने सोचा कि क्या साहब जाग गए थे। शायद नहीं, क्योंकि जब उन्होंने अपने कानों को बंकर के दरवाजे के निकट लाकर ध्यान दिया, उन्हें कोई आवाज सुनाई नहीं पड़ी। प्रतिदिन मेजर लगभग साढ़े पाँच बजे उठ जाया करते थे, इसलिए अभी भी समय था, उन्होंने सोचा।

जहाँ वह बैटमैन खड़े थे, वह लंगर की ओर तथा वहाँ से आते जवानों की गतिविधि को देख सकते थे। कुछ कनिष्ठ सिपाहियों ने उनकी ओर हाथ हिलाया और उन्होंने भी वापस हाथ हिलाया। वह लाभ की स्थिति में थे, क्योंकि उनका काम मेजर साहब की देखभाल करना था। मेजर शैतान सिंह के साथ उनका अनुभव बहुत अच्छा रहा था और उनके साथ सम्मान व निष्पक्ष ढंग से व्यवहार किया जाता था। इसलिए वह मेजर साहब को आरामदायक रखने और कार्यवाही के लिए तैयार रखने के लिए जो भी काम करते थे, उसमें अपना दिल और दिमाग लगा देते थे। उनका दायित्व था मेजर साहब के व्यक्तिगत काम करना, जिनमें उनकी वर्दी को तैयार करना, किसी को मेजर द्वारा बुलाए जाने के लिए रनर (संदेशवाहक) का कार्य करना और उनके लिए भोजन व चाय लाना।

उन्होंने भीतर से एक आवाज सुनी। बैटमैन ने खटखटाया और जोर से कहा, “राम-राम, साहब!”

“भीतर आओ।”

बैटमैन ने थोड़ा-सा दरवाजा खींचा और भीतर झाँका, “राम-राम, साहब!”

"राम-राम!"

"साहब, क्या लाऊँ— चाय, जैम-पानी या कॉफी?"

मेजर अपने बंकर के बिस्तर पर बैठे थे। उन्होंने अपने बैटमैन की ओर देखा और कहा, "मुझे अभी कुछ नहीं चाहिए। कुछ देर रुको।"

बैटमैन बाहर आ गए, दरवाजा बंद किया और प्रतीक्षा करने लगे।

चौकी के भीतर मेजर शैतान सिंह के विचार कहीं और थे। वह अपनी पत्नी शगुन और पुत्र नरपत के बारे में सोच रहे थे, जो जोधपुर में थे। इस ठंडे रेगिस्तान में, जो उनके पैतृक स्थान से इतनी दूर था, उन्हें उनकी बुरी तरह याद आ रही थी। उन्होंने सोचा कि क्या होगा, यदि वह इस युद्ध में मारे जाते हैं। इस विचार ने उन्हें खिन्न कर दिया।

वह अपने व्यवसाय के जोखिमों के बारे में पूरी तरह जानते थे। उस समय केवल दो चीजें थीं, जो उनका जीवन बचा सकती थीं— बेहतर तैयारी और भाग्य। भाग्य पर उनका कोई नियंत्रण नहीं था, इसलिए उन्हें पता था कि सब कुछ तैयारी के स्तर पर निर्भर था। उन्हें ज्ञात था कि चार्ली कंपनी में सबसे मजबूत सैनिक थे और कम-से-कम समय में वे लोग मोर्चाबंदी करने के लिए अमानवीय प्रयास कर रहे थे। वह जानते थे कि जब समय आएगा, उनके सैनिक शत्रु को बहुत क्षति पहुँचाएँगे, लेकिन उन्हें जितना ज्ञात था, शत्रु उनसे दस गुणा अधिक था और उसके पास बेहतर हथियार थे।

उनके विचार नागा पहाड़ियों में हुए ऑपरेशन और 1961 की गोवा स्वाधीनता अभियान की ओर चले गए, जिनमें उन्होंने कुमाऊँ रेजिमेंट के अधिकारी के रूप में भाग लिया था। उन्होंने उन विकट कार्यों में जोश सहित उपलब्धि प्राप्त की थी और इस बार भी, जब तक वे नियम के अनुसार खेलते हैं और अपनी रणनीति पर तथा अपने सैनिकों की बहादुरी और साहस पर भरोसा करते हैं, वे विजयी रहेंगे। इस विचार ने उनके मन को कुछ राहत दी।

बाहर सी.एच.एम. हरफूल सिंह बैटमैन के निकट आए और पूछा, "साहब जाग गए हैं क्या?"

“हाँ, श्रीमान!”

“क्या मैं उनसे बात कर सकता हूँ?”

“श्रीमान, अभी नहीं।”

“क्यों? क्या हुआ?”

“मुझे लगा कि साहब थोड़ा गंभीर हैं। उन्होंने मुझे रुकने के लिए बोला है।”

हरफूल सिंह ने गहरी साँस ली और कहा, “साहब हमारी कंपनी के बारे में चिंतित हैं। वह हमारे परिवारों के बारे में भी परेशान हैं।”

“हाँ, श्रीमान!”

उसके साथ ही सी.एच.एम. यह कहते हुए चले गए कि वह मेजर से बाद में बात कर लेंगे।

भीतर मेजर शैतान सिंह के विचार अपने जवानों की ओर मुड़ गए। कंपनी अब पूरी संख्या में थी। पिछली शाम को आने वाले 47 जवानों को मिलाकर उनकी कमान में अब 120 जवान थे। इसका अर्थ था कि पीछे घरों में 120 परिवार। वे अपने माता-पिता के जवान बेटे, अपनी पत्नियों के युवा पति और अपनी बेटियों व बेटों के युवा पिता थे। वे अन्य लोगों के भाई थे और उनमें से अनेक अपने परिवारों के लिए अकेले आजीविका के साधन थे।

उन्होंने सोचा कि उनका अपना परिवार उनके परिवारों से किस प्रकार भिन्न था। मेजर को ज्ञात था कि यह भिन्न नहीं था।

मेजर शैतान सिंह ने अपने बैटमैन को बुलाया, “आज मैं प्लाटून आठ के जवानों के साथ चाय पियूँगा।”

इसी के साथ मेजर शैतान सिंह प्लाटून आठ की दिशा में चलने लगे, बैटमैन उनके पीछे आने लगे। मेजर ने पहले ही कोट परका पहन लिया था और उनका सिर कृत्रिम फर के हुड से ढका था। डेढ़ किमी. की दूरी को लगभग 20 मिनट में पूरा किया गया।

नायब सूबेदार हरि राम बाहर खड़े थे और अपने जवानों को निर्देश दे रहे थे। जैसे ही उन्होंने मेजर को देखा, वह सावधान हुए और कहा, "राम-राम, साहब!"

"राम-राम, हरि राम साहब! मैंने निर्णय किया है कि मैं आज सुबह की चाय आपकी प्लाटून के साथ पियूँ।"

नायब सूबेदार का चेहरा मुस्कराहट से भर गया, "धन्यवाद, साहब!" उन्होंने अपने निकट खड़े जवानों में से एक को संकेत किया और वह जवान बंकर के भीतर गायब हो गया।

प्लाटून आठ को तैयार बंकर मिला था, जो चार्ली कंपनी के 24 अक्तूबर को आगमन पर सी.आर.पी.एफ. से मिला था। यह आकार में छोटा था और इसलिए जवानों ने इसके चारों ओर खुदाई की थी और इसके आकार को बढ़ाने की प्रक्रिया में थे। यह प्लाटून मुख्यालय से अधिक दूर नहीं था, अन्य जवान सेक्शन चौकियों के लिए एल-आकार की खाइयाँ खोद रहे थे।

"तो कैसी तैयारी है?"

"साहब, गति अच्छी है। हम पायनियर्स के आने की प्रतीक्षा कर रहे हैं। वे अब कभी भी आने वाले होंगे।"

मेजर शैतान सिंह प्लाटून मुख्यालय के चारों ओर घूमे और जवानों से एक-एक कर बात की।

"राम सिंह, आप कैसे हैं?"

एक युवा सिपाही मुस्कराया और कहा, "राम-राम, साहब! मैं अच्छा हूँ।"

"ताराचंद, फिट हैं न?"

"हाँ साहब, बिलकुल। राम-राम साहब!"

"शेर सिंह, कैसे हो?"

संबोधित किए गए जवान ने उत्तर देने में कुछ क्षण लिये, "साहब, मैं ठीक हूँ।"

"बढ़िया। जोश को बनाए रखो, जवानो! कृपया अपना काम करते रहो।"'

उसके साथ मेजर शैतान सिंह और नायब सूबेदार हरि राम प्लाटून मुख्यालय से कुछ दूर चले गए। जैसे ही वे रुके, एक जवान दो इनेमल मगों में चाय के साथ आया।

मेजर शैतान सिंह ने एक घूँट लिया और टिप्पणी की, "जैसी मुझे आशा थी, बहुत मीठी, लेकिन बहुत अच्छी चाय।"

"धन्यवाद, साहब!"

"मुझे बताओ कि शेर सिंह के साथ क्या समस्या है? वह उदास दिखता है।"

"साहब, उसकी माँ ठीक नहीं है। वह छुट्टी पर जाना चाहता है, लेकिन क्योंकि कंपनी में सभी की छुट्टी को रोक दिया गया है, मुझे उसके आवेदन को अस्वीकार करना पड़ा। वह अपनी माँ के साथ बहुत जुड़ा हुआ है और यह उसके मन की स्थिति पर असर डाल रहा है।"

"हम्म!"

इसके बाद उन्होंने चुपचाप चाय पी। जब वे चाय पी चुके, तो मेजर शैतान सिंह ने कहा, "मुझे शेर सिंह से बात करनी चाहिए।"

उसके साथ वह एक बार फिर शेर सिंह के पास गए।

"शेर सिंह!"

अपना सिर नीचे किए खुदाई कर रहे जवान ने ऊपर देखा। उसका नाम कंपनी कमांडर द्वारा बुलाए जाने पर उसके आस-पास के जवानों ने भी काम रोक दिया।

"क्या हुआ? क्या आपकी माँ ठीक नहीं है?"

शेर सिंह ने सिर हिलाया और उसकी आँखों में आँसू आ गए। मेजर शैतान सिंह ने एक कदम आगे बढ़कर उसे गले लगा लिया। जवान रोने लगा। कंपनी कमांडर ने उसे पूरे एक मिनट तक नहीं छोड़ा। जब उसकी साँस स्थिर हो गई और सुबकी धीमी हो गई, तब जाकर मेजर ने आलिंगन खोला।

तब उन्होंने कहा, “देखो, इस वक्त कोई भी चौकी छोड़कर नहीं जा सकता और मेरे पास भविष्यवाणी करने का कोई तरीका नहीं है कि आखिरकार यहाँ से कौन जिंदा जाएगा, लेकिन मैं भगवान से प्रार्थना करता हूँ कि आप वापस जिंदा जाओ।”

सिपाही ने मुरझाए ढंग से सिर हिलाया।

मेजर ने आगे कहा, “मैं आज आपसे एक वादा करना चाहता हूँ। यदि मैं यहाँ से वापस जिंदा लौटा और आप नहीं लौट पाए, तो मैं आपकी माँ की सारी जिंदगी देखभाल करूँगा। यह मेरा वादा है।”

सिपाही ने मेजर की आँखों में देखा और सिर हिलाया, “धन्यवाद, साहब!”

अब मेजर उन सभी की ओर घूमे, जो उनकी बातचीत सुन रहे थे और उन्हें संबोधित किया, “मेरे बहादुर जवानो, हम सभी इस जगह से जीतने के बाद जाना चाहते हैं और हम जीतेंगे, लेकिन जैसा आपको पता है, हम यह काम पीछे हटकर नहीं कर सकते। जीतने का एक ही रास्ता है कि हम चीनियों को यहीं रोक दें। मुझे बताओ, क्या हम चीनियों को हरा सकते हैं?”

“जी साहब,” वहाँ उपस्थित थोड़े-से जवानों ने एक साथ कहा। आशावाद और जोश से भरी उनकी आवाज ने दूर बर्फीले पहाड़ों तक यात्रा की।

“बहुत बढ़िया। अब वापस काम पर लग जाओ।”

प्लाटून आठ से, अपने बैटमैन के साथ, मेजर शैतान सिंह वापस प्लाटून नौ की ओर गए।

चलते हुए मेजर ने अपने बैटमैन से कहा, “कल हमने बटालियन मुख्यालय से कुछ बादाम प्राप्त किए थे। आपने उन्हें कहाँ रखा है?”

“आपके बंकर में, साहब! वह आपका कोटा (हिस्सा) है।”

“एक काम करो। जाओ और एक पैकेट लेकर आओ।”

बैटमैन दौड़कर चला गया, जबकि मेजर प्लाटून नौ की ओर चलते रहे।

कंपनी मुख्यालय के लिए यह प्लाटून अंतिम रक्षा-रेखा थी और यह उपस्थित स्पर (पर्वत स्कंध) के ठीक पीछे कंपनी मुख्यालय के पूर्व में लगभग 300 गज दूर स्थित थी। स्पर के दक्षिणी छोर पर पहला सेक्शन तैनात था। इसके सेक्शन कमांडर नायक भूप सिंह थे। दूसरा सेक्शन स्पर के उत्तरी छोर पर स्थित था। इसके सेक्शन कमांडर नायक बुध राम थे। प्लाटून मुख्यालय के पूर्व की ओर, 400 गज दूर, एक नॉल (टीला) था और इस प्राकृतिक विशेषता का लाभ उठाते हुए तीसरे सेक्शन को इसके ठीक पीछे स्थित किया गया था।

जैसे ही वह आए, कंपनी कमांडर का अभिवादन प्लाटून कमांडर नायब सूबेदार राम चंदर ने किया। पाँच फुट दस इंच लंबे राम चंदर पक्के इरादे वाले व्यक्ति थे। मेजर को ज्ञात था कि यदि किसी प्रकार चीनी प्लाटून सात और आठ को हरा भी दें तो भी उन्हें यहाँ एक और बड़ा झटका मिलेगा। इसकी मोर्चेबंदी चट्टान की तरह ठोस थी और प्लाटून कमांडरों के पास इस प्रकार के जोश, प्रशिक्षण और बुद्धिमानी की कमी न थी।

नायब सूबेदार राम चंदर ने कंपनी कमांडर को सैल्यूट किया, "राम-राम, साहब!"

"राम-राम! आपकी प्लाटून की तैयारी और जोश कैसा है?"

"साहब, हम हर उस आदमी को मारने को तैयार बैठे हैं, जो हमारी तरफ देखेगा भी। हथियारों की सर्विस और ऑयलिंग हो रही है, हथगोले तैयार हैं, हलकी मशीनगनें कारतूसों की बेल्ट के साथ तैयार हैं और व्यक्तिगत राइफलें भी। जवान कह रहे हैं कि चीनियों के लिए करने के लिए जो बचा है, वह है उनका आना।

जोश और तैयारियों ने मेजर शैतान सिंह को सुखद रूप से चकित कर दिया। उन्होंने प्लाटून कमांडर को बधाई दी, "वह अच्छा है, अब हमें हर चीज तेजी से खत्म कर लेनी चाहिए और सौ प्रतिशत तैयार हो जाना चाहिए। सभी चौकियों को मजबूत बनाने में आपको कितने दिन और चाहिए?"

"साहब, एक हफ्ता, अधिक-से-अधिक। हम दिन-रात काम कर रहे हैं।"

इस बीच बैटमैन आया, उसके हाथ में बादाम का एक पैकेट था।

मेजर ने पैकेट ले लिया और सभी को सुनाने के लिए जोर से कहा, "जवानो, ध्यान दो, वैसे फौज में दिमाग का कोई काम तो है नहीं! हमको तो सिर्फ दुश्मन को गोली मारनी है, लेकिन ये बादाम आए हैं, लोग कहते हैं कि इससे दिमाग बढ़ता है। मेरा तो पहले से ही बहुत बढ़ा हुआ है, यह तुम सब बाँट के खा लेना।"

कंपनी कमांडर के मुख्य दायित्वों में से एक होता है चीजों को हलका-फुलका रखना। मजाक और व्यक्तिगत स्पर्श इकाई को एक साथ लाने में सदैव जादू की तरह काम करते हैं और यही यहाँ भी हुआ, जब एकत्र जवान चिल्लाने लगे, "कंपनी कमांडर की जय, कंपनी कमांडर की जय!"

मार्च, 1959 में चीनी सेना, जिसने तिब्बत पर बलपूर्वक अधिकार कर लिया था, ने 23 वर्षीय दलाई लामा को एक चीनी नृत्य-मंडली द्वारा ल्हासा के सेना मुख्यालय में नृत्य-कार्यक्रम को देखने के लिए निमंत्रण भेजा। निमंत्रण में यह भी कहा गया था कि उन्हें अपने किसी सुरक्षाकर्मी को साथ नहीं लाना था और केवल अकेले आना था। तिब्बतवासियों ने उनके आध्यात्मिक नेता का अपहरण करने या उन्हें हानि पहुँचाने के इस चीनी षड्यंत्र को सूँघ लिया। उसके बाद, एक रात, अपने कर्मियों की सलाह पर और एक फटी हुई सैनिक पोशाक पहनकर दलाई लामा अपने ल्हासा के महल से पलायन कर गए। उनके साथ उनकी माता, उनकी बहन, उनका भाई और तिब्बत के अनेक उच्च अधिकारी थे। वे जमे हुए और कठिन पहाड़ी इलाके में से बिना रुके दो दिन और दो रात चलते रहे। उनका कम-से-कम सामान और एक महीने के भोजन की आपूर्ति को खच्चरों पर लादकर उनके पीछे भेजा गया। चीनियों को दो दिन बाद समझ आया कि दलाई लामा पलायन कर गए थे और उन्होंने भारत जाने

वाले सभी मार्गों की खोजबीन आरंभ कर दी, लेकिन दलाई लामा के पलायन को और अधिक कठिन मार्ग से योजित किया गया था। दलाई लामा और सभी पलायनकर्ताओं ने अपनी यात्रा चालू रखी और याक की त्वचा से निर्मित एक नाव का प्रयोग कर ब्रह्मपुत्र नदी को पार किया। दो सप्ताह की यात्रा के बाद भारत में आगमन पर दलाई लामा और उनके समूह ने अरुणाचल प्रदेश (तब उसे नेफा या नॉर्थ ईस्टर्न फ्रंटियर एजेंसी कहा जाता था) में तवांग के निकट चुटांगमु में असम राइफल्स की एक छोटी बाहरी चौकी पर शरणार्थी बनने के लिए आवेदन कर दिया। तीन अप्रैल, 1959 को प्रधानमंत्री जवाहरलाल नेहरू की सरकार ने दलाई लामा और अन्य को शरण दे दी। तिब्बतवासियों को हिमाचल प्रदेश (तब पंजाब का भाग) के धर्मशाला में निर्वासित सरकार स्थापित करने की अनुमति भी दी गई।

6

6 नवंबर, 1962; मैगर हिल, लद्दाख

ब्रिगेड कमांडर मैगर हिल के दौरे पर आते हैं। उनके आगमन के बाद ले. कर्नल एच.एस. धींगरा का आगमन अगली सुबह होता है, जब कमान अधिकारी वहीं कैप्टन जाटार को फील्ड मेजर बनाते हुए तुरंत प्रोन्नति दे देते हैं। 11 नवंबर, 1962 तक सभी चौकियाँ तैयार हो जाती हैं और चार्ली कंपनी पूरे उत्साह में है। हालाँकि उन्हें ज्ञात है कि क्षेत्र की रक्षा के लिए उनके पास बेहतर हथियारों की कमी है। प्लाटून सात में नायक गुलाब सिंह और लांस नायक सिंह राम अन्य लोगों के साथ तैयार और लड़ने के लिए उद्यत हैं। मेजर शैतान सिंह नियमित रूप से अल्फा, ब्रावो और डेल्टा कंपनियों के कंपनी कमांडरों के साथ रेडियो संपर्क में हैं। इस बीच उनके पास सूचना पहुँचती है कि कमान अधिकारी अगले दिन पूरी कंपनी को संबोधित करेंगे।

कैप्टन रघुनाथ वी. जाटार मैगर हिल पर ब्रिगेड कमांडर का स्वागत करने की प्रतीक्षा कर रहे थे। युवा अधिकारी के लिए यह एक बड़ा अवसर

था। उन्होंने ब्रिगेडियर टी.एन. रैना के बारे में काफी कुछ सुना था। वह 114 ब्रिगेड के कमांडर थे, जिन्हें चुशुल क्षेत्र की रक्षा का कार्य सौंपा गया था।

उनके आगमन के लिए चौकी सभी प्रकार से तैयार थी। जबकि कैप्टन हरि सिंह ब्रावो कंपनी की कमान में थे, कैप्टन रघुनाथ वी. जाटार मैगर हिल के संपूर्ण कमांडर थे और ब्रावो व डेल्टा कंपनियाँ उनके अधीन थीं।

ब्रिगेडियर टी.एन. रैना के साथ 13 कुमाऊँ बटालियन के कमान अधिकारी ले. कर्नल एच.एस. धींगरा और 13 कुमाऊँ के एडजुटेंट कैप्टन डी.डी. सकलानी थे।

ऑपरेशनल तैयारी की समीक्षा की गई, विशेषकर प्लाटून और चौकियों की स्थिति की और उसके लिए ब्रिगेड कमांडर की प्रशंसा प्राप्त हुई। उसके बाद बड़ा खाना आयोजित किया गया और ब्रिगेड कमांडर ने उपस्थित जवानों, जे.सी.ओ. और अधिकारियों को संबोधित किया। यह निरीक्षण सुचारु रूप से चला।

चौकी कमांडर और कमान अधिकारी को संतोष व्यक्त करने के बाद ब्रिगेड कमांडर ने मैगर हिल से प्रस्थान किया। यह ब्रावो और डेल्टा कंपनियों के लिए उत्साहवर्द्धक था। उसी शाम चुशुल पहुँचने के बाद कमान अधिकारी ने कैप्टन जाटार को टेलीफोन किया, “अच्छा काम किया है, कैप्टन!”

“धन्यवाद, श्रीमान!”

इससे पहले कि कमान अधिकारी कहते, कैप्टन को पता था कि कुछ कमी थी। वह रुके, अपनी साँस रोके हुए, जबकि टेलीफोन रिसीवर उनके कानों पर कसकर दबा हुआ था।

“मेरी कुछ टिप्पणियाँ हैं, जिन्हें मैं चाहता हूँ कि आप तुरंत सही करो। मैं उन्हें ब्रिगेड कमांडर के सामने नहीं कहना चाहता था।”

“जी, श्रीमान!”

"साथ ही मैं उन्हें टेलीफोन पर नहीं कहना चाहूँगा, क्योंकि समझ में अंतर आ सकता है। मैं कल वहाँ 11 बजे आऊँगा। दोनों कंपनियों की प्लाटूनों और सेक्शनों को तैयार रहने के लिए कहो। मैं अपने मन की बात वहीं कहूँगा।"

"रोजर, श्रीमान!"

इसलिए कमान अधिकारी अगली सुबह एक बार फिर आए।

कैप्टन रघुनाथ वी. जाटार को पता नहीं था कि यह आगमन उनके लिए कुछ विशेष रहने वाला है। कमान अधिकारी के दिमाग में कुछ बिलकुल भिन्न था।

एडजुटेंट और दो जे.सी.ओ. के अपने सामान्य अनुगामियों के अतिरिक्त कमान अधिकारी के साथ वेटर ट्रेड (अब इसे स्टूवर्ड कहा जाता है) का एक सिपाही भी था। यह कुछ अचरज भरा था, क्योंकि आशा नहीं थी कि कमान अधिकारी वहाँ अधिक देर तक रुकेंगे और कंपनियाँ अपने उपलब्ध संसाधनों से कामचलाऊ स्वागत आवश्यकताओं को पूरा कर सकने में सक्षम थीं।

वार्ता के चक्रों के बाद जिनमें प्लाटून और सेक्शन चौकियों की चरम सीमा के बारे में बात की गई, ऑपरेशनल ब्रीफिंग (संक्रियात्मक निर्देश) आयोजित की गई, जवानों की संपूर्ण तैनाती और हथियारों की स्थिति के बारे में कमान अधिकारी संतुष्ट थे, लेकिन उन्होंने कुछ छोटे परिवर्तन करने के निर्देश दिए, जैसा कि उन्होंने पहले कहा था और इन्हें चौकी कमांडर द्वारा लिख लिया गया था।

तब कमान अधिकारी कंपनी मुख्यालय में बैठ गए और कहा, "तो कैप्टन जाटार, क्या आप चौकी कमांडर के रूप में यह युद्ध लड़ने के लिए तैयार हो?"

यह एक असामान्य प्रश्न था और इसके बाद जो होने वाला था, उसकी आशा बढ़ गई थी।

"हाँ, श्रीमान, बिलकुल," अधिकारी का आत्मविश्वासपूर्ण उत्तर आया।

इस पर कमान अधिकारी वेटर की ओर मुड़े और सिर हिलाया। वेटर ने कैंप मेज पर चार गिलास रख दिए। इनमें गहरे रंग का तरल था और उसकी तेज बू उनके नथुनों तक पहुँचने से पहले ही प्रत्येक व्यक्ति को पता चल गया था कि वह क्या था। यह भारतीय सेना का प्रिय पेय था—ओल्ड मंक रम।

धीरे-धीरे वहाँ उपस्थित प्रत्येक व्यक्ति को स्पष्ट होता जा रहा था कि अब क्या होने वाला था, लेकिन सभी लोग साँस रोककर प्रतीक्षा करते रहे जब कमान अधिकारी ने एडजुटेंट की ओर सिर हिलाया, जिन्होंने अपनी जेब से एक लिफाफा निकाला।

कमान अधिकारी ने लिफाफा लिया, इसे खोला और उसमें से मेजर के ईपॉलेट्स (स्कंधपट्ट या कंधे पर रैंक लगाने का सजावटी वस्त्र) आराम से निकाले। तब उन्होंने घोषणा की, "कैप्टन रघुनाथ वी. जाटार, मैं आपको बिलकुल अभी फील्ड मेजर के रैंक पर उन्नति देता हूँ।"

उसके साथ कमान अधिकारी ने अधिकारी के कंधों से कैप्टन के रैंक निकाल लिए, मेजर के ईपॉलेट्स को ओल्ड मंक के गिलास में डुबोया और नए रैंक को अधिकारी के कंधों पर सरका दिया। एक क्षण में ही कमान अधिकारी ने मैगर हिल के चौकी कमांडर को फील्ड मेजर बना दिया था।

उसके बाद सभी उपस्थित अधिकारियों ने गिलास उठाए और कहा, "बधाइयाँ" और उसके बाद उन्होंने 'चियर्स' कहा।

अधिकारी के लिए यह एक बड़ा अचंभा था और इसने उनकी छाती को गर्व से फुला दिया था। कुछ घूँट के बाद कमान अधिकारी ने कहा, "बधाइयाँ, मेजर जाटार! अब मैं आपको बताना चाहता हूँ कि उन्नति के साथ अतिरिक्त उत्तरदायित्व भी आते हैं।"

"हाँ, श्रीमान!"

कुछ और निर्देशों तथा कुछ विशिष्ट फौजी परिहास के साथ कमान अधिकारी और उनके अनुगामी मैगर हिल से चले गए।

* * * * *

10 नवंबर, 1962; रेजांग ला, लद्दाख

अब तक कंपनी मुख्यालय और तीनों प्लाटून मुख्यालयों के साथ उनके प्रत्येक सेक्शन और तीन इंची मोर्टार सेक्शन मजबूती के साथ स्थापित किए जा चुके थे। तीनों प्लाटून कमांडरों के अधीन और मेजर शैतान सिंह के नेतृत्व में जवानों के परिश्रम ने सकारात्मक परिणाम प्राप्त किए थे।

हालाँकि कुछ चीजों की कमी थी और होने वाले युद्ध में ये चार्ली कंपनी को क्षति पहुँचाएँगी। इनमें शामिल थे रेजांग ला के मार्ग पर माइन न बिछाना, आर.सी.एल. की अनुपलब्धता और तोपखाने का सहारा न होना। जबकि उनमें से पहली दो कमियाँ चार्ली कंपनी को ज्ञात थीं, उन्हें यह नहीं पता था कि तोपखाने की सहायता उन्हें उपलब्ध नहीं होगी।

कोई कल्पना कर सकता है कि ब्रिगेड और बटालियन की ये कमियाँ अक्षम्य थीं, लेकिन ऐसा नहीं था। रेजांग ला चौकी को सुरक्षित मानने का एक कारण था कि ब्रिगेड का मूल्यांकन, जैसा हम पहले कह चुके हैं, कि उस दिशा से आक्रमण होना संभावित नहीं था, साथ ही ब्रिगेड के पास उपलब्ध संसाधन पूरी 40 किमी. लंबी सीमा को अभेद्य बनाने के लिए पर्याप्त नहीं थे। परिवहन वायुयान युद्ध-आपूर्ति को बढ़ाने के लिए दिन-प्रतिदिन चुशुल के लिए उड़ान भर रहे थे, लेकिन एक पूरी ब्रिगेड को बनाए रखने और सशस्त्र करने के लिए केवल वायुमार्ग पर निर्भर रहना पर्याप्त नहीं था, वह भी ऐसी हवाई पट्टी पर जिसे वायुयान के उतरने पर प्रत्येक बार मरम्मत किए जाने की आवश्यकता होती थी। यदि कम शब्दों में कहा जाए तो यह एक बहुत बड़ा काम था। जो वास्तविक तथ्य भारतीय रक्षा को क्षति पहुँचा रहा था, वह था क्षेत्र में सड़कों के बुनियादी ढाँचे का न होना। सीमा सड़क संगठन जितना परिश्रम कर सकता था और जितना तेजी से कर सकता था, कर रहा था, लेकिन इसे सात मई, 1960 को बने हुए दो वर्ष से कुछ अधिक ही हुए थे।

रेजांग ला दर्रा क्षेत्र में खुदाई पूरी हो चुकी थी और अब जवान अपनी आवंटित चौकियों पर तैनात थे। प्लाटून सात का सेक्शन एक, जो प्लाटून

मुख्यालय के 175 गज पूर्व की ओर स्थित था जिसके 125 गज पीछे सेक्शन दो था, सभी प्रकार से तैयार था।

यहाँ लांस नायक सिंह राम अपनी चौकी पर थे, वह प्लाटून के दो इंची मोर्टार सेक्शन के कमांडर थे जिसे इसके 50 गज पीछे स्थित किया गया था। छह फुट दो इंच लंबे सिंह राम एक पहलवान, मुक्केबाज और रस्सा-खींच के विजेता सदस्य थे और सभी बड़ी खेल-प्रतियोगिताओं में कंपनी के ध्वजवाहक थे।

उस दोपहर दो बजे, लंच के थोड़ी ही देर बाद, वह अपने मोर्टार सेक्शन की खाई से बाहर निकले और सेक्शन चौकी की ओर गए, जहाँ नायक गुलाब सिंह और दो जवान तैनात थे। हालाँकि तापमान शून्य से पाँच डिग्री सेल्सियस नीचे था, यह दिन का सबसे गरम समय था।

गुलाब सिंह, जो सेक्शन एक के सेक्शन कमांडर थे, सिंह राम को देखकर मुस्कराए जो उनके रिश्तेदार थे, "सिंह राम, हमारे सेक्शन में आपका स्वागत है। आज हमारे पहलवान को कैसा लग रहा है?"

सिंह राम मुस्कराए, खाई में कूदे और और कहा, "मैं अच्छा हूँ, श्रीमान!"

हालाँकि वह गुलाब सिंह से आयु में दस वर्ष बड़े थे, उन्होंने यह तथ्य हमेशा स्वीकार किया था कि गुलाब सिंह रैंक में उनसे वरिष्ठ थे।

सेक्शन चौकी में एक मिट्टी के तेल का बत्ती वाला स्टोव था, जो सेक्शन चौकी को गरम रखे हुए था। सिपाहियों में से एक ने स्टोव को आगंतुक सिंह राम की ओर खिसका दिया।

गुलाब सिंह ने सिर हिलाया और पूछा, "बस अच्छा?"

सिंह राम ने अपनी छाती फुलाई और टिप्पणी की, "फाइटिंग फिट (युद्ध के लिए स्वस्थ), श्रीमान!"

गुलाब सिंह मुस्कराए और पूछा, "चाय?"

जब सिंह राम ने सिर हिलाया, गुलाब सिंह ने अपने एक सिपाही को संकेत किया जिसने एक थर्मस उठाया। कुछ क्षण बाद उन्हें आधे भरे मग दे दिए गए।

सिंह राम ने एक घूँट लिया और गुलाब सिंह ने उनसे पूछा, "राम कुमार कैसा है?"

सिंह राम के भाई सिपाही राम कुमार प्लाटून नौ में तैनात थे। सिंह राम अपने छोटे भाई के बहुत निकट थे और उसका विशेष ध्यान रखते थे।

जब वह चाय का एक घूँट पी चुके तो उन्होंने अपना बर्फ का चश्मा उतारा, उस पर जमी नमी को साफ किया और कहा, "वह ठीक है। मेरा मतलब है वह भी फाइटिंग फिट है।"

गुलाब सिंह ने गहरी साँस ली, मुस्कराए और कहा, "बढ़िया! हमारी पूरी कंपनी फाइटिंग फिट है, मेजर साहब से लेकर प्रत्येक जवान तक।"

वे कुछ क्षण तक चुप रहे, जब उन्होंने खाई के बाहर पहाड़ी की ओर देखा जो उनके ठीक सामने थी।

गुलाब सिंह अंत में बोले, "रेडियो पर समाचार सुनकर ऐसा लगता है कि चीनी सीमा विवाद को शांतिपूर्वक हल नहीं करना चाहते।"

कम बोलने वाले सिंह राम ने उत्तर दिया, "हम्म!"

तब सिंह राम गुलाब सिंह को देखने के लिए मुड़े और पूछा, "शरबती कैसी है? कोई पत्र मिला?"

शरबती गुलाब सिंह की पत्नी का नाम था। उनकी आँखें कुछ क्षण के लिए ऊर्जाविहीन हो गईं और तब वह मुस्कराए और कहा, "नहीं।"

"क्या वह अभी भी अंबाला में है या वह वापस गाँव मनेठी चली गई है?"

"मुझे नहीं पता। जब हम बारामुला में थे, तब वह अंबाला में थी। लेह से भी मुझे पता चला कि वह अभी भी वहीं थी।"

"उसे अब नौवाँ महीना लगा हुआ है और मुझे विश्वास है कि हमें अच्छी खबर जल्दी ही मिलेगी।"

गुलाब सिंह उदासी से मुस्कराए, "प्रसव सही प्रकार हो जाना चाहिए; बस इसी की प्रार्थना कर रहा हूँ।"

"सब कुछ ठीक हो जाएगा, श्रीमान!"

लेकिन उन दोनों को यह मालूम नहीं था कि शरबती पहले ही एक लड़के को जन्म दे चुकी थी और गुलाब सिंह को इस शुभ समाचार का पत्र लिख चुकी थी। हालाँकि गुलाब सिंह को यह पत्र कभी देखने का अवसर नहीं मिलेगा, क्योंकि वह और सिंह राम कुछ ही दिन बाद राष्ट्र के लिए अपने जीवन का बलिदान करने जा रहे थे, लेकिन ये दोनों बहादुर सिपाही कोई सामान्य मृत्यु का आलिंगन नहीं करने वाले थे। वे अपनी योजना, साहस और युद्धनीति से इतनी क्षति पहुँचाने वाले थे कि 1:10 के अनुपात से शक्तिशाली चीनी आक्रमण इतनी अच्छी प्रकार से कुंद कर दिया जाएगा कि उसके बाद शत्रु रेजांग ला को पार करने का साहस नहीं कर पाएगा।

जहाँ नायक गुलाब सिंह और लांस नायक सिंह राम बात कर रहे थे, उस क्षण वहाँ से तीन किमी. दक्षिण की ओर कंपनी मुख्यालय में मेजर शैतान सिंह बटालियन रूटीन ऑर्डर (बी.आर.ओ./बटालियन नियमित आदेश) पढ़ रहे थे, जिसे उन्होंने अभी-अभी रेडियो सेट पर प्राप्त किया था। रेडियो ऑपरेटर, जिसने इस कूट दस्तावेज को डीक्रिप्ट (विगूढ़) किया था, कंपनी कमांडर के निकट खड़े थे।

बी.आर.ओ. में सबसे महत्वपूर्ण समाचार यह था कि बटालियन कमान अधिकारी ले. कर्नल एच.एस. धींगरा अगले दिन प्रातः दस बजे सैनिकों को संबोधित करेंगे। यह सूचना सभी प्लाटून कमांडरों को दी जानी आवश्यक थी, क्योंकि सभी सैनिकों के लिए यह संभव नहीं था कि वे एक ही स्थान से संबोधन सुन पाएँ, वह रेडियो ऑपरेटर की ओर मुड़े और कहा, “सी.एच.एम. को बुलाइए।”

“जी, साहब!” इसके साथ ही रेडियो ऑपरेटर कंपनी मुख्यालय से चले गए।

जब वह प्रतीक्षा कर रहे थे, उनका मस्तिष्क कंपनी की तैयारी पर था। उन्हें ज्ञात था कि उनके लड़कों ने बहुत परिश्रम किया था। जबकि उन्होंने प्लाटूनों के मोर्चों को अच्छी तरह चुना था, उनके प्लाटून कमांडर अनुभवी जे.सी.ओ. थे और उन्होंने अपने हथियारों के स्थान नियम-पुस्तिका

के अनुसार चुने थे। अब तक रानीखेत से आए हुए युवा रंगरूट भी बेहतर महसूस कर रहे थे। उन्होंने कल्पना की कि कुछ और दिनों में वे हथियार उठाकर लड़ने के लिए स्वस्थ हो जाएँगे, लेकिन अपने दिल के केंद्र में उन्हें पता था कि अभी भी बहुत कुछ करना शेष था, यदि उन्हें चीनी आक्रमण को रोकना था। चुशुल भेद्य था और यदि चार्ली कंपनी पराजित हो जाती है तो वायुपट्टी और उसके कारण सारा लद्दाख क्षेत्र हमेशा के लिए चला जाएगा।

उन्हें ज्ञात था कि यदि उन पर आक्रमण होता है तो उनमें से अधिकांश समाप्त हो जाएँगे। यह स्वीकार्य था, लेकिन चीनियों को रेजांग ला से एक इंच भी आगे जाने देना स्वीकार्य नहीं था। कंपनी कठोर, अच्छी तरह प्रशिक्षित, जैविक रूप से प्रेरित और एक संगठित शक्ति थी जो मातृभूमि के लिए मांस, रक्त, हड्डियों और जज्बे से बनी थी। और सबसे ऊपर उनके चारित्रिक संस्कार 'नाम, नमक और निशान' थे, जो प्रत्येक भारतीय सैनिक को देश का और खाए हुए नमक का अच्छा नाम करने तथा राष्ट्रीय ध्वज की प्रतिष्ठा को बनाए रखने के लिए प्रयत्न करने की प्रेरणा देता है। इसलिए चार्ली कंपनी का प्रत्येक सदस्य आवश्यकता होने पर सर्वोच्च बलिदान करने के लिए पर्याप्त प्रेरित था।

सी.एच.एम. हरफूल सिंह कुछ मिनट बाद आए, "राम-राम, साहब!"

"राम-राम, हरफूल! कल सुबह दस बजे कमान अधिकारी रेडियो पर कंपनी को संबोधित करेंगे। मैं चाहता हूँ कि अधिकतम जवान संबोधन सुनें। ठीक है?"

"जी, साहब!"

स्फूर्त सैल्यूट के बाद सी.एच.एम. हरफूल चले गए। तब मेजर ने रेडियो ऑपरेटर को इस संदेश को सभी तीनों प्लाटून मुख्यालयों को रेडियो द्वारा देने को कहा।

मेजर शैतान सिंह का विचार था कि कमान अधिकारी द्वारा सैनिकों को अपनी चौकियों पर ही संबोधित करने का अर्थ था कि कुछ नई घटनाएँ हो

रही थीं। एक कारण हो सकता था कि दोनों सरकारों के मध्य राजनीतिक रूप से सीमा-विवाद को हल करने में गतिरोध आ चुका था और इसका स्पष्ट अर्थ था कि चीनियों द्वारा अभी और आक्रमण होंगे।

पिछले दिनों में मेजर शैतान सिंह अल्फा, ब्रावो और डेल्टा कंपनियों के कंपनी कमांडरों के साथ नियमित 'मिलाप' कर रहे थे। मिलाप का अर्थ था किसी पूर्व-निश्चित समय पर रेडियो पर उनसे बात कर सूचना साझा करना, जिसका आपसी तैयारी पर सीधा प्रभाव होता है। इसलिए उन्हें ज्ञात था कि वास्तविक स्थिति में पर्याप्त परिवर्तन नहीं हुआ था। पेंगोंग त्सो झील के उत्तर में चीनियों की तैयारी लगातार हो रही थी, लेकिन स्पांगुर गैप के दक्षिण में यह बहुत मामूली थी। इस सूचना की चार्ली कंपनी की लिसनिंग (श्रवण) चौकियों और निगरानी चौकियों से मिलने वाली सूचना से भी पुष्टि हो रही थी।

प्लाटून नौ के मुख्यालय में लांस नायक सिंह राम के भाई सिपाही राम कुमार अपने परिवार के बारे में सोच रहे थे, जो पीछे हरियाणा के रेवाड़ी जिले के धवाना गाँव में था। उनका विवाह भंती देवी से हुआ था, जो सिंह राम की पत्नी रामप्यारी देवी की बहन थी। वह इस तथ्य से असमंजस में थे कि उनका भाई प्लाटून सात में था, जबकि वह स्वयं प्लाटून नौ में थे। जब समय आएगा, वह अपने बड़े भाई के साथ कंधे-से-कंधा मिलाकर लड़ना चाहते थे।

जम्मू के राजा गुलाब सिंह के सेना कमांडर जनरल जोरावर सिंह ने मई, 1841 में तिब्बत पर आक्रमण किया था। 'पूरब के नेपोलियन' नाम से प्रसिद्ध जनरल जोरावर सिंह ने लद्दाख और बाल्टिस्तान पर अधिकार कर लिया था जिससे तिब्बती व्यापार पर लद्दाखियों और कश्मीरियों के एकाधिकार को छिन्न-भिन्न कर दिया गया था। उस समय जम्मू सिख साम्राज्य के आधिपत्य में थी। जनरल जोरावर सिंह ने 4,000 सैनिकों का नेतृत्व किया था, जिनमें मुख्य रूप से डोगरी थे और साथ ही लद्दाखी, बाल्टी और किश्तवाड़ी भी थे।

आक्रमणकारियों के पास बंदूकें और तोपें थीं, जबकि 6,000 सैनिकों वाली तिब्बती सेना के पास केवल धनुष, तलवारें और भाले थे। सिख सेनाओं ने तिब्बती सेनाओं को नेपाल सीमा के निकट गारतोक और टकलाकोट किले तक हराने में सफलता पाई। इस बीच ल्हासा ने एक और बड़ी सेना भेजी, और सर्दियों तथा सिखों की लंबी खिंची आपूर्ति-रेखा का लाभ लेते हुए उन्होंने युद्ध में जनरल जोरावर सिंह को मार गिराया। उसके बाद तिब्बती सेना पश्चिम की ओर कूच करती रही और उसने लद्दाख पर आक्रमण किया, लेकिन तब तक राजा गुलाब सिंह जम्मू से सेना भेज चुके थे और तिब्बती पराजित हुए। तिब्बती जनरल जोरावर सिंह की वीरता से इतना प्रभावित हुए कि उन्होंने उन्हें टकलाकोट किले के निकट पूर्ण सैनिक सम्मान के साथ दफनाया, जहाँ उनका स्मारक, जिसे समाधि कहा जाता है, आज भी खड़ा है।

7

11 नवंबर, 1962; रेजांग ला

रेडियो पर कमान अधिकारी के संबोधन के बाद कंपनी कमांडर का संबोधन चार्ली कंपनी के जवानों को स्पष्ट दिखाई देने वाले जोश से भर देता है। इस बीच ब्रिगेड कमांडर तैयारियों की समीक्षा करते हैं और कमान अधिकारी के माध्यम से चार्ली कंपनी को सूचना भेजते हैं कि चीनी आक्रमण के बाद यदि परिस्थिति रक्षा-योग्य न रहे तो वे पीछे हट सकते हैं। मेजर शैतान सिंह अपने तीनों प्लाटून कमांडरों के माध्यम से जवानों से परामर्श करते हैं और कहते हैं कि वे आखिरी जवान और आखिरी गोली तक लड़ेंगे। कंपनी कमांडर और कमान अधिकारी जवानों के निर्णय का समर्थन करते हैं और यही संदेश ब्रिगेड कमांडर को संचारित करते हैं। जवानों के मध्य एकजुटता और आखिर तक लड़ने का संकल्प अधिक स्पष्ट हो जाता है, जैसा विभिन्न चौकियों पर उनकी बातचीत से पता चलता है।

11 नवंबर, 1962 को रविवार था, लेकिन कमान अधिकारी के संबोधन को सुनने के लिए तैयारियाँ की गई थीं। प्रत्येक खाई में एक जवान और

लिसनिंग चौकियों तथा निगरानी चौकियों के अतिरिक्त अन्य सभी लोग कंपनी मुख्यालय के अतिरिक्त तीनों प्लाटून मुख्यालयों में एकत्र हो गए थे। प्रातः साढ़े नौ बज चुके थे और रेडियो ऑपरेटर संचार सेटों की ध्वनि और विद्युत परिपथ को सही करने में व्यस्त थे। इन सैटों के निकट ध्वनिप्रसारक (लाउडस्पीकर) तैयार रखे गए थे, ताकि ध्वनि को अधिकतम दूरी तक पहुँचाया जा सके।

ठीक दस बजे कमान अधिकारी की आवाज सेट पर गूँजने लगी, "13 कुमाऊँ के बहादुर योद्धाओ, अब वह दिन दूर नहीं जिसका हर फौजी इंतजार करता है। बहुत-से लोग बगैर लड़ाई लड़े ही रिटायर (सेवानिवृत्त) हो जाते हैं, लेकिन कुछ चुने हुए लोगों को भारत माता अपनी रक्षा करने का मौका देती है। इस बार भारत माता ने अपनी इज्जत की रक्षा के लिए हमें चुना है। हमने अपने जोश और बहादुरी का परिचय कई बार दिया है, लेकिन इस बार दुश्मन नया है। चीन सोच रहा है कि जैसे 20 अक्तूबर को उसने हमारे साथ दगाबाजी से हमारी जमीन छीन ली है, वैसे ही वह अब चुशुल भी छीन लेगा; लेकिन उसे पता नहीं है कि यहाँ कौन बैठा है। 13 कुमाऊँ के बहादुरो, दुश्मन को सबक सिखाने का समय आ गया है। हमारे अहीर जवान, जिनके पूर्वजों ने 1857 में अंग्रेजों के दाँत खट्टे किए थे, उन्हीं का खून आप सब की रगों में दौड़ रहा है। चीन को हमारे बारे में अभी पता नहीं है। अगर वह इस तरफ आँख उठाकर भी देखेगा, तो हम उसकी आँख निकाल लेंगे। अगर वह इस तरफ अटैक करने के लिए आता है, तो हम उसको खत्म कर देंगे। ये भारत माता की धरती है। हम इस बैटलफील्ड (युद्ध का मैदान) को चीन की सबसे बड़ी गलती साबित करके ही दम लेंगे। बहादुरो, हम लास्ट मेन लास्ट बुलेट (अंतिम सैनिक, अंतिम गोली) तक लड़ेंगे। जय हिंद!"

कमान अधिकारी के संबोधन ने जवानों को स्पष्ट दिखाई देने वाले जोश से भर दिया। यह देखने वाला दृश्य था कि संदेश को सुनने के बाद सभी जवान उत्साहित दिखाई रहे थे। मेजर शैतान सिंह के लिए एक उत्तर देना तर्कसंगत था। कमान अधिकारी के प्रेरक उद्‌बोधन के बाद अब कंपनी कमांडर की बारी थी कि वह अपनी कमान के अंतर्गत आने वाले लोगों को

प्रेरित करें। उन्होंने रेडियो ऑपरेटर की ओर सिर हिलाया जिसने ट्रांसमीटर को दोबारा उठाया, संचार बटन को दबाया और माउथपीस (बोलने वाला आला) मेजर के मुँह के निकट कर दिया।

"चार्ली कंपनी के बहादुर जवानो, जैसा सी.ओ. (कमान अधिकारी) साहब ने कहा है, यह हमारी खुशकिस्मती है कि हमें यहाँ भारत माता की हिफाजत के लिए भेजा गया है। आपको पता है कि आज देश में हर एक मर्द बॉर्डर (सीमा) पर जान देने के लिए तैयार है। रिक्रूटमेंट सेंटर्स (भर्ती केंद्रों) पर भीड़ लगी हुई है। हर आदमी चाइना (चीन) को सबक सिखाना चाहता है, लेकिन सच यह है कि यह मौका हमारे को मिला है...मैंने खुद आपकी तैयारी देखी है। एक-एक जवान ने अपनी पूरी ताकत के साथ ये मोर्चे बनाए हैं। हमारी चैंपियन (विजेता) कंपनी दुश्मन को दिखा देगी कि भारत माता के बेटों में कितना दम है। जीत या वीरगति, हमारे पास दो ही रास्ते हैं। मुझे पूरा विश्वास है कि चार्ली कंपनी के बहादुर जवान दुश्मन के छक्के छुड़ा देंगे। जय हिंद!"

प्लाटून आठ के मुख्यालय के भीतर नायब सूबेदार हरि राम ने अपनी प्लाटून के जवानों के तने हुए चेहरों को देखा, जो मगन होकर सुन रहे थे। झुंझुनू जिले में बुहाना तहसील के संतौर गाँव से संबंध रखने वाले हरि राम एक सख्त काम लेने वाले अधिकारी थे जिनके लिए पूरी प्लाटून के दिल में गहरा सम्मान था। यह भली-भाँति ज्ञात तथ्य था कि आक्रमण की दशा में प्लाटून आठ को भीषण आक्रमण का सामना सबसे पहले करना होगा, जिसमें शत्रु के दोनों तोपखाना और पैदल सेना के आक्रमण शामिल होंगे। दर्रे के ठीक बीच में होने के कारण सेक्शन के हथियारों को रणनीतिक रूप से मोर्चों पर लगाया गया था और उनके मध्य 150 गज का अंतर था, जिससे वह पूरे मार्ग को जितना संभव था, अपने प्रहार के अंतर्गत ला पाए थे और एक-दूसरे को अपनी गोलीबारी से ढक भी पा रहे थे।

हरि राम ने अपने सर्वश्रेष्ठ सैनिकों—नायक हुकुमचंद, हवलदार राम आनंद और नायक चंदगी राम को क्रमशः सेक्शन एक, दो और तीन का सेक्शन कमांडर नियुक्त किया था।

कमान अधिकारी और कंपनी कमांडर के जोशपूर्ण भाषण को सुनने के बाद पूर्णतया उत्साहित नायक हुकुमचंद ने उठकर हरि राम को सैल्यूट किया। उसके बाद वह प्लाटून मुख्यालय के पूर्व की ओर लगभग 300 गज की दूरी पर स्थित सेक्शन एक के लिए चले गए, जो दर्रे के प्रवेश की दिशा में स्थित था। उनके सेक्शन से एक जवान उनके पीछे गया।

नायक हुकुमचंद और उनके पीछे जाने वाला जवान उस अकेले जवान से जाकर मिल गए, जो खाई से बाहर देख रहा था और जिसकी राइफल पूर्व की ओर लक्षित थी। हुकुमचंद ने सेक्शन के इस साथी को बताया, जो कमान अधिकारी और कंपनी कमांडर ने कुछ क्षण पहले कहा था।

29 वर्षीय हुकुमचंद पाँच फुट नौ इंच लंबे थे। वह एक बेहतरीन हॉकी खिलाड़ी थे। वह तीन बच्चों के पिता थे और उनका पुत्र राम किशन आठ वर्ष का और उनकी पुत्रियाँ सावित्री व अंगूरी क्रमशः दो वर्ष और कुछ महीने बड़ी थीं।

कुछ देर बाद उन्होंने पीछे से किसी को आते देखा। यह सिपाही धरमपाल दहिया (नर्सिंग सहायक) थे। हँसमुख और परिश्रमी, सिपाही धरमपाल कंपनी की जीवनरेखा थे। डॉक्टर की अनुपस्थिति में वह नियमित दवाइयाँ देते थे और रोग-निदान में अच्छे थे। उनकी व्यावसायिक कुशलता के कारण कंपनी के पास मेडिकल स्टोर आशा के अनुरूप थे।

"धरमपाल, आ जाओ, हमारे साथ।"

धरमपाल खाई में उतर गए।

"सोनीपत याद आ रहा है?" हुकुमचंद ने उनसे पूछा।

"सोनीपत से ज्यादा मुझे निर्थन की याद आ रही है, श्रीमान!"

हुकुमचंद को पता था कि निर्थन हरियाणा के सोनीपत जिले में धरमपाल का गाँव था।

"विद्यावती कैसी है? घर से कोई चिट्ठी आई?" धरमपाल की पत्नी का नाम विद्यावती था, जो उसके गाँव में रहती थी।

"वह ठीक है, श्रीमान! मुझे एक पत्र भी मिला है।"

"धरमपाल, हमारे पास केवल एक मेडिकल सहायक है, जबकि तीन प्लाटूनें हैं और वे भी एक-दूसरे से तीन किमी. दूर हैं। आक्रमण होने की दशा में आप कैसे सँभालोगे? इसके बारे में सोचा है क्या?"

"श्रीमान, मैं हरेक चौकी पर जाऊँगा और अपना काम करूँगा। जवानों को अपनी बंदूकों पर ध्यान देने दो। मैं अपनी पट्टियों और इंजेक्शनों के साथ हमेशा तैयार रहूँगा।"

उनके आस-पास का भू-भाग हमेशा की तरह अंधा कर देने वाली सफेदी में लिपटा और निर्जन था, क्योंकि रेजांग ला दर्रा वृक्ष-रेखा से ऊपर था– पहाड़, चोटियाँ, स्पर (पर्वतस्कंध), नॉल (पहाड़ियाँ), चट्टानें और उनके बंकर भी सभी सफेदी से ढके थे आैर गिरती बर्फ को सहन करना कंपनी के लिए कठिन होता जा रहा था, क्योंकि दिन-प्रतिदिन इसकी मात्रा बढ़ती जा रही थी। हालाँकि उन्हें बताया गया था कि लद्दाख अनुवात क्षेत्र में स्थित था और वहाँ बहुत कम वर्षा और बर्फ गिरती थी, लेकिन 1962 की सर्दियों की निश्चित रूप से भिन्न योजना थी।

इस ऊँचाई पर किसी जानवर को देखना अब दुर्लभ था, लेकिन कभी-कभी वे चिड़िया देख पाते थे। सर्दी सही प्रकार से आ चुकी थी, सो जंगली पशुओं ने भी उस क्षेत्र को छोड़ने का चुनाव किया था। जिस सप्ताह वे आए थे, उन्होंने चितकबरे भराल (नीली भेड़), एशियाटिक आइबेक्स (साकिन) और हिमालयन मारमोट (गिलहरी) देखे थे। सैनिक शानदार स्नो लेपर्ड (बर्फ का तेंदुआ) को भी देखना चाहते थे, लेकिन उस दृश्य ने तब तक उन्हें धोखा ही दिया था।

इस बीच कंपनी मुख्यालय में मेजर शैतान सिंह के विचार अपनी कंपनी के मोर्चों पर थे। हालाँकि उन्होंने कंपनी को आवंटित क्षेत्र की रक्षा करने के लिए सभी जवानों को तैनात कर दिया था और अपने हथियारों को भी अच्छी तरह स्थित कर दिया था। उन्हें अपने हृदय में ज्ञात था कि यदि चीनियों ने अधिक संख्या में और बेहतर हथियारों के साथ उन पर आक्रमण किया, जो उनके पास थे, तो कंपनी के पास अंतिम सैनिक, अंतिम गोली

तक लड़ने के अतिरिक्त और कोई विकल्प नहीं रह जाएगा। उन्होंने विचार किया कि केवल एक ही छोटा तरीका था जिससे इस क्षेत्र को बचाया जा राकता था और तह था कि यदि बेस (आधार) से तोपखाने की गोलीबारी सही निशाने पर हो और पुनर्बलन के लिए अन्य बटालियनें उनकी कंपनी को और अधिक जवानों को भेजें।

उन्होंने नायक राम कुमार को बुलाया और उनसे पूछा, "राम कुमार, आपने कितने तीन इंची मोर्टार बम तैयार किए हैं।"

नायक राम कुमार ने कंपनी कमांडर को चुस्त सैल्यूट दिया और कहा, "1,000 बम, साहब!"

"वह अच्छा है, लेकिन अधिक के लिए माँग करो।"

"जी साहब!"

एक अन्य चीज भी थी, जो उन्हें परेशान कर रही थी। अत्यंत ठंड के कारण जिसका वे अब अनुभव कर रहे थे, जवानों के लिए बिना ढकी अँगुलियों के साथ अपनी बंदूकों को चलाना असंभव होगा। और यदि जवान अपने ऊनी दस्ताने पहने रखते हैं तो उनकी अँगुलियाँ ट्रिगर गार्ड के भीतर नहीं जा पाएँगी। नंगी अँगुलियों से कुछ गोली चलाना अभी भी संभव था, लेकिन लगातार गोली चलाना और ट्रिगर से लंबे समय तक संपर्क बनाए रखने से अँगुलियों पर कोल्ड बर्न (शीत दाह) हो सकता था। वास्तव में, अँगुलियाँ अत्यधिक ठंड के कारण धातु के साथ जुड़ जाएँगी।

कमान अधिकारी द्वारा बोले गए शब्द अभी भी उनके कानों में बज रहे थे। प्रत्येक बीतते क्षण के साथ वह खतरे को आते महसूस कर सकते थे। मेजर शैतान सिंह 'बी' और 'डी' कंपनियों के चौकी कमांडर मेजर जाटार और 'ए' कंपनी के कंपनी कमांडर मेजर जी.एन. सिन्हा के साथ संपर्क में थे। इसलिए जमीनी सच्चाई उन्हें ज्ञात थी।

इस बीच 1/8 गोरखा राइफल्स और एक जाट लाइट इन्फेंट्री ने चीनी सैनिक कमांडरों द्वारा स्पांगुर गैप क्षेत्र सीमा की चीनी तरफ रेकी के लिए दौरे करते देख लिया था। ये चीनी अधिकारी सैनिकों के साथ थे, जो

मानचित्र खोलते थे और भारतीय चौकियों की स्थितियों की ओर अँगुलियाँ करते थे। यह सब उनके सामने हो रहा था।

चुशुल में ब्रिगेड मुख्यालय में ब्रिगेडियर टी.एन. रैना को भी इस घटनाक्रम के बारे में ज्ञात था और उन्होंने सभी संभव कदम उठाए थे। जो छह ए.एम.एक्स.-13 टैंक जिन्हें ए.एन.-12 वायुयानों द्वारा लाया गया था, अब तैयार थे और उनके टरेट (ऊपरी घूमने वाला भाग) शत्रु की ओर लक्षित थे। भारतीय सैनिकों ने स्पांगुर गैप क्षेत्र में भी एंटी-टैंक माइन (टैंक-रोधी खाइयाँ) बिछा दी थीं और इसके लिए उन्होंने प्रत्येक मार्ग को दिमाग में रखा था, जहाँ टैंक चल सकते थे और इनके अतिरिक्त उन्हें 106 मिमी. आर.सी.एल. गनों की सुरक्षा दी गई थी। जबकि फील्ड आर्टीलरी (मैदानी तोपखाना) और आर्मर (बख्तरबंद गाड़ियाँ) को छुपाकर रखा गया था, शत्रु को धोखा देने के लिए नकली तोपों और नकली ईंधन टैंकों को स्थापित किया गया था। इनके अतिरिक्त कुछ पुराने बुलडोजरों को टैंकों की तरह दिखाया गया था। सुविचारित योजना और कुशल तैयारियों के साथ भारतीय चीनी आक्रमण की प्रतीक्षा कर रहे थे।

अब तक ब्रिगेडियर टी.एन. रैना सैनिक तैयारियों के अनुसार सबसे अच्छी स्थिति में थे। सभी पेनी पिकेट (छिटपुट या छोटी चौकियाँ) को हटा लिया गया था। इन पिकेट में कुछ सैनिक होते थे, जिन्हें खुफिया विभाग की सलाह पर ऐसी जगहों पर तैनात किया गया था जिनकी रक्षा नहीं की जा सकती थी और जिनका संपर्क मात्र खच्चर मार्गों से होता था। हालाँकि युद्ध के पहले चरण (जो 20 अक्तूबर, 1962 से 24 अक्तूबर, 1962 के मध्य हुआ था) में भारतीयों ने भारी कीमत चुकाई थी, अब स्थिति काफी बेहतर थी। चीनियों के लिए स्पांगुर गैप में से होकर चुशुल पर पहुँच बनाने का कुप्रयास कठिन होने वाला था।

उस समय चीनियों के पास ब्लैक टॉप हिल थी, जो दोनों गुरुंग हिल और मैगर हिल से ऊँची थी, लेकिन वहाँ से पैदल आक्रमण करने के लिए उन्हें पहले नीचे

उतरना पड़ता और खुले में हमला करना होता। इससे वे भारतीय आर.सी.एल. और टैंक की गोलाबारी, मोर्टार, 25-पाउंडर तोपों, मध्यम मशीनगनों, हलकी मशीनगनों और अंत में राइफलों के लिए बैठी हुई बतखों के समान आसान लक्ष्य बन जाते। इनके साथ ही इस मार्ग में माइन भी बिछाई गई थीं।

उस समय रेजांग ला की चौकी ही ब्रिगेड कमांडर की एकमात्र चिंता का विषय थी। न केवल यह चौकी अलग-थलग थी, इसकी कम-से-कम एक प्लाटून खुले में तैनात थी, साथ ही उन्हें तोपखाने की सहायता देने के लिए तोपों की स्थितियों को समायोजित करना होता, ताकि बीच में आने वाली पहाड़ियों से बमों के मार्ग बाधित न हों।

इसलिए उस स्थिति की रक्षा करने के लिए तार्किक कदम था लड़ना, लेकिन आक्रमण बहुत भयानक होने की दशा में चार्ली कंपनी को पीछे हटना पड़ता।

इस बात को दिमाग में रखकर उन्होंने ले. कर्नल एच.एस. धींगरा को बुलाया, "कर्नल धींगरा, क्या सब कुछ ठीक है?"

"जी, श्रीमान, सब कुछ नियंत्रण में है।"

"देखो, रेजांग ला में हमारी स्थिति कमजोर है। लड़कों के पास कोई बैकअप (समर्थन) नहीं है और उनके पास सीमित गोला-बारूद है।

"हाँ, श्रीमान! लेकिन हम दुश्मन का सामना करने को तैयार हैं।"

"आप निश्चित रूप से तैयार हो, कर्नल! मुझे पता है कि आपने पहले भी चार्ली कंपनी की कमान की है और आप अपने लड़कों को अच्छी तरह जानते हो, लेकिन मैं यह चाहता हूँ कि वे उस तरफ से दुश्मन की गति को धीमा कर दें और यदि रेजांग ला की रक्षा करना असंभव हो जाए तो उन्हें संगठित प्रकार से पीछे हटने की योजना बनानी चाहिए।"

ब्रिगेड कमांडर का संदेश कमान अधिकारी द्वारा व्यक्तिगत रूप से मेजर शैतान सिंह को कुछ क्षणों बाद टेलीफोन द्वारा दिया गया, "मेजर, सब कुछ कैसा है?"

"सब ठीक है, श्रीमान!"

"ब्रिगेड कमांडर ने कहा है कि यदि उन पर हमला होता है तो चार्ली कंपनी को जोरदार जवाब देना चाहिए, लेकिन यदि यह नहीं हो सकता है तो पीछे हट जाएँ। यह आपका निर्णय होगा, मेजर!"

समावेशी अधिकारी होने के कारण मेजर शैतान सिंह अपने जे.सी.ओ. के अनुभव और वरिष्ठता का आदर तथा उनकी प्रशंसा करते थे। उन्होंने कहा, "ठीक है, श्रीमान! लेकिन मुझे अपने प्लाटून कमांडरों से बात करने की जरूरत होगी।"

"निश्चित रूप से। वह आप करो।"

फोन नीचे रखने के बाद मेजर शैतान सिंह प्लाटून आठ की ओर गए और चार्ली कंपनी के वरिष्ठ जे.सी.ओ. नायब सूबेदार हरि राम को पुकारा।

हरि राम आए और कंपनी कमांडर को सैल्यूट किया।

"हरि राम साहब, ब्रिगेड कमांडर ने कहा है कि यदि लड़ाई सच में शुरू होती है और हम हारने लगते हैं, तब हमें पीछे हट जाना चाहिए।"

प्लाटून आठ के कमांडर हिचके और कहा, "साहब, क्या मैं अपने जवानों से बात कर सकता हूँ कि वे क्या चाहते हैं?"

उन दिनों संसार की किसी भी सेना में यह करना असामान्य था। आदेशों का पालन बिना प्रश्न पूछे किया जाता था और यही वह पक्ष था जिसमें चार्ली कंपनी भिन्न थी। कंपनी कमांडर मेजर शैतान सिंह अपने समय से दशकों आगे थे।

"हाँ, कृपया कर उनसे पूछो, साथ ही कंपनी के सबसे वरिष्ठ जे.सी.ओ. होने के नाते मैं चाहता हूँ कि आप अन्य प्लाटूनों से भी समन्वय करो।"

जैसे ही प्लाटूनों में यह बात फैली, जवानों के बीच चर्चा होने लगी। यह कुछ इस प्रकार थी–

एक जवान ने कहा, "यह सौ प्रतिशत अहीर इन्फेंट्री इकाई है।"

दूसरे ने इसमें जोड़ा, "1857 में, नारनौल की लड़ाई में, जो पहली आजादी की लड़ाई का हिस्सा थी, अहीर जवानों ने 70 अंग्रेज सैनिकों और उनके कमांडरों, कर्नल गेरार्ड और कैप्टन वालेस को मार गिराया था।"

तीसरे ने तर्क दिया, "हम नारनौल जैसी लड़ाई लड़ेंगे।"

कुछ देर चुप्पी रही, उसके बाद एक जवान ने कहा, "जैसा कमान अधिकारी साहब ने कहा है, दुश्मन को पता नहीं है कि यहाँ कौन बैठा है।"

अंत में, हर एक एक साथ चिल्लाया, "दादा किशन की जय।"

सेना के निर्णय के आधार पर 21 जुलाई, 1959 को 13 कुमाऊँ बटालियन 100 प्रतिशत अहीर बटालियन बन चुकी थी और बटालियन की युद्ध-पुस्तिका में इस तथ्य से संबंधित एक प्रविष्टि की गई थी। उसी दिन कुमाऊँ रेजिमेंट की अन्य बटालियनों को भी या तो 100 प्रतिशत अहीर या 100 प्रतिशत कुमाऊँनी बटालियन बना दिया गया था, जबकि कुछ को उनकी मिश्रित रचना को बनाए रखने दिया गया था।

जवानों का निर्णय उन्हें बताया गया कि वे एक इंच भी पीछे नहीं हटेंगे, इसके बाद नायब सूबेदार हरि राम ने उन्हें संबोधित किया, "मैं आपसे सहमत हूँ। हम अपनी आखिरी साँस तक लड़ेंगे, लेकिन अब मैं चाहता हूँ कि आप मुझे ध्यानपूर्वक सुनो..."

जवान पूरी तरह चुप रहकर प्रतीक्षा कर रहे थे।

उन्होंने आगे कहा, "इस निर्णय के बाद जब चीन हम पर हमला करता है, यदि कोई लड़ाई से मुँह मोड़ लेता है, इससे पहले कि दुश्मन उसे मारे, मैं खुद उसे मार डालूँगा।" वह रुके, ताकि यह बात सैनिकों में पैठ कर जाए और तब उन्होंने जोड़ा, "और यदि मैं अपनी पीठ दिखाऊँ तो मैं आपको मुझे मार डालने के लिए अधिकृत करता हूँ।"

अब सभी आँखें हरि राम पर जमी थीं और उनकी आँखें उन पर थीं। सहमति बन चुकी थी।

इसके बाद नायब सूबेदार हरि राम कंपनी कमांडर के पास गए। उन्होंने उन्हें सैल्यूट किया और कहा, "साहब, कंपनी ने निर्णय किया है कि हम एक इंच भी पीछे नहीं हटेंगे। मैं इसकी सिफारिश करता हूँ और आपको इसका अनुमोदन करने के लिए कहता हूँ।"

मेजर शैतान सिंह सच्चे सैनिकों के सैनिक थे, उन्होंने सिर हिलाया और उत्तर दिया, "हाँ, मुझे अपनी विजेता कंपनी से इसी चीज की आशा थी।"

इसके साथ जब नायब सूबेदार हरि राम दोबारा सैल्यूट कर चले गए, मेजर शैतान सिंह ने टेलीफोन की ओर हाथ बढ़ाया। कुछ ही मिनटों में वह कमान अधिकारी को अपना निर्णय बता रहे थे, "श्रीमान, चार्ली कंपनी आखिरी जवान और आखिरी गोली तक पोस्ट पर कब्जा रखेगी।"

कमान अधिकारी के मूल आदेश ठीक यही थे और वह पहले चार्ली कंपनी के कंपनी कमांडर रह चुके थे, इसलिए वह संतुष्ट हुए।

"बहुत बढ़िया!" उन्होंने बस इतना कहा और उसके बाद इस निर्णय को ब्रिगेड कमांडर को संचारित कर दिया गया।

नारनौल की लड़ाई ब्रिटिश राज और रेवाड़ी के अहीर शासक राव तुला राम के नेतृत्व में संयुक्त भारतीय फौजों के मध्य 16 नवंबर, 1857 को आधुनिक हरियाणा में स्थित नारनौल नगर के निकट नसीबपुर में हुई थी। प्रथम स्वतंत्रता संग्राम की सबसे भयंकर लड़ाइयों में से यह एक थी जिसमें 70 ब्रिटिश सैनिक मारे गए थे जिनमें उनके कमांडर कर्नल आई.जी. गेरार्ड और कैप्टन वालेस भी सम्मिलित थे। इसमें सैकड़ों भारतीय भी मारे गए थे। ब्रिटिश सैनिक 3,000 थे, जबकि भारतीय देशभक्त 5,000 थे। ले. कर्नल जॉर्ज ब्रूस मैलेसन, जो एक ब्रिटिश अधिकारी था, ने बाद में लिखा, "यह एक साहसी टकराव था... शत्रु कभी भी इससे बेहतर नहीं लड़ा था। न कोई भागा, न कोई लड़खड़ाया। कभी भी कोई इतना साहसी आक्रमण नहीं रहा है और निश्चित रूप से न ही ब्रिटिश घुड़सवारों का सामना कभी इतने वेग वाले विद्रोही घुड़सवारों से हुआ था।" अंत में, बेहतर तोपखाने के कारण ब्रिटिश सेनाओं ने लड़ाई जीत ली। लड़ाई की समाप्ति के साथ ही विजेताओं का प्रतिशोध आरंभ हुआ। रेवाड़ी और नारनौल से बड़ी संख्या में व्यक्तियों को बंदी बनाया गया और विद्रोहियों के साथ संवेदना दर्शाने के कारण उन्हें दंडित किया गया था और राव तुला राम, राव गोपाल देव और अन्य अहीर नेताओं की जागीरों को जब्त कर लिया गया था।

8

17 नवंबर, 1962; निगरानी चौकी, रेजांग ला दर्रा, लद्दाख

प्लाटून सात के आगे स्थित निगरानी चौकी (ओ.पी.) पर तैनात जवान बड़ी संख्या में चीनी सिपाहियों के वाहनों द्वारा आगमन की सूचना देते हैं। दर्जनों बख्तरबंद वाहनों को भी देखा जाता है, जो बड़ी तोपों को खींच रहे थे। रात को मेजर शैतान सिंह को बटालियन एडजुटेंट से एक टेलीफोन कॉल आती है, यह वह कॉल है जो कंपनी के बाहर उनकी अंतिम कॉल होगी। प्रातः दो बजे चीनी सैनिक प्लाटून आठ की लिसनिंग (श्रवण) चौकी द्वारा चिह्नित होते हैं। उनके इरादे स्पष्ट होने के बाद कि वे वास्तव में आक्रमण करने आ रहे हैं, नायक हुकुमचंद के नेतृत्व में भारतीय उनसे युद्ध करते हैं और पूरी कंपनी को सावधान करते हैं। जवान अपनी कार्यवाही चौकियों की ओर दौड़ते हैं और भारतीय क्षेत्र की रक्षा के लिए अपने मोर्चों में तैनात हो जाते हैं, जबकि चीनी गोलाबारी करते हैं और अपना पहला पैदल आक्रमण करते हैं।

सुबह के आठ बजे थे। प्लाटून सात की निगरानी चौकी का 'सोल्जर वन' (सैनिक संख्या एक), जो 'सोल्जर टू' (सैनिक संख्या दो) के साथ

उपयुक्त बिंदु पर आराम से बैठे थे, ने अपना बायाँ दस्ताना उतारा और दूरबीन के फोकस चक्र को सही किया जिसमें से वह देख रहे थे। उनकी दृष्टि ने कुछ पकड़ा था। उनके सामने फैली लद्दाख-तिब्बत सीमा के सफेद रेगिस्तान पर कुछ गतिविधि हो रही थी।

वह उन चार सतर्क सैनिकों में से एक थे, जिन्हें नायब सूबेदार सुरजा राम ने निगरानी कार्यों के लिए चुना और प्रशिक्षित किया था। सैनिक संख्या दो उनके निकट रेडियो सेट को पकड़े बैठे थे। उनके जूतों के पास एक छोटी पुस्तिका रखी थी। अपनी पुस्तिका में वे दोनों प्रतिदिन निगरानी चौकी से जो कुछ देखते, उसकी प्रविष्टि करते थे।

वे इस स्थान पर सुबह सात बजे 12 घंटे लंबी निगरानी के लिए आए थे, जो उनकी प्लाटून से लगभग एक मील आगे था। जिन दो सैनिकों का उन्होंने स्थान लिया था, वे अब शाम को सात बजे लौटेंगे और इस प्रकार बारी-बारी से वे लोग इस कार्य को करते रहेंगे।

सूरज चमक रहा था और हवा पतली थी, जैसी यह पिछले कुछ सप्ताहों से रही थी। यह एक नीरस कार्य था, लेकिन दोनों को ज्ञात था कि ध्यानपूर्वक निगरानी के माध्यम से एकत्र की जाने वाली सूचना को यदि प्लाटून आठ और नौ की निगरानी चौकियों के साथ मिलाया जाए तो यह युद्ध के परिणाम पर महत्वपूर्ण भूमिका अदा करेगी।

सैनिक संख्या एक फुसफुसाए, "मैं कुछ गतिविधि देख सकता हूँ।"

इसके साथ उन्होंने उस दिशा में दूरबीन की दृष्टि को बड़ा किया और बेहतर प्रकार से देखने के लिए इसके फोकस को सही किया।

सैनिक संख्या एक ने अपनी पीठ सीधी की और अपनी पुस्तिका उठा ली। उन्होंने पूछा, उनकी आवाज धीमी थी, "वह क्या है?"

"गाड़ियाँ... मैं रुडोक की तरफ से गाड़ियाँ आते देख सकता हूँ।"

"क्या आप उन्हें गिन सकते हो?"

"साफ नहीं देख सकता, क्योंकि गाड़ियों के ऊपरी भाग कैमोफ्लाज (छद्मावरण से छुपे हुए) लगते हैं, लेकिन वे निश्चित रूप से गाड़ियाँ हैं और वे एक लाइन (पंक्ति) में चल रही हैं। एक, दो, तीन..."

उन्होंने 32 वाहन तक गिने। दूसरा सैनिक इसे पुस्तिका में लिखता रहा। वाहन सीमा की चीनी तरफ रुक गए और सैनिक नीचे उतरने लगे। इतनी दूर से वे छोटे लग रहे थे और उनका बर्फ का कैमोफ्लाज अच्छा था।

परेशानी के कारण सैनिक संख्या एक ने दूरबीन के फोकस करने वाले चक्र से अपनी अँगुली हटा ली जिसे वह धीरे-धीरे घुमा रहे थे। दूरबीन चलाते हुए उन्हें यह प्रत्येक कुछ क्षण बाद करना होता था, नहीं तो ठंडी धातु के साथ उनकी अँगुलियाँ चिपक सकती थीं। उन्होंने अपने दस्ताने वापस पहन लिए और दूरबीन को सैनिक संख्या दो को दे दिया।

अब सैनिक संख्या दो ने अपने बाएँ हाथ का दस्ताना उतारा और दूरबीन पर लगे फोकस करने के चक्र को अपने अनुसार सही करने लगे। एक मिनट देखने के बाद वह बोले, “ठीक, बहुत-सी गाड़ियाँ और बहुत-से फौजी। वे थ्री-टनर (तीन टन के वाहन) लग रहे हैं। क्या आपने गिना कि गाड़ियों में से कितने उतरे?”

सैनिक संख्या एक ने उत्तर दिया, “ठीक कहना तो मुश्किल है, लेकिन मैं एक गाड़ी में लगभग 50 मानूँगा।”

“मैं अब और गतिविधि देख सकता हूँ... और ट्रक, एक मिनट रुको, वे तोपें टो कर (खींच) रहे हैं। बड़ी वाली।”

दोनों सैनिक एक-दो मिनटों तक शांत रहे। जो सैनिक दूरबीन में से देख रहा था, अंततः उसने अपनी आँखें हटाईं और अपने साथी की ओर देखा। दोनों को पता था कि इसका क्या अर्थ था।

उन्होंने इस विवरण को रेडियो कर दिया। कुल मिलाकर सैनिकों से भरे 32 वाहन, 11 बड़ी तोपें, नौ आर.सी.एल. और 22 छोटी तोपें जो मध्यम मशीनगनें लग रही थीं। उन्हें और निगरानी रखने का आदेश दिया गया।

कुछ ही क्षणों में नायब सूबेदार सुरजा राम कंपनी कमांडर मेजर शैतान सिंह के साथ रेडियो पर थे। शैतान सिंह को उसी प्रकार की सूचना प्लाटून आठ व नौ की निगरानी चौकियों से भी मिली थी। उन्होंने कमान अधिकारी को तुरंत टेलीफोन किया। कमान श्रृंखला में सभी को ज्ञात था कि इसका क्या अर्थ था। समय आ गया था।

मेजर शैतान सिंह ने तब तीनों प्लाटून कमांडरों से रेडियो पर बात की। सभी ने उन्हें आश्वस्त किया कि वे शत्रु का सामना करने को तैयार थे।

तीनों निगरानी चौकियों ने दिन के दौरान और वाहनों को आते देखा। रात होने पर श्रवण चौकियों को प्लाटून कमांडरों ने अधिक सावधान रहने को कहा। कंपनी के पास दो स्तर का चेतावनी तंत्र था। यदि शत्रु निगरानी चौकियों की दृष्टि से बचकर घुस आते हैं तो लिसनिंग चौकियाँ निश्चित रूप से उन्हें सुन लेंगी। प्लाटून कमांडरों ने अपनी लिसनिंग चौकियों को भी प्रशिक्षित किया था।

लिसनिंग चौकियों ने शत्रु के संभावित मार्गों के आर-पार तारें बिछाई थीं। इन तारों में हर कुछ फुट पर जैम के खाली डिब्बे बुने गए थे। हालाँकि यह साधारण उपकरण था, लेकिन यह शत्रु का जल्दी पता लगाने का एक प्रभावी और लगभग विफल न होने वाला तरीका था।

* * * * *

उस दिन उससे पहले अर्थात् 17 नवंबर, 1962 को मेजर शैतान सिंह को जोधपुर के अपने घर से एक पत्र मिला था। उन्होंने उस पत्र को बार-बार पढ़ा और मुस्कराए बिना न रह पाए। उनका मन बहल गया था, क्योंकि पत्र में उनके बलिदान की अफवाहों की बात लिखी थी।

सात बजे शाम को बटालियन मुख्यालय से एक टेलीफोन आया। रेडियो ऑपरेटर ने रिसीवर (आला) बढ़ाया और अपने कंपनी कमांडर को कहा, "साहब, एडजुटेंट साहब दूसरी ओर हैं।"

मेजर शैतान सिंह ने रिसीवर लिया और कहा, "हैलो, कैप्टन सकलानी, आप कैसे हो?"

"श्रीमान, गुड इवनिंग। मैं अच्छा हूँ। आपकी तरफ चीजें कैसी चल रही हैं?"

"अभी तक पूरी तरह शांति है, लेकिन हम सावधान और पूरी तरह तैयार हैं। निगरानी चौकियों की रिपोर्टों को आपको पहले ही दिया जा चुका है।"

"जी, श्रीमान!"

इसके साथ मेजर शैतान सिंह हँसे।

"श्रीमान?" एडजुटेंट भ्रांत महसूस हुए।

"कैप्टन, मैं हँस रहा हूँ, क्योंकि जोधपुर में लोग सोच रहे हैं कि मैं पहले ही शहीद हो चुका हूँ।"

"क्षमा करें, श्रीमान, लेकिन मैं ठीक समझा नहीं।"

"आज मुझे घर से चिट्ठी मिली है, कैप्टन! इसमें यही लिखा है।" वह और हँसे।

"मुझे नहीं पता कि यह अफवाहें कौन पैदा करता है, श्रीमान!"

"चिंता न करो, ऐसा होता है।"

हालाँकि वह हँस रहे थे, कैप्टन डी.डी. सकलानी उनकी आवाज में चिंता की झलक महसूस कर पा रहे थे। यह बातचीत उन तक सीमित रही।

उस रात दस बजे कैप्टन डी.डी. सकलानी ने उन्हें एक बार फिर टेलीफोन किया। वह मेजर शैतान सिंह से पूछना चाहते थे कि क्या वह जोधपुर घर में संदेश देना चाहते हैं कि वह कुशल थे। सिपाही मोहिंदर सिंह रेडियो ऑपरेटर थे, जिन्होंने टेलीफोन उठाया और कहा, "साहब आराम करने अपने बंकर में गए हैं। क्या मैं उन्हें बुलाऊँ?"

कैप्टन डी.डी. सकलानी ने एक क्षण के लिए सोचा और तब उत्तर दिया, "ठीक है, मैं उनसे कल बात करूँगा।"

चीनी आक्रमण की पहली लहर, प्रातः 2:00 बजे, 18 नवंबर, 1962

18 नवंबर, 1962 की रात चंद्रमा अपने अंतिम चतुर्थांश (अर्धचंद्र) में था और रात्रिकालीन दृश्यता अच्छी थी। सुबह दो बजे प्लाटून आठ की लिसनिंग चौकी में वरिष्ठ लांस नायक ब्रज लाल और उनके साथी सैनिक ने एक आवाज सुनी। वे कुछ देर तक साँस रोककर प्रतीक्षा करते रहे और तब उन्होंने दर्जनों चीनी सैनिकों को नालों में से तेजी से आते देखा, जो धीरे-धीरे उनके मोर्चे की ओर बढ़ रहे थे। भारतीय लिसनिंग चौकियों के सैनिक अच्छी तरह छुपे हुए थे तथा कुछ और मिनटों में ही उन्हें यह स्पष्ट हो गया था कि यह नियमित चीनी गश्त नहीं था।

बहुत ध्यान से लिसनिंग चौकी के जवान बिना आवाज किए प्लाटून की ओर वापस चले गए, क्योंकि सेक्शन एक उनके मार्ग में था, उन्होंने इसके सेक्शन कमांडर नायक हुकुमचंद को पहले सूचना दी। हुकुमचंद प्लाटून मुख्यालय की ओर भागे और नायब सूबेदार हरि राम को सूचना दी।

"साहब, दुश्मन 30 की नफरी (संख्या) में आ रहा है।"

नायब सूबेदार हरि राम, जो चार्ली कंपनी के वरिष्ठ जे.सी.ओ. थे, ने उन्हें एक वेरी पिस्तौल दी और उन्हें तुरंत आदेश दिया, "ये, इसे लो और अपनी हलकी मशीनगन टुकड़ी को लिसनिंग चौकी के मोर्चे पर ले जाओ। दुश्मन के इरादों को देखो और (उचित) कार्यवाही करो।"

"रोजर, साहब!"

नायक हुकुमचंद अपने सेक्शन की ओर तेजी से लौटे। वहाँ से उन्होंने अपनी हलकी मशीनगन टुकड़ी ली जिसमें लांस नायक राम सिंह थे और चुपचाप लिसनिंग चौकी मोर्चे की ओर रास्ता बनाया। अब तक शत्रु और आगे आ चुका था और वह केवल कुछ सौ गज दूर था। लिसनिंग चौकी के जवानों के साथ, जिन्होंने अपनी राइफलें तैयार कर ली थीं, वे प्रतीक्षा करने लगे।

इस मध्य, प्लाटून आठ के मुख्यालय में, नायब सूबेदार हरि राम ने कंपनी कमांडर शैतान सिंह को टेलीफोन किया, "साहब, लगभग 30 दुश्मन फौजी हमारी प्लाटून की ओर आ रहे हैं।"

"ओके, मुझे और विवरण चाहिए।"

"साहब, मैंने लिसनिंग चौकी के जवानों को सेक्शन आठ के कमांडर और उनकी हलकी मशीनगन टुकड़ी के साथ स्थिति का मूल्यांकन करने आगे भेज दिया है।"

"ओके, हमें सावधान रहना होगा।"

"हाँ, साहब, सच यह है कि दुश्मन बिलकुल हमारे क्षेत्र में है, लेकिन मैंने जवानों को आदेश दिया है कि वे पहले उनके इरादे समझें और तब सही कार्यवाही करें।"

"बढ़िया। मुझे सूचना देते रहें।"

प्लाटून आठ के आगे अब मृत्यु के समान सन्नाटा था। चीनी आगे की ओर मार्ग बना रहे थे, जितना संभव हो सके और बिना शोर किए।

जब नायक हुकुमचंद शत्रु के मंसूबे को सौ प्रतिशत स्पष्टता से पहचान लेते तो उन्हें दो काम करने थे। पहला, उनसे युद्ध करना और दूसरा, पूरी कंपनी को चेतावनी देना, ताकि सभी जवान अपने युद्ध-मोर्चों पर जा सकें और लड़ने के लिए तैयार हो सकें।

कुछ ही मिनटों में शत्रु के इरादे स्पष्ट हो गए थे। सभी चीनी सैनिकों के पास 7.62 मिमी. स्वचालित राइफलें थीं और वे सीधा कंपनी के मोर्चे की ओर आ रहे थे।

जब शत्रु लगभग 50 गज दूर था, नायक हुकुमचंद ने आदेश दिया, "फायर (गोली चलाओ)।"

उन्होंने चीनी सैनिकों के समूह पर दो .303 राइफलों और एक हलकी मशीनगन से गोली चलाना आरंभ कर दिया। उसके साथ ही नायक हुकुमचंद ने रेड फ्लेयर (लाल रोशनी) को दागा जिसने वातावरण को अजीब ढंग से प्रकाशमान कर दिया। इस गरमागरम स्वागत के लिए चीनी तैयार नहीं थे। हलकी मशीनगन एक प्राणघाती शस्त्र है और इसमें गोलियों को एक पट्टी से भरा जाता है। कुछ ही क्षणों में शत्रु सैनिकों का समूह मार गिराया गया। गोलीबारी दस मिनट तक चलती रही और तब नायक हुकुमचंद ने आदेश दिया, "स्टॉप फायरिंग (गोलीबारी रोको)।"

अनेक चीनी मारे गए थे, जबकि अन्य भाग निकले।

इसके बाद नायक हुकुमचंद, नायक राम सिंह और दोनों लिसनिंग चौकी के जवान अपनी प्लाटून की ओर तेजी से चले गए।

इस बीच कंपनी किसी अच्छी तरह तेल पिलाई गई मशीन के समान कार्यवाही करने लगी। सैनिकों के नियमित प्रशिक्षण और स्वस्थता का लाभ अब उठाया जा सकता था। मेजर शैतान सिंह ने कमान अधिकारी को सूचित करने के लिए टेलीफोन उठाया, लेकिन यह काम नहीं कर रहा था।

यह चकित करने वाला था, क्योंकि उन्होंने एडजुटेंट कैप्टन डी.डी. सकलानी से पिछली शाम सात बजे बात की थी। उन्होंने सिपाही मोहिंदर सिंह को बटालियन मुख्यालय को रेडियो पर संपर्क करने का आदेश दिया, लेकिन कोई उत्तर नहीं मिला।

अब तक सभी सेक्शन चौकियाँ और मोर्टार सेक्शन पूरी तरह तैनात थीं और हलकी बर्फ गिरने लगी थी जिसके कारण दृश्यता घटकर लगभग एक किमी. या 1,100 गज रह गई थी। अच्छी तरह जुड़ी हुई, अच्छी तरह प्रशिक्षित और रणनीतिक रूप से तैनात इकाई अब पूरी तरह सावधान थी। उनकी व्यक्तिगत भावनाएँ और विचार उनके जोश के नीचे दब गए थे। दस्ताने पहने अँगुलियों को अपने हथियारों के ट्रिगर गार्ड (घोड़ा घेरा) पर रखे वे प्रतीक्षा कर रहे थे।

चीनी घुसपैठ प्लाटून आठ की दिशा से हुई थी। क्या शत्रु कंपनी मोर्चे की दूसरी दिशा से भी आ रहा था? मेजर शैतान सिंह ने कंपनी की सुरक्षा-सीमा की अखंडता को दोबारा जाँचने का निश्चय किया। उन्होंने तुरंत प्लाटून नौ के जवानों को मिलाकर एक गश्ती दल बनाया और उन्हें जमीनी सच्चाई को जानने भेजा। इस समय प्रातःकालीन तीन बज चुके थे। गश्ती दल आधा घंटे बाद लौट आया और समाचार लाया कि और चीनी सैनिक प्लाटून सात व आठ की ओर एक साथ आ रहे हैं।

"आपके विचार में वे कितने होंगे?" उन्होंने गश्ती दल के कमांडर से पूछा।

"बड़ी संख्या में, साहब! हम जितना दूर देख सके, हमें केवल चीनी सैनिक ही दिखाई दिए। मुझे लगता है कि प्रत्येक ओर लगभग 400 होंगे।"

मेजर शैतान सिंह को समझ आ गया कि यह एक बड़ा आक्रमण था, लेकिन वे तैयार थे और वह जानते थे कि यह सब उनके जवानों पर निर्भर था।

अब तापमान शून्य से 24 डिग्री सेल्सियस नीचे था। दूरबीन के फोकस चक्र के समान और जैसा पहले बताया गया है, क्योंकि ट्रिगर (घोड़ा) और ट्रिगर गार्ड (घोड़े का घेरा) धातु से बने होते हैं, वे इतने ठंडे थे कि नंगी अँगुली उन पर चिपक जाती और इससे शीत-दाह हो जाता। दुर्भाग्य से

सैनिकों के लिए ट्रिगर गार्ड के भीतर इतना स्थान नहीं था कि दस्ताना पहने अँगुली उसके भीतर जा सके और ट्रिगर दबा सके। इसका अर्थ था कि जब समय आएगा, उन्हें अपने दस्ताने उतारने होंगे और अपनी नंगी अँगुलियों का प्रयोग हथियारों से गोली चलाने के लिए करना होगा, बिना अपनी अँगुलियों की चिंता किए।

सभी तीनों प्लाटूनों की निगरानी चौकियाँ श्रवण चौकियों से कुछ सौ गज आगे थीं और उन्होंने हलकी मशीनगन का बर्स्ट (गोली चलाने का धमाका) सुना था और रेड फ्लेअर को भी देखा था। इसलिए इन चौकियों पर तैनात जवान अपनी-अपनी प्लाटूनों की ओर भागे। अब कंपनी, जिसमें एक अधिकारी और 120 जवान थे, पूरी तरह अपने पर थी।

मेजर शैतान सिंह ने सिपाही मोहिंदर सिंह को कहा, "आपको हर कुछ मिनट बाद बटालियन मुख्यालय को टेलीफोन करते रहना है।"

सिपाही मोहिंदर सिंह ने उत्तर दिया, "रोजर, साहब!"

युद्ध में अग्निशक्ति से अधिक दो क्षेत्र होते हैं, जो किसी इकाई को सफल बना सकते हैं या उसे शक्तिशाली स्थिति में भी उसकी सफलता के अवसरों को गँवा सकते हैं। इनमें से पहला है सूचना या खुफिया तंत्र और दूसरा है संचार। इसलिए मेजर शैतान सिंह को ज्ञात था कि युद्ध से पहले और इसके दौरान अपना अस्तित्व बनाए रखने के लिए महत्वपूर्ण थी कंपनी की संचार करने की क्षमता।

सिपाही राम चंदर का सेट सही प्रकार से कार्य कर रहा था। वह रेडियो पर तीनों प्लाटून कमांडरों के लगातार संपर्क में थे और जब भी उन्हें सूचना मिलती, वह उसे कंपनी कमांडर को संचारित करते।

चीनियों ने चार्ली कंपनी पर प्रातः तीन बजकर पैंतीस मिनट पर गोलाबारी आरंभ की। शत्रु की बमबारी का लक्ष्य प्लाटूनों सात और आठ की मोर्चाबंदी और कंपनी मुख्यालय के पीछे स्थित तीन इंची मोर्टार सेक्शन थी। भारतीय जवानों के पास इस आक्रमण से स्वयं की रक्षा करने का केवल एक ही विकल्प था कि वे अपने बंकरों और खाइयों में नीचे छुपे रहें। बमबारी भारी थी और यह बिना रुके 20 मिनट तक चलती रही।

जैसे ही बमबारी रुकी, मेजर शैतान सिंह ने सिपाही राम चंदर को आदेश दिया, "प्लाटून सात और आठ से किसी नुकसान की खबर लो।"

"रोजर, साहब!"

कुछ ही सेकंडों में सिपाही राम चंदर तीनों प्लाटून कमांडरों से प्राप्त सूचना को संचारित कर रहे थे, "मुश्किल से कोई नुकसान हुआ है, साहब! केवल कुछ जवान घायल हो गए हैं।"

कंपनी कमांडर को राहत मिली, लेकिन यह कुछ समय की बात थी। जैसे ही सिपाही राम चंदर ने नायक राम कुमार से संपर्क किया, जो तीन इंची मोर्टार मोर्चे के कमांडर थे, जहाँ दो तीन इंची मोर्टारों को साथ-साथ लगाया गया था, वहाँ अशुभ समाचार प्रतीक्षा कर रहा था।

राम चंदर ने सिर ऊँचा किया और मेजर शैतान सिंह की दिशा में संदेश संचारित करते हुए देखा, "साहब, हमारी एक तीन इंची मोर्टार को सीधा गोला लगा है। गन को नुकसान पहुँचा है और इस पर तैनात तीन जवान शहीद हो गए हैं।"

> बमबारी की प्रबलता और चीनियों द्वारा प्रयुक्त हथियारों की विविधता इस बात का प्रमाण थे कि वे मोर्चे पर किसी भी कीमत पर अधिकार करना चाहते थे। बंकरों को नष्ट करने के लिए उन्होंने टैंक-रोधी तोपों को गाड़ियों पर ढोकर भारतीय मोर्चों के पार्श्व भागों में लगाया था और उनसे अत्यधिक बमबारी की थी। कंपनी मुख्यालय के चारों ओर ठोस चट्टान में चार फुट गहरे गड्ढे पाया जाना स्पष्ट संकेत था कि उन्होंने बड़े रॉकेटों का प्रयोग भी निश्चित संख्या में किया था। एक अधिकारी ने यह चार मील दूर से देखा। उन्होंने बाद में बताया, "मैंने रेजांग ला पर मिसाइलें गिरते देखीं, जिनकी पूँछों से लाल लपटें निकल रही थीं।" चार मील दक्षिण में स्थित एक मोर्चे से एक सैनिक ने सूचना दी, "धमाका इतना जबरदस्त था कि हमारे लंगर की दीवारें टूटकर गिर गईं।"
>
> स्रोत : 13 कुमाऊँ बटालियन का आधिकारिक वर्णन

9

18 नवंबर, 1962; रेजांग ला दर्रा, प्रातः चार बजे

चीनी सेना पूरी तरह आमने-सामने का युद्ध आरंभ करती है। जब भारतीय उनकी मानव लहरों को पराजित कर देते हैं तो चीनी आक्रमण की सघनता बढ़ती जाती है। भारतीय विपरीत अवस्था में भी लोचनीय बने रहते हैं और तीसरी, चौथी तथा पाँचवीं लहर के आक्रमण में अपनी सीमित युद्ध-सामग्री को मस्तिष्क में रखते हुए शत्रु से तभी भिड़ते हैं, जब वे उनकी राइफलों और हलकी मशीनगनों की मार में आ जाते हैं। इस बीच नायक राम चंदर की कमान के अधीन तीन इंची मोर्टार प्लाटून सात और आठ के प्लाटून कमांडरों के निर्देशों के अनुसार अचूक बमबारी का समन्वय करती है। शैतान सिंह लड़ाई की प्रगति पर बारीक निगाह बनाए रखते हैं और कमान अधिकारी को सूचित करने का प्रयास करते हैं, ताकि वह तोपखाने की मदद और पुनर्बलन के लिए प्रार्थना कर सकें, लेकिन रेडियो पर कोई प्रतिक्रिया नहीं है और ऐसा प्रतीत होता है कि टेलीफोन तार चीनी बमबारी में क्षतिग्रस्त हो गई है।

एक तीन इंची मोर्टार और उस पर तैनात जवानों को खोना मेजर शैतान सिंह के लिए अनेक कारणों से एक झटका था। पहला, उन्होंने तीन मूल्यवान जीवन खो दिए थे। दूसरा, तीन इंची मोर्टार मोर्चे पर शत्रु की अचूक बमबारी का अर्थ था कि उसे इसकी भौगोलिक स्थिति के बारे में ज्ञान था और वे कंपनी की दूसरी तीन इंची मोर्टार तोप को भी उड़ा सकते थे। यदि दोनों तीन इंची मोर्टार चली जाएँ, जो कंपनी के सबसे बड़े हथियार थे, तो कंपनी के पास केवल नौ हलकी मशीनगनें और जवानों के पास व्यक्तिगत ली एनफील्ड 0.303 राइफलें बचेंगी, जिनके अतिरिक्त कुछ हथगोले और प्लाटूनों के पास उनकी अपनी दो इंची मोर्टार होंगी।

मेजर शैतान सिंह के पास शायद यह सोचने का समय नहीं था कि मोर्टार तोपों की स्थिति की सूचना शत्रु तक किस प्रकार पहुँची होगी, लेकिन युद्ध के बाद रक्षा-विश्लेषकों के लिए दो और दो को जोड़ना कठिन नहीं होगा। लद्दाख में भारतीय सेना की जल्दबाजी में तैनाती का अर्थ था कि बड़ी संख्या में स्थानीय याक और खच्चर पालकों की सेवाएँ ली गई होंगी, हालाँकि उनमें से बहुत-से भारतीय सेना के लिए खुफिया स्रोत थे, लेकिन उन्हें शत्रु के इरादों के प्रति संवेदनशील बनाना सेना की प्राथमिकताओं की सूची में नीचे रहा होगा।

उनकी शक्ति में वृद्धि इतनी तेज गति से हुई थी कि 18 नवंबर, 1962 को ब्रिगेड अभी भी आवश्यक वस्त्रों, हथियारों, गोला-बारूद, टैंक और भोजन को व्यवस्थित करने में व्यस्त थी। इसलिए सेना और खुफिया विभाग के पास ऐसी कोई सोच नहीं थी कि युद्ध से महीनों पहले चीनियों ने लद्दाख क्षेत्र में घुसपैठ की होगी और स्थानीय लोगों के साथ दोस्ती की होगी। कोई सड़क न होने के कारण जब भारतीय सेना ने हथियार और किट बैगों को परिवहन करने के लिए उन्हें किराए पर लिया होगा, तो इस प्रकार से मेल-जोल बढ़ाए गए। स्थानीय लोगों को बस इतना करना था कि वे जमीनी स्थिति को देखें और उसे चीनी प्रबंधनकर्ताओं को वापस सूचित कर दें। धन के लिए यदि कुछ दर्जन लोग भी ऐसा करने को सहमत हो

जाएँ तो यह चीन के लिए पर्याप्त होता। विश्लेषकों के अनुसार, अनेक स्थानीय लोग दोनों पक्षों के लिए काम किया करते थे।

वर्तमान के लिए हम रेजांग ला में कंपनी मुख्यालय की ओर लौटते हैं। मेजर शैतान सिंह को ज्ञात था कि स्थिति को बचाने का एक ही मार्ग था, वह था आक्रमण करना। इस बीच नायक राम कुमार ने बुलाया और कहा, “साहब, मैंने तीन जवानों का एक वैकल्पिक दस्ता तोप (मोर्टार) संख्या एक के लिए बनाया है और हालाँकि यह क्षतिग्रस्त है, हम इसकी साइट (दूरबीन) के बिना इसका प्रयोग अभी भी कर सकते हैं।”

चीनी आक्रमण की दूसरी लहर, प्रातः 4:00 बजे, 18 नवंबर, 1962

नायब सूबेदार सुरजा राम ने रेडियो पर कहा, “साहब, लगभग 40 दुश्मन सिपाहियों का दस्ता हमारी बाईं ओर की रि-एंट्रेंट (पुनर्प्रवेश) से आ रहा है, जहाँ मैंने सेक्शन तीन के लिए वैकल्पिक स्थिति की योजना बनाई थी।”

“आपकी क्या योजना है, सुरजा साहब?”

“साहब, मैंने पहले ही सेक्शन तीन को इस मोर्चे पर दोबारा तैनात कर दिया है और उन्हें आदेश दिया है कि दुश्मन को वहाँ से किसी भी कीमत पर गुजरने नहीं देना है।”

यह एक छोटा आक्रमण था, लेकिन मेजर शैतान सिंह को ज्ञात था कि एक बड़ा आक्रमण जल्दी ही होगा। जो गश्ती दल उन्होंने भेजा था, उसकी सूचना भी उनके दिमाग में थी।

जैसा प्लाटून कमांडर द्वारा आदेश दिया गया था, नायक सही राम अपने सेक्शन के जवानों के साथ बिना देखे उस वैकल्पिक मोर्चे पर पहुँचे और जैसे ही शत्रु 100 गज के भीतर आया, उन्होंने आदेश दिया, “फायर।” उनके सेक्शन के सभी जवानों ने शत्रु पर हलकी मशीनगनों और राइफलों से आक्रमण किया और उनके निकट आने का प्रयत्न करने पर उन पर हथगोले फेंके।

अधिकांश चीनी सैनिकों के मरने पर दूसरी लहर भी विफल हो गई थी, क्योंकि गोलियाँ उस दिशा से आ रही थीं जिसकी उन्होंने आशा नहीं की थी। खुले में चीनी सैनिकों पर नायक सही राम के सेक्शन के छुपे हुए मोर्चे से गोलियों की बौछार ने उनके प्लाटून आकार के आक्रमण को पूरी तरह समाप्त कर दिया।

शत्रु की तोपों को चुप कराने के तुरंत बाद नायब सूबेदार सुरजा राम रेडियो पर थे, "साहब, हम दुश्मन को रोकने में कामयाब हो गए। अब पूरी शांति है।"

"बहुत अच्छा, प्लाटून सात। लेकिन वे दृष्टि से छुपे हुए हैं और दोबारा संगठित हो रहे हैं। अगला हमला बहुत बड़ा होगा, सुरजा साहब! तैयार रहो।"

"रोजर, साहब!"

चीनी आक्रमण की तीसरी लहर (दो तरफ से) प्रातः 4:55, 18 नवंबर, 1962

कुछ ही क्षणों में नायब सूबेदार सुरजा राम वापस रेडियो पर थे, "साहब, मैं एक बड़ा हमला बनते देख रहा हूँ। दुश्मन नफरी में लगभग 400 हैं। मुझे तुरंत ही तीन इंची मोर्टार की मदद चाहिए।"

इससे पहले कि मेजर शैतान सिंह आक्रमण का आदेश दे पाते, नायब सूबेदार हरि राम रेडियो पर आए और सूचना दी कि उनकी दाईं ओर से वह भी बड़ी संख्या में चीनियों को आते देख सकते थे।

तीसरी लहर एक बड़ा चीनी आक्रमण था और इसे खदेड़ना सर्वथा आवश्यक था।

मेजर शैतान सिंह, नायब सूबेदार सुरजा राम और नायब सूबेदार हरि राम ने एक साथ संभावित शत्रु-मार्गों को चिह्नित किया था, इसलिए कंपनी कमांडर तुरंत समझ गए कि क्या किए जाने की आवश्यकता थी।

उन्होंने सिपाही राम चंदर को निर्देश दिया, "राम कुमार को शत्रु पर हमला करने को बोलो। हवलदार जय नारायण अधिकतम नुकसान

के लिए दोनों सुरजा और हरि राम के साथ डी.एफ. टास्क (सीधे हमले की कार्यवाही) करेंगे। प्लाटून कमांडर दुश्मन पर छोटे हथियारों से तभी हमला करेंगे, जब दुश्मन हमारी मार के अच्छी तरह भीतर होगा। हम कोई गोला-बारूद बेकार नहीं करेंगे, क्योंकि हमारी मात्रा सीमित है।"

सिपाही राम चंदर ने उत्तर दिया, "रोजर, साहब!" और उन्होंने यह संदेश रेडियो पर प्रसारित कर दिया।

अब प्रातः के चार बजकर पचपन मिनट हुए थे। यह वही क्षण था जिसके लिए नायक राम कुमार प्रतीक्षा कर रहे थे। हवलदार जय नारायण दोनों प्लाटून कमांडरों के साथ रेडियो संचार पर थे। राम कुमार ने अपने जवानों को दोनों तीन इंची मोर्टार को दागने का आदेश उस समय दिया, जब शत्रु उनकी मार में आ गया।

इसका प्रभाव चीनी आक्रमण पर तुरंत हुआ। बढ़ने वाले शत्रु सैनिक जो अब प्लाटूनों से 300-400 गज पर थे और तेजी से निकट आ रहे थे, वहीं रुक गए, जहाँ वे थे। उनमें से अनेक मारे गए थे, लेकिन बचे हुए अभी भी सैकड़ों में थे और उन्होंने प्लाटून सात और आठ पर दोनों तरफ से आक्रमण किया।

असाधारण धीरता का प्रदर्शन करते हुए प्लाटूनें प्रतीक्षा कर रही थीं और जब चीनी 100 गज से कम दूरी पर थे, दोनों प्लाटून कमांडरों ने आदेश दिया, "फायर।"

प्लाटून सात और आठ के अपने-अपने तीनों सेक्शनों ने चीनी सैनिकों के झुंड पर गोली चलाना आरंभ किया, जो प्लाटून मुख्यालय के मोर्चे और दो इंची मोर्टार के अतिरिक्त था। उन्होंने हथगोले भी फेंके। अपने नए मोर्चे से नायक सही राम और उनके साथी जवान भी इसमें सम्मिलित हो गए।

दोनों ओर के सैनिकों के लगभग 400 हथियारों से एक साथ होने वाली गोलीबारी ने रात को कँपा दिया था। जबकि भारतीय राइफलें एक मिनट में 25-30 गोलियाँ ही चला सकती थीं, क्योंकि हर बार गोली चलाने के बाद उन्हें कॉक (गोली भरना) करना पड़ता था, हलकी मशीनगनों से गोली

चलाने की दर 500 गोली प्रति मिनट थी। चीनी सैनिक अपनी स्वचालित राइफलों से गोली चला रहे थे, जब वे प्लाटूनों के सेक्शन मोर्चों पर आक्रमण कर रहे थे, लेकिन यह निष्प्रभावी था, क्योंकि न केवल भारतीय अच्छी तरह सुरक्षित थे, बल्कि उन्होंने अपनी तोपों (मोर्टारों) के मोर्चों को इस प्रकार तैनात किया था कि उनकी मार एक-दूसरे को पार करती थी। शत्रु के सामने के आक्रमण को रौंद दिया गया। उनमें से अधिकांश मारे गए और बचे हुए जो वापस भाग निकले, उनका पीछा भारतीय गोलियों ने 100 गज तक किया और तब सेक्शन कमांडरों ने आदेश दिया, "स्टॉप फायरिंग (गोलीबारी रोको)।"

चीनी सैनिकों की तीसरी लहर कुछ मिनटों में ही पराजित हो गई थी।

अब समय था पाँच बजकर पंद्रह मिनट। प्लाटूनें प्रफुल्लित थीं, क्योंकि यह एक बड़ी लहर थी जो उनकी खाइयों के कुछ गज दूर तक पहुँच गई थी। चीनी सैनिकों ने अपनी तोपों की ओवरहेड (शीर्षोत्तर) गोलीबारी का लाभ लिया था, जिसने भारतीयों को अपनी खाइयों में रहने पर मजबूर कर दिया था। भारतीयों के लिए इस लहर को मार भगाने के दो अर्थ थे। पहला, अब शत्रु को मनोवैज्ञानिक धक्का लगेगा और दूसरा, अब वे एक और बड़ा आक्रमण करेंगे।

नायब सूबेदार सुरजा राम की आवाज विजेता के समान थी, जब वह सिपाही राम चंदर के रेडियो सेट संख्या 88 पर तैरने लगी, "साहब, हमने दुश्मन को सफलतापूर्वक खदेड़ दिया है।"

कुछ ही क्षणों के बाद वही रेडियो नायब सूबेदार हरि राम की आवाज के साथ दोबारा बजा, "साहब, हमने हमला नाकाम कर दिया है। दुश्मन या तो मारा गया है या भाग रहा है।"

अब तक मेजर शैतान सिंह चल रहे थे। उन्होंने प्लाटून आठ के मुख्यालय पहुँचने का निर्णय किया था, जो कंपनी मुख्यालय से लगभग एक किमी. था। प्लाटून सात और आठ ने शत्रु के सामने के आक्रमण का सामना किया था, इसलिए मेजर शैतान सिंह अपने रेडियो ऑपरेटर सिपाही

राम चंदर और सिपाही मोहिंदर सिंह और अपनी हलकी मशीनगन टुकड़ी के सिपाही निहाल सिंह के साथ चल रहे थे।

उन्होंने कंपनी मुख्यालय से कठिनता से लगभग 250 गज ही पार किए थे कि शत्रु की बमबारी दोबारा आरंभ हो गई। इस बार यह दस मिनट चली। दुःखद रूप से सिपाही मोहिंदर सिंह के पैर का निचला भाग बमबारी में उड़ गया।

क्योंकि अब प्लाटून आठ की ओर चलते रहना बहुत जोखिम भरा हो गया था। उन्होंने सिपाही मोहिंदर सिंह को वापस कंपनी मुख्यालय ले जाने का निर्णय किया जिनका बहुत रक्तस्राव हो रहा था। वहाँ उन्होंने उन्हें लिटा दिया और रक्तस्राव रोकने के लिए वह सब कुछ किया, जो वे कर सकते थे। सिपाही मोहिंदर सिंह को बहुत दर्द हो रहा था, लेकिन उन्होंने अपना आत्मसंयम बनाए रखा मानो उन्हें एक क्षणिक विचार दे रहे थे कि वे उनका जीवन बचाने में सफल हो सकते थे, लेकिन इस बीच उन्हें पर्याप्त रक्त की हानि हो चुकी थी और वह कुछ मिनट बाद ही वीरगति को प्राप्त हो गए।

इस बार उनके चारों ओर गिरने वाले बमों की आवाज के बीच मेजर शैतान सिंह ने सिपाही राम चंदर को आदेश दिया, "बटालियन मुख्यालय को संपर्क करने की दोबारा कोशिश करो और यदि वे मिल जाएँ तो उन्हें कहना कि हमने अभी तक तीन आक्रमण हरा दिए हैं, लेकिन हमें तुरंत तोपखाने की मदद चाहिए।"

सिपाही राम चंदर ने उत्तर दिया, "जी, साहब!"

उन्होंने टेलीफोन करने का प्रयत्न किया, लेकिन कोई अनुक्रिया नहीं हुई। कुछ मिनटों बाद प्रातः लगभग पाँच बजकर पच्चीस मिनट पर मेजर शैतान सिंह ने उनका रेडियो संपर्क तीनों प्लाटून कमांडरों से करने के लिए कहा।

"मैं तुम्हारा कमांडर होने के नाते यह बताना चाहता हूँ कि तुम बहुत बहादुरी से लड़ रहे हो। मुझे तुम सब पे (पर) गर्व है। इंडियन आर्मी (भारतीय सेना) को तुम पे गर्व है और पूरे देश को तुम पे गर्व है। मैंने आर्टीलरी सपोर्ट (तोपखाने की मदद) माँगा है और जल्दी ही हमें सपोर्ट

मिलेगा। री-इनफोर्समेंट भी ट्राई कर रहा हूँ। हम सबको भारत माता के लिए अपने खून की आखिरी बूँद तक लड़ना है। जय हिंद!"

चीनी आक्रमण की चौथी लहर, प्रातः 6:00 बजे, 18 नवंबर, 1962

इस आक्रमण के लिए चीनी अपनी आर.सी.एल. तोपों को चार्ली कंपनी की पार्श्वों की ओर गाड़ियों पर ढोकर लाए थे। अब वे सभी मोर्चों पर बिना रुके 75 मिमी. और 57 मिमी. बमों से आक्रमण कर रहे थे। बीच-बीच में वे 132 मिमी. रॉकेट का प्रयोग भी कर रहे थे।

आगे के प्लाटून सात और आठ के सभी सेक्शनों को ज्ञात था कि चीनी सैनिक बमबारी रुकते ही आक्रमण करेंगे। नायक गुलाब सिंह, जो सेक्शन एक में थे, ने बमबारी रुकते ही अपना सिर जरा-सा उठाया और देखा कि बड़ी संख्या में शत्रु सैनिक केवल 200 गज दूर से आ रहे थे। उन्होंने नायब सूबेदार सुरजा राम को उनकी स्थिति के बारे में प्रसारित कर दिया और कुछ ही सेकंडों में अच्छी तरह प्रशिक्षित और अभ्यास किए हुए समन्वय का एक बार फिर प्रयोग किया गया। आक्रमण करने के लिए भागते आते शत्रु का पहले नायक राम कुमार द्वारा दोनों तीन इंची मोर्टार के गोलों से स्वागत किया गया, जो उन्होंने हवलदार जय नारायण और नायब सूबेदार सुरजा राम के समन्वय में किया था और दूसरा, जैसे ही भागते आते शत्रु सैनिक 50 गज के भीतर पहुँचे, नायक गुलाब सिंह ने आदेश दिया, "फायर।" सेक्शन दो और तीन ने एक साथ गहराई से उन पर गोली चलानी आरंभ कर दी। यह चौथा शत्रु-आक्रमण था और इसे भारतीय मोर्चों के कुछ गज के भीतर ही सफलतापूर्वक विफल कर दिया गया। कुछ चीनी सैनिक जो बच गए थे, वे पीछे हट गए।

एक बार फिर सन्नाटा छा गया। स्पष्ट रूप से, पहले की तरह, शत्रु स्वयं को संगठित करने में समय ले रहा था। दोनों नायब सूबेदार सुरजा राम और नायब सूबेदार हरि राम ने इस समय का प्रयोग अपने सेक्शनों के निरीक्षण में और हथियारों, गोला-बारूद तथा कार्मिकों की दशा देखने

के लिए किया। कुछ जवान घायल हुए थे, लेकिन आश्चर्यजनक रूप से कोई हताहत नहीं हुआ था। अब तक चार्ली कंपनी के हताहतों में केवल आरंभिक बमबारी में मारे गए मोर्टार सेक्शन के तीन जवान और रेडियो ऑपरेटर सिपाही मोहिंदर सिंह थे।

जिस सेक्शन में भी ये दोनों प्लाटून कमांडर गए, उनका स्वागत 'भारत माता की जय' और 'दादा किशन की जय' के साथ हुआ। जोश दिखाई दे रहा था और यह इन जे.सी.ओ. और उनके कंपनी कमांडर मेजर शैतान सिंह के नेतृत्व का परिणाम था। स्थिति नियंत्रण में लग रही थी, लेकिन दोनों अनुभवी जे.सी.ओ. जानते थे कि यह तूफान से पहले की शांति थी और इसलिए उन्हें आगे की योजना बनानी होगी।

प्रातः छह बजकर दस मिनट पर, पौ फटने के साथ, आकाश प्रकाशमान होना आरंभ हो गया। यह अच्छा और बुरा दोनों था। यह अच्छा इसलिए था कि बेहतर दृश्यता का अर्थ था कि शत्रु के इरादों का बेहतर मूल्यांकन हो सकता था, जो उन्हें बेहतर प्रति-रणनीति बनाने में सहायक होगा और बुरा, क्योंकि अब शत्रु अधिक साफ ढंग से देख पाएगा और इसलिए भारतीय मोर्चों पर अधिक अचूकता से लक्ष्य साध पाएगा। चार्ली कंपनी के लिए बुरे की मात्रा अच्छे से अधिक थी, क्योंकि अभी तक ब्रिगेड से तोपखाने की कोई मदद नहीं मिली थी, लेकिन प्रत्येक को विश्वास था कि तोपखाना उनके बचाव में निश्चित रूप से आएगा, और फिर अब उन हथियारों से रक्षा करना असंभव था जिनका प्रयोग चार्ली कंपनी कर रही थी और फिर उनकी मारक क्षमता उन हथियारों से कम थी, जो चीनी सेना प्रयोग कर रही थी। अब कुछ भी रक्षा करना संभव न था, क्योंकि चीनी अब कंपनी के हथियारों की मारक क्षमता से बाहर रहते हुए उन्हें अपनी बमबारी से ही नष्ट कर सकते थे।

अपने दौरों में नायब सूबेदार सुरजा राम ने देखा कि सेक्शन एक, जिसकी कमान नायक गुलाब सिंह के पास थी, में दो जवान बम के टुकड़ों

से घायल हो गए थे। ये जवान हलकी मशीनगन का मोर्चा सँभाले थे और उनके घाव सेक्शन एक की गोलीबारी की प्रभाविता को कम कर सकते थे। उन्होंने दो इंची मोर्टार मोर्चे पर तैनात नायक सिंह राम को आने का संकेत किया।

नायक सिंह राम के आने और अपने प्लाटून कमांडर को सैल्यूट करने के बाद नायब सूबेदार सुरजा राम ने कहा, "सिंह राम, आप यह हलकी मशीनगन अपने दायित्व में लो और सेक्शन से 40 गज आगे जाओ और चट्टानों के बीच मोर्चा बनाओ। जल्दी जाओ, इससे पहले कि उजाला हो जाए और वहाँ खुद को अच्छी तरह छिपा लो। जब दुश्मन हमला करे तो मैं चाहता हूँ कि आप उन पर एनफिलेड फायर (लंबाई में गोलीबारी करना, न कि चौड़ाई में) करो। ओके?"

नायक सिंह राम अचूक निशानेबाज थे। चेहरे पर हलकी मुस्कान के साथ उन्होंने सिर हिलाया।

"मैं चाहता हूँ कि आप तब तक रुको, जब तक दुश्मन आपके ब्रॉडसाइड (एक तरफ या पार्श्व में) नहीं हो जाता। केवल तभी गोली चलाना आरंभ करना। समझे?"

नायक सिंह राम ने नायक गुलाब सिंह की ओर देखा, जो सुन रहे थे और उत्तर दिया, "साहब, चिंता न करो। मैं उनका अच्छी तरह स्वागत करूँगा।"

उसके साथ नायब सूबेदार सुरजा राम ने घायल जवानों को पीछे प्लाटून मुख्यालय में भेज दिया।

प्लाटून सात में इस समय घायलों की संख्या केवल तीन थी। सभी सेक्शनों का दौरा करने के बाद नायब सूबेदार सुरजा राम प्लाटून मुख्यालय को लौट गए।

इस बीच कंपनी मुख्यालय में मेजर शैतान सिंह के दिमाग में बहुत-सी चीजें चल रही थीं। बटालियन मुख्यालय से संचार करने की असमर्थता को अभी भी समझा जा सकता था, क्योंकि उनके मध्य दूरी नौ मील थी,

लेकिन वह मैगर हिल पर तैनात ब्रावो और डेल्टा कंपनियों के साथ संचार की अनुपस्थिति को नहीं समझ पा रहे थे, जिन्होंने बमबारी और गोलीबारी की आवाज अवश्य सुनी होगी और चमक भी अवश्य देखी होगी। मैगर हिल मात्र पाँच मील दूर था, जो कंपनी के रेडियो सेट की सीमा में था। वह पाँच जाट के साथ संचार की अनुपलब्धता से भी चकित थे, जो उनसे निकटतम कंपनी थी और जो पाँच मील दूर त्साका ला मार्ग पर दक्षिण की ओर तैनात थी।

मेजर शैतान सिंह के पास मात्र एक विकल्प था। वह अपने रेडियो ऑपरेटर को स्वयं बटालियन मुख्यालय भेज सकते थे, लेकिन उन्हें पता था कि इससे अंतर नहीं पड़ेगा, क्योंकि जवान को कम-से-कम चार घंटे वहाँ पहुँचने में लगेंगे, हालाँकि रेजांग ला से सारा रास्ता ढलान की ओर जाता था। इसके अतिरिक्त उनके रेडियो ऑपरेटरों में से एक शहीद हो चुके थे और अन्य की आवश्यकता फैले हुए प्लाटून मोर्चों से संचार करने के लिए थी। कंपनी को बड़े क्षेत्र की रक्षा का दायित्व दिया गया था और उन्हें तोपखाने की मदद की अनुपस्थिति, मध्यम मशीनगनों की अनुपलब्धता, चीनियों के लिए बिना माइन का मार्ग और पुनर्बलन की असंभाव्यता बुरी तरह नुकसान पहुँचा रही थी। इनके बिना भी मेजर शैतान सिंह के नेतृत्व में जवानों का मनोबल ऊँचा था। जवान आत्मविश्वास से भरे थे कि वे चीनियों को रोकने और भारत माता की रक्षा करने में समर्थ होंगे।

इस स्थिति में वह साहसी मेजर जो कर सकते थे, वह यह था कि वह अपने जवानों के साथ रहें और उन्हें उनके संयुक्त प्रारब्ध की ओर ले जाएँ, क्योंकि मृत्यु स्वीकार्य थी, पराजय नहीं।

जैसे ही दृश्यता बेहतर होनी आरंभ हुई, लगभग छह बजकर पच्चीस मिनट पर, चीनियों को एक मध्यम मशीनगन लाते और इसे 600 गज दूर एक टीले पर तैनात करते देखा गया। इससे पहले कि भारतीय प्रति-रणनीति का निर्णय कर पाते, चीनी मोर्टार और आर.सी.एल. बम सभी मोर्चों पर बरसने लगे।

यह जाना-माना तथ्य है कि प्रधानमंत्री जवाहरलाल नेहरू हिंसा से घृणा करते थे, लेकिन उनकी अपनी व्यक्तिगत पसंद को 1947 के बाद सेना का आकार घटाकर राष्ट्र की सुरक्षा आवश्यकताओं पर ग्रहण लगाने का तथ्य वह वास्तविक कारण था कि भारत को चीनियों के हाथों 1962 में अपमान का सामना करना पड़ा था। नेहरू वास्तव में उस समय के सर्वश्रेष्ठ वैश्विक नेताओं में से एक थे और वह राष्ट्र के प्रमुख निर्माता थे, जो भारतीय आज भी बहुत मानते हैं, लेकिन सेना के प्रति उनकी पूरी नापसंदगी को मेजर जनरल डी.के. पालित द्वारा लिखी गई मेजर जनरल ए.ए. रुद्र की जीवनी में व्यक्त इस उपाख्यान से समझा जा सकता है, "स्वतंत्रता के शीघ्र बाद, सेना प्रमुख के रूप में जनरल (रॉबर्ट) लॉकहर्ट प्रधानमंत्री के पास एक सामरिक योजना लेकर गए जिसमें रक्षा नीति पर सरकारी निर्देश की माँग की गई थी। वह जिक (रुद्र) के कार्यालय में सन्न होकर वापस आ गए। जब उनसे पूछा गया कि क्या हुआ था, उन्होंने उत्तर दिया कि प्रधानमंत्री ने मेरे दस्तावेज पर एक दृष्टि डाली और अपना संयम खो दिया। "कूड़ा! पूरी तरह बकवास!" वह चिल्लाए। "हमें कोई रक्षा योजना नहीं चाहिए। हमारी नीति अहिंसा है। मैं किसी सैनिक खतरे को नहीं मानता। सेना को समाप्त कर दो! हमारी सुरक्षा आवश्यकताओं को पूरा करने के लिए पुलिस पर्याप्त है।"

10

18 नवंबर, 1962; ब्रिगेड मुख्यालय, चुशुल, प्रातः 6:30 बजे

चीनी आक्रमण दो-तरफा था, क्योंकि उन्होंने गुरुंग हिल और रेजांग ला पर स्थित भारतीय मोर्चों पर एक साथ धावा बोला था। ब्रिगेडियर टी.एन. रैना गुरुंग हिल पर भारतीय रक्षा का निर्देशन कर रहे हैं, यह वह क्षेत्र था जिस पर शत्रु द्वारा आक्रमण किए जाने की आशा थी और इसलिए इसे भली-भाँति मोर्चाबंद किया गया है। वह 13 कुमाऊँ के कमान अधिकारी से चार्ली कंपनी की स्थिति के बारे में पूछताछ करते हैं। कमान अधिकारी मेजर जाटार को मैगर हिल से एक गश्ती दल मैगर हिल को भेजकर जाँच करने का आदेश देते हैं, क्योंकि 13 कुमाऊँ में किसी का भी चार्ली कंपनी के साथ संचार नहीं है। इस दौरान रेजांग ला पर चीनी आक्रमण निरंतर जारी रहते हैं और भारतीय शत्रु की पाँचवीं और छठी लहरों को पराजित करने में सफल रहते हैं। एक वीरतापूर्ण आक्रमण में नायक गुलाब सिंह और लांस नायक सिंह राम शत्रु की मध्यम मशीनगन पर स्वयं अधिकार करने का प्रयत्न करते हैं।

ब्रिगेडियर टी.एन. रैना वायुपट्टी के निकट चुशुल गाँव में स्थित ब्रिगेड मुख्यालय के संक्रिया कक्ष में थे, जब ब्रिगेड की रक्षा-मोर्चों पर बमबारी की प्रथम सूचना उन तक पहुँची। कुछ क्षण पहले ही उन्हें सूचना प्राप्त हुई थी कि चीनी गुरुंग हिल पर 1/8 गोरखा राइफल्स की चौकियों पर बम बरसा रहे थे।

ब्रिगेडियर टी.एन. रैना की रक्षात्मक योजना पूरी बन चुकी थी और उनके आदेशों के अनुसार, टैंकों, मध्यम मशीनगनों और तोपों ने बराबरी करते हुए चीनी बमबारी का प्रत्युत्तर देना आरंभ कर दिया गया था।

उस क्षण ब्रिगेडियर अपने ऑपरेशंस (संक्रिया) दल के साथ आकस्मिक योजनाओं को तैयार करने में लगे हुए थे, यदि चीनी भारतीय रक्षा को भेदने में सफल रहते। वह रक्षा करने के लिए वैकल्पिक योजना बना रहे थे, यदि पीछे हटना आवश्यक हो जाता, ताकि चुशुल वायुपट्टी को बचाया जा सके।

गुरुंग हिल एक पर्वत है, जो उस श्रृंखला में स्थित है, जो त्साका ला के निकट चुशुल नदी के उद्गम से 30 मील उत्तर की ओर फैला हुआ है, जहाँ यह नदी स्पांगुर झील में मिल जाती है। जबकि चीन इस श्रृंखला को जलविभाजक (वॉटरशेड) मानता है और इसलिए इसे 'पारंपरिक व्यावहारिक सीमा' मानता है, भारत का दावा है कि इसकी सीमा 10 मील पूर्व की ओर है, जहाँ यह स्पांगुर झील के पार एक अधिक प्रमुख जलविभाजन करती है।

उत्तर में स्थित गुरुंग हिल और दक्षिण में स्थित मैगर हिल के मध्य डेढ़ मील चौड़ा अंतर है, जिसे स्पांगुर गैप कहा जाता है। इस अंतर के पूर्व में स्पांगुर झील और इसके उत्तर-पश्चिम में चुशुल गाँव स्थित है।

किसी मुकुट के समान गुरुंग हिल एक लंबी पर्वत श्रेणी के साथ खड़ी है। यह पर्वत श्रेणी 14,000 फुट पर स्थित स्पांगुर गैप के आधार से बढ़ने लगती है और उत्तर की ओर फैलती है तथा 17,800 फुट की ऊँचाई तक उठ जाती है। इस पर्वत-श्रेणी में इसके दक्षिणी छोर की ओर कुछ समतल भाग हैं और भारतीय सेना ने उन्हें कुछ रोचक नाम दिए हैं, जैसे– कैमल्स

बैक (ऊँट की पीठ), टेबल टॉप (मेज की सतह) और बंप (गाँठ)। पर्वत श्रेणी के बिलकुल मध्य में, पूर्व की ओर, एक पर्वत है जिसे ब्लैक टॉप (18,640 फुट) कहा जाता है। नवंबर, 1962 में ब्लैक टॉप चीनी नियंत्रण में था। इसके उत्तर में आगे की ओर गुरुंग हिल एक अन्य पहाड़ी में मिल जाती है, जिसे ठाकुंग हाइट्स कहा जाता है और इसका छोर पेंगोंग त्सो झील में मिलता है।

गुरुंग हिल की रक्षा 1/8 गोरखा राइफल्स की दो कंपनियों द्वारा की जा रही थी, जिनमें एक प्लाटून कम थी। इसमें मध्यम मशीनगनों और 3-इंची मोर्टार के सेक्शन थे और इन्हें 20 लैंसर्स के ए.एम.एक्स-13 टैंकों के दो टैंकों की मदद भी थी, जो स्पांगुर गैप में स्थित थे। जैसा पहले बताया गया है कि 1/8 गोरखा राइफल्स एक महीना पहले श्रीजप और यूला चौकियों से पीछे हटे थे। इन कंपनियों की कमान अब कैप्टन पी.एल. खेर के पास थी। गुरुंग हिल का एक अवगुण यह था कि इस पर बहुत ऊँची ब्लैक टॉप चोटी का वर्चस्व था, जो शत्रु के अधिकार में थी।

साथ ही एक आर्टीलरी (तोपखाना) निगरानी चौकी थी जिसकी कमान सेकंड लेफ्टिनेंट श्यामल देव गोस्वामी के पास थी। उनके अधीन चार प्रशिक्षित जवान थे। यह ब्रिगेड की सबसे अधिक रक्षित सीमा थी, क्योंकि शत्रु को इस पर पहुँचने देने का अर्थ था कि चुशुल उनकी आसान पहुँच में होता।

अपनी बमबारी की छाया में जब शत्रु सैनिकों ने एक कंपनी की संख्या को ब्लैक टॉप से उतरकर गुरुंग हिल पर गोरखाओं के मोर्चों की ओर जाते देखा तो कैप्टन पी.एल. खेर ने उनका नेतृत्व भली-भाँति किया, लेकिन इस प्रक्रिया में वह गंभीर रूप से घायल हो गए। इस बीच सेकंड लेफ्टिनेंट एस.डी. गोस्वामी ने आक्रमणकारी चीनियों पर सही लक्षित बमबारी निर्देशित की। इस युवा अधिकारी ने शत्रु-मार्गों को काफी पहले प्रहार क्षेत्र में ले लिया था और वह शत्रु के लिए तैयार थे। बमबारी ने चीनी सैनिकों को उनके मार्गों में ही रोक दिया और जब भारतीय आक्रमण चलता रहा तो वे

आड़ लेकर वापस ब्लैक टॉप पर चले गए। उनकी प्रथम लहर को पराजित कर दिया गया था।

ब्रिगेड के संक्रिया कक्ष में प्रातः लगभग सात बजे ब्रिगेडियर टी.एन. रैना ने 13 कुमाऊँ के अधिकार में मोर्चों की ओर ध्यान दिया। वहाँ की नवीनतम स्थिति को जानने के लिए उन्होंने अपने ऑपरेटर को 13 कुमाऊँ के कमान अधिकारी ले. कर्नल एच.एस. धींगरा से संपर्क करने को कहा।

जब संपर्क हो गया तो उन्होंने पूछा, "कर्नल, आपकी कंपनियाँ कैसा कर रही हैं?"

"श्रीमान, 13 कुमाऊँ की सारी कंपनियाँ तैयार हैं। अब तक मैगर हिल पर छिटपुट बम गिरे हैं।"

"रेजांग ला पर हमारी चौकी की क्या खबर है?"

"हालाँकि चार्ली कंपनी के साथ पिछली रात से कोई संचार नहीं हुआ है, जब एडजुटेंट ने उनसे बात की थी, वहाँ से कोई रेडियो कॉल नहीं आई है, जो कुछ भी असामान्य सूचना दे। चीनी गुरुंग हिल पर लगे हैं, श्रीमान, जैसा हम देख सकते हैं।"

"मैं सहमत हूँ, लेकिन तब क्या यदि उन्होंने दो-तरफा हमला किया हो? हमने आरंभ में आँका था कि वे चुशुल-त्साका ला मार्ग को अवरुद्ध करने के लिए दर्रे में घुसपैठ करने की कोशिश कर सकते हैं। याद है, कर्नल?"

13 कुमाऊँ के कमान अधिकारी ने सहमति व्यक्त की कि उन्हें चार्ली कंपनी की स्थिति की जाँच करनी चाहिए।

13 कुमाऊँ के बटालियन मुख्यालय में ले. कर्नल एच.एस. धींगरा ने फोन नीचे रखा और अपने ऑपरेटर को मेजर जाटार से संपर्क साधने को कहा, जो मैगर हिल पर तैनात ब्रावो और डेल्टा कंपनियों के कमांडर थे।

बटालियन मुख्यालय से मैगर हिल, स्पांगुर गैप और अंतर के उत्तर की ओर की पहाड़ियों जैसे गुरुंग हिल आदि को साफ-साफ देखा जा सकता था, लेकिन रेजांग ला अधिक ऊँची मैगर हिल के दक्षिण में होने के कारण दिखाई नहीं देता था। इसलिए न तो ले. कर्नल एच.एस. धींगरा, न ही बटालियन के अधिकारी और जे.सी.ओ. रेजांग ला की ओर देख सकते थे।

“मेजर जाटार, आपकी कंपनियाँ कैसी कर रही हैं?”

“श्रीमान, हम सुरक्षित हैं। अभी तक केवल एक रसोइया घायल हुआ है। हम पर बमबारी हुई है, लेकिन भारी नहीं।”

“वह अच्छा है, मेजर!”

“हम अपने मोर्चे की रक्षा करने के लिए तैयार हैं, श्रीमान।”

“बढ़िया! रेजांग ला के बारे में क्या समाचार है? हम उनकी स्थिति को यहाँ से नहीं देख सकते, लेकिन आप देख सकते हो। उनकी संचार-रेखा भी खराब है। वे कैसा कर रहे हैं?”

“श्रीमान, हमारी तरह उन पर भी आक्रमण हुआ है। हम आवाजें और चमक देख सकते हैं, लेकिन सही जमीनी हकीकत के बारे में निश्चित नहीं हूँ।”

जब चीनियों ने रेजांग ला पर आक्रमण किया था, उन्होंने मैगर हिल पर भी आक्रमण किया था, लेकिन रेजांग ला से भिन्न उन्होंने मैगर हिल पर केवल तोपखाने का प्रयोग किया था, बस इतने बम प्रयोग किए थे कि उन्हें उनकी खाइयों में ही सीमित किया जा सके। मैगर हिल पर मानव लहरों के रूप में कोई इन्फेंट्री (पैदल सेना) आक्रमण नहीं हुए थे। इसका केवल एक संभव कारण हो सकता था कि चीनी मैगर हिल पर तैनात भारतीय सैनिकों को शांत बने देखते रहना चाहते थे, जबकि वे स्वयं रेजांग ला में अपनी कार्यवाही कर रहे थे।

कमान अधिकारी ने आगे कहा, “रेडियो पर उनसे कोशिश करो और वापस बताओ।”

“रोजर, श्रीमान!”

मेजर जाटार ने कुछ ही मिनटों में वापस उत्तर दिया, “श्रीमान, कोई जवाब नहीं है।”

“ओके, रेजांग ला को एक पैदल गश्ती दल भेजो और देखो।”

“रोजर, श्रीमान!”

कमान अधिकारी के पास केवल एक यही विकल्प उपलब्ध था, हालाँकि पैदल इतनी दूरी वैसे तय करने में उन्हें कम-से-कम छह घंटे लगते,

क्योंकि दूरी लगभग पाँच मील थी। वैसे यह संभव था कि वे रेडियो पर चार्ली कंपनी से एक या दो घंटे बाद संपर्क कर पाएँ और 'आल ओके' (सब ठीक) रिपोर्ट ले पाएँ।

मेजर जाटार के निर्देश पर डेल्टा कंपनी द्वारा चार जवानों का एक गश्ती दल रेजांग ला की स्थिति की जाँच करने और जितना शीघ्र संभव हो सके सूचना देने के लिए भेजा गया। इस गश्ती दल का नेतृत्व नायक रूप राम ने किया।

अब हम वापस गुरुंग हिल पर चलते हैं। प्रातः लगभग साढ़े सात बजे बटालियन संख्या में शत्रु सैनिकों की दूसरी लहर ब्लैक टॉप से आगे बढ़ने लगी। भारतीयों ने तोपों, टैंकों, तीन इंची मोर्टार और मध्यम मशीनगनों से सघन बमबारी कर प्रत्युत्तर दिया, लेकिन इतनी शक्तिशाली अग्निवर्षा भी शत्रु सैनिकों की अधिक संख्या के सामने निष्प्रभावी प्रतीत हो रही थी।

परिणामस्वरूप नौ बजकर तीस मिनट तक भारतीय मोर्चों के एक भाग पर उनका अधिकार हो गया। गोरखा जवान वीरतापूर्वक लड़े और चीनी बड़ी संख्या में हताहत हुए, लेकिन चीनियों को रोका नहीं जा सका।

निश्चित मृत्यु के समक्ष होते हुए भी तोपखाने की निगरानी चौकी अचूकता से शत्रु का सामना करती रही। एक समय ऐसा आया जब सेकंड लेफ्टिनेंट गोस्वामी बम के टुकड़े से घायल होकर अचेत हो गए तो उनके साथी ने दायित्व सँभाल लिया और बिलकुल आखिरी समय तक तोपें दागते रहे। गोस्वामी के अतिरिक्त सारी निगरानी चौकी का सफाया हो गया था। इसे अधिकार में लेने के बाद चीनियों ने गोस्वामी को मृत समझकर छोड़ दिया। हालाँकि उन्हें अगले दिन बचा लिया गया।

गुरुंग हिल पर अग्रिम भारतीय मोर्चों पर अधिकार होने के बाद शत्रु ने पर्वत-श्रेणी पर अधिकार कर लिया और गहराई में लक्ष्यों पर बम बरसाने लगे, जहाँ ब्रिगेड मुख्यालय स्थित था।

शत्रु पर्वत-श्रेणी से आगे बढ़ता रहा, लेकिन निराश और भूखे भारतीय कैप्टन ए.के. दीवान के नेतृत्व में टैंकों से गोले बरसाते रहे। अंत में, कुछ

घंटों के गतिरोध के बाद, भारतीय टैंक शत्रु के दृढ़ निश्चय को तोड़ने और उनकी बढ़त रोकने में सफल हो गए।

शेष दिन चीनियों ने गुरुंग हिल की पर्वत-श्रेणी को पार नहीं किया।

रेजांग ला, प्रातः 6:30 बजे

हमें पीछे जाकर वापस रेजांग ला चलना चाहिए, जहाँ चीनी आक्रमण लगातार चल रहा था।

शत्रुओं की मध्यम मशीनगन की तैनाती प्लाटून सात और आठ के लिए बुरा समाचार थी, क्योंकि यह चार्ली कंपनी के सभी हथियारों की प्रहार सीमा से बाहर थी। दोनों तीन इंची मोर्टार दोनों प्लाटूनों के एक मील से भी अधिक पीछे तैनात थी और इसकी 1,600 गज की प्रहार सीमा अपर्याप्त थी और दो इंची मोर्टार, जिसकी अधिकतम प्रहार सीमा 500 गज थी, उनकी मार भी कम थी। इसका प्रभावी अर्थ यह था कि चीनी भारतीयों को अपनी मध्यम मशीनगन से हानि पहुँचा सकते थे, लेकिन भारतीय उन्हें रोकने के लिए कुछ नहीं कर सकते थे।

चीनी आक्रमण की पाँचवीं लहर, प्रातः 6:30 बजे, 18 नवंबर, 1962

अगला तोपखाना आक्रमण साढ़े छह बजे हुआ। उस क्षण नायब सूबेदार सुरजा राम सेक्शन दो में नायक राम स्वरूप के पास थे। उन्होंने स्वयं को खाई में छुपाया और बमबारी होने के अगले दस मिनट तक वहीं रहे। जब बमबारी रुक गई, उन्हें समझ में आया कि उनके मोर्चों से चीनी सैनिक केवल 40 गज दूर थे।

रक्षा-पक्ष को शीघ्रता से खुलने की आवश्यकता थी, लेकिन इससे पहले कि वे प्रतिक्रिया कर पाते, तोपखाने की बमबारी रुकने के कुछ ही सेकंडों में चीनी मध्यम मशीनगन अपने पैदल आक्रमणकारियों की मदद के लिए गोली चलाने लगी। चीनी सैनिकों की यह पाँचवीं लहर थी।

लेकिन शत्रु ने भारतीयों को कम कर आँका था। चीनी सैनिकों पर एक साथ तीन दिशाओं से गोली चलाई जा रही थी– राम स्वरूप का सेक्शन सामने से, गुलाब सिंह का सेक्शन बाएँ से और सिंह राम दाएँ से।

सिंह राम द्वारा एनफिलेड (लंबाई में, न कि चौड़ाई में) प्रकार की गोलीबारी ने उन्हें चौंका दिया, लेकिन शत्रु सैनिकों ने आना बंद नहीं किया। जब सामने वाले भारतीय गोलीबारी के कारण मर जाते, पीछे आने वाले मृत सैनिकों के हथियार उठा लेते और यह चक्र लंबे समय तक चलता रहा।

दुखद रूप से नायक सिंह राम की राइफल शांत हो गई, क्योंकि उसकी गोलियाँ समाप्त हो चुकी थीं। यह जानकर अंतिम चीनी सैनिकों में से कुछ धीरे-धीरे उनकी छुपे हुए मोर्चे की ओर बढ़ने लगे। जैसे ही वे सिंह राम से कुछ फुट दूर थे, वह बाहर कूदे और उनसे आमने-सामने भिड़ गए।

यह देखने वाला दृश्य था, क्योंकि छह फुट दो इंच लंबे भारतीय जवान ने कुछ चीनी सैनिकों को उठा लिया और उनसे चट्टानी क्षेत्र में लड़ाई की, वह एक क्षण दिखते और अगले क्षण नहीं। राम स्वरूप और गुलाब सिंह के सेक्शनों ने उन्हें मदद दी और उन शत्रु सैनिकों को मार गिराया, जो उनकी पहुँच से दूर रहते हुए उन पर गोली चलाने का प्रयास कर रहे थे। कुछ ही मिनटों में सब कुछ शांत हो गया।

शत्रु का आक्रमण विफल कर दिया गया था और भारतीयों ने स्वयं को बाल-बाल बचाया था।

लेकिन दुखदपूर्ण ढंग से मध्यम मशीनगन ने उन्हें क्षति पहुँचाई थी। प्लाटून सात के दो जवानों का जीवन बलिदान हो गया था और तीन अन्य गंभीर रूप से घायल हो गए थे। प्लाटून सात के पास उपलब्ध सैनिकों की संख्या अब कम हो गई थी और बेहतर संख्या व बेहतर हथियारों वाली चीनी सेना का सामना घटी हुई मानव शक्ति के साथ करना संसार की किसी भी सेना के लिए असंभव था, चाहे वह कितनी भी भली-भाँति प्रशिक्षित और प्रेरित क्यों न हो।

इसलिए नायब सूबेदार सुरजा राम ने अपने सभी जवानों और हथियारों को एक स्थान पर केंद्रित करने का निश्चय किया, ताकि प्लाटून के दायित्व वाले क्षेत्र की रक्षा बेहतर ढंग से की जा सके। ऐसी परिस्थितियों में यह बिलकुल सही निर्णय था।

प्लाटून कमांडर ने तुरंत कार्यवाही की और मिनटों में ही वह सभी को सेक्शन एक में लाने में सफल हो गए, केवल नायक सही राम को छोड़कर, जिनके साथ उनका संचार संपर्क समाप्त हो गया था।

जब सभी लोग व्यवस्थित हो गए, वह नायक गुलाब सिंह की ओर मुड़े और कहा, "गुलाब, यदि हम एम.एम.जी. (मध्यम मशीनगन) का कुछ नहीं करते तो हम यह मोर्चा खो देंगे।"

नायक गुलाब सिंह ने दृढ़तापूर्वक उनकी आँखों में देखा और कहा, "हाँ, साहब।"

"लेकिन प्रश्न है कि हमें क्या करना चाहिए? मध्यम मशीनगन हमारी प्रहार सीमा से बाहर है।"

गुलाब सिंह उत्तर देने से पहले कुछ क्षण के लिए रुके, "साहब, सिंह राम और मैं वहाँ पहुँच सकते हैं और एम.एम.जी. चौकी पर कब्जा कर सकते हैं।"

"तू पागल हो गया है क्या? कोई रास्ता नहीं है! तुम बस ऐसे ही बिना देखे, गए वहाँ जाकर सबको मारकर हथियार कब्जा लोगे, ऐसा नहीं हो सकता।"

लेकिन नायक गुलाब सिंह दृढ़ थे, "साहब, हमें एक मौका तो दो।"

"गुलाब, यह संभव नहीं है। सफलता की संभावना करीब-करीब जीरो है।"

"वह ठीक है, साहब! करीब-करीब जीरो, लेकिन जीरो नहीं। हम एम.एम.जी. चालकों को मार गिराकर इस पर कब्जा कर लेंगे।"

"नहीं, यह एक आत्मघाती अभियान होगा और मैं इस प्रकार के अभियान की आज्ञा नहीं दे सकता।"

"तो, आप मुझे बताओ, साहब! क्या आपके पास और कोई विकल्प है?"

नायब सूबेदार सुरजा राम ने नायक गुलाब सिंह की ओर देखा। उनका मुख सख्त था, उनके ओंठ एक पतली रेखा में थे और उनकी आँखें चमक

रही थीं। गुलाब सिंह और सिंह राम उनके सर्वश्रेष्ठ जवान थे, लेकिन अपने दिल के कोने में सुरजा जानते थे कि उन परिस्थितियों में उनके पास और कोई विकल्प नहीं था। अंत में, उन्होंने इसका अनुमोदन कर दिया।

"ओके, आगे बढ़ो, गुलाब! अच्छी तरह लड़ना।"

नायक गुलाब सिंह मुड़े और आवाज तेज कर सिंह राम का ध्यान खींचा, क्योंकि सिंह राम लगभग 40 फुट दूर पत्थरों के बीच छुपे हुए थे, "सिंह राम, आओ चलें और उस एम.एम.जी. पर कब्जा करें।"

"जी, साहब," सिंह राम के स्वर में भी वही आत्मविश्वास गूँज रहा था। अनुक्रिया करने में कोई देर नहीं की गई। मानो यह ऐसा था कि वह भी इसी तरह सोच रहे थे।

चीनी सैनिकों के मृत शरीरों पर से होते हुए नायक गुलाब सिंह ने मध्यम मशीनगन की स्थिति की ओर रेंगना आरंभ किया। 40 गज के बाद लांस नायक सिंह राम उनके साथ मिल गए और दोनों अगले 500 गज तक छुपकर चलते रहे।

जब वे उस चट्टान पर पहुँचे जिसकी उन्होंने अपनी अंतिम ओट के रूप में पहचान की थी, दोनों को ज्ञात था कि उनका लक्ष्य केवल 70 गज दूर था। उन्होंने किनारे से अपने सिर उठाए और देखा कि तीन चीनी सैनिक मध्यम मशीनगन पर तैनात थे। उनके निकट की चट्टान के गड्ढे में एक अन्य चीनी प्लाटून अगली लहर का आक्रमण करने की प्रतीक्षा कर रही थी।

इस बीच नायब सूबेदार सुरजा राम कल्पना कर रहे थे कि वहाँ क्या हो रहा होगा। पिछले 15 मिनटों से शांति बनी हुई थी। आश्चर्यजनक रूप से चीनियों की ओर से कोई आर्टिलरी बमबारी या मध्यम मशीनगन से गोलीबारी नहीं हो रही थी। वे स्वयं को पुनर्संगठित कर रहे होंगे और इसलिए यह वास्तव में उनके अवसर की सर्वश्रेष्ठ अवधि थी।

दोनों नायक गुलाब सिंह और नायक सिंह राम के पास हलकी मशीनगनें थीं। यदि उनका प्रयास विफल होता तो चार्ली कंपनी न केवल

दो अनुभवी जवानों को खो देती, बल्कि उनके पास दो हलकी मशीनगनें भी घट जातीं और उनके पास केवल सात ही बचतीं।

लेकिन उस सुबह रेजांग ला में, अपने राष्ट्र के लिए तेजी से धड़कते दिलों के साथ, और अपनी श्रेष्ठ स्वस्थता और मानसिक सावधानी के साथ, निश्चित संभावना के साथ शत्रु के हथियार पर अधिकार करने की आशा के साथ, दोनों सैनिकों ने एक-दूसरे को देखा और सिर हिलाया। यही अवसर था।

सात बजने में पंद्रह मिनट पर नायब सूबेदार सुरजा राम और प्लाटून सात के अन्य सभी, जिन्होंने सेक्शन एक में मोर्चा बना लिया था, ने युद्धघोष सुना, "दादा किशन की जय।"

हालाँकि इससे पहले नायक गुलाब सिंह और लांस नायक सिंह राम भारतीयों को पहले दिखाई नहीं दे रहे थे, जब वे अपने छिपने के स्थान से बाहर निकले और शत्रु पर धावा बोला तो उन्हें देखा जा सकता था। सूर्योदय बस दस मिनट दूर था और दृश्यता लगभग एक मील थी।

भारतीय सैनिकों का धावा बहादुरी-भरा और दृढ़ निश्चय से भरपूर था। पहले तो जैसे ही शत्रु सैनिकों ने भारतीयों को अपने पर आक्रमण करते देखा, वे चकित रह गए।

जब चीनी सैनिक मध्यम मशीनगन से गोली दागने की स्थिति में स्वयं को व्यवस्थित करने जा रहे थे। भारतीय आक्रमणकारियों और मध्यम मशीनगन के मध्य दूरी कम होना आरंभ हो गई, लेकिन उन्हें मात्र कुछ सेकंड ही लगे और एम.एम.जी. अब नायक गुलाब सिंह और लांस नायक सिंह राम की दिशा में आग उगल रही थी।

यह वह समय था जब भारतीय तोपखाने की उपलब्धता ने उनके अभियान को सफल होने की संभावना कई गुणा बढ़ा दी होती, लेकिन बाकी सारे भारतीय देखने के अतिरिक्त और कुछ नहीं कर सकते थे।

नायक गुलाब सिंह कुछ फुट दूर आगे थे और वह पहले गिरे, लेकिन लांस नायक सिंह राम उस अंतर को कम करते रहे, अपनी हलकी मशीनगन

चलाते हुए वह आगे बढ़ते रहे और अंत में हवा में कूदे और मध्यम मशीनगन के ऊपर गिरे।

कुछ क्षणों के लिए नायब सूबेदार सुरजा राम और अन्य को विश्वास हुआ कि वह अकेले ही मशीनगन पर अधिकार करने में सफल हो जाएँगे, लेकिन वह वहीं पड़े रहे, बिना हिले। जब उन्होंने चीनी सैनिकों को कुछ क्षण बाद आनंदित होते देखा तो प्लाटून सात को समझ आया कि उनका साहसी प्रयास विफल हो गया था। तीन महीनों बाद भारतीय सेना को पता लगेगा कि लांस नायक सिंह राम मशीनगन से मात्र पाँच फुट पहले गिर गए थे, लेकिन सुरजा और अन्य, जो पीछे से देख रहे थे, उन्हें लगा होगा कि वह मशीनगन के ऊपर गिरे होंगे।

कुछ देर बाद नायब सूबेदार सुरजा राम ने मेजर शैतान सिंह से रेडियो पर बात की और बताया, "साहब, हमें कुछ जवानों का नुकसान हुआ है, लेकिन यहाँ हम अपने मोर्चे को सँभाले हुए हैं।"

"बहुत अच्छा, सुरजा साहब! हमको पीछे नहीं हटना है।"

"सर, मैं आपको वचन देता हूँ, प्लाटून सात का एक भी आदमी, एक कदम भी पीछे नहीं रखेगा। हमारे पास एम्यूनिशन (गोली-बारूद) कम है, लेकिन उसके खत्म होने के बाद भी हम बैनट की लड़ाई लड़ेंगे, पर पीछे नहीं हटेंगे।"

नायब सूबेदार सुरजा राम की आवाज शांत और नियंत्रित थी, जब उन्होंने नायक गुलाब सिंह और लांस नायक सिंह राम द्वारा शत्रु की मध्यम मशीनगन पर साहसी धावे का वर्णन किया।

इस समय तक प्लाटून आठ ने भी उन पर हुए आक्रमण को विफल कर दिया था। चीनियों द्वारा अपनाया गया प्रतिमान समान था– 15 मिनट तक मोर्टार से बमबारी, उसके बाद अधिक संख्या में पैदल आक्रमण, लेकिन प्लाटून नौ से भिन्न, क्योंकि प्लाटून आठ दर्रे के ठीक मध्य में थी और उनके पास कठिनता से ही कोई प्राकृतिक ओट थी, उनके हताहतों की संख्या अधिक थी। सिपाही धरमपाल दहिया, जो कंपनी के अकेले मेडिकल

सहायक थे, अपनी पूरी शक्ति से काम कर रहे थे, वह एक सेक्शन से दूसरे सेक्शन की ओर भागकर जाते और उपचार सहायता देते। जो लोग गंभीर रूप से घायल हो गए थे और जिन्हें भयंकर दर्द हो रहा था, वह उन्हें मार्फीन इंजेक्शन भी देते थे।

प्रातः साढ़े छह बजे के तोपखाना आक्रमण ने प्लाटून सात और आठ के अतिरिक्त तीन इंची मोर्टार पर भी कहर ढाया था। मोर्टार सेक्शन में दूसरी मोर्टार को इस बार नुकसान हुआ था और इस पर तैनात दोनों जवान वीरगति को प्राप्त हुए थे। इसके अतिरिक्त नायक राम कुमार की निचली पीठ में से एक गोली गुजर गई थी, जो एक तरफ से घुसी थी और दूसरी ओर से निकल गई थी और चमत्कारपूर्ण ढंग से उसने रीढ़ की हड्डी को छोड़ दिया था।

जैसे ही बमबारी रुकी, नायक राम कुमार ने मोर्टार सेक्शन को पुनर्संगठित करना आरंभ कर किया। उन्होंने लांस नायक सिरी राम को मोर्टार संख्या एक का भार दिया और लांस नायक रोशन सिंह को उनकी सहायता के लिए तैनात किया। उसके बाद उन्होंने मोर्टार संख्या दो को स्वयं ले लिया और नायक सूरत सिंह को अपना सहायक बनने का आदेश दिया। सूरत सिंह एक पायनियर एन.सी.ओ. थे, जो एक दिन पहले कुछ खुदाई के काम में मदद के लिए आए थे, लेकिन दोनों मोर्टारें बिना साइट (निशाना लगाने का यंत्र) के थीं और नायक राम कुमार के अतिरिक्त अधिक अनुभवी मोर्टार चलाने वाले मृत्यु को प्राप्त हो चुके थे।

जैसा कि हम देख चुके हैं, शत्रु की पाँचवीं लहर दो-तरफा थी और इसलिए जब प्लाटून सात पर आक्रमण हुआ तो चीनियों ने प्लाटून आठ पर भी आक्रमण किया था। अभी तक प्लाटून नौ और कंपनी मुख्यालय को कोई क्षति नहीं पहुँची थी। मेजर शैतान सिंह को ज्ञात था कि चीनियों के पहले निशाने पर प्लाटून सात, प्लाटून आठ और तीन इंची मोर्टार सेक्शन थीं। यदि वे उन्हें उनसे पार पा लेते तो वे आसानी से कंपनी मुख्यालय और प्लाटून नौ के मोर्चों को अलग-थलग कर सकते थे।

जैसे ही शत्रु की बमबारी रुकी, नायब सूबेदार हरि राम, जो अपने मोर्चे से बाहर देख रहे थे, यह देखकर चकित रह गए कि चीनी दर्जनों याक लेकर आ रहे थे। इन शक्तिशाली पशुओं की पीठ पर हलकी मशीनगनें और मध्यम मशीनगनें लदी हुई थीं।

पहाड़ी पर खड़ी याकों की पंक्ति और नीचे स्थित प्लाटून आठ के मोर्चों के बीच की दूरी लगभग 1,000 गज थी। नायब सूबेदार हरि राम ने चीनी सैनिकों को एक याक से एक मध्यम मशीनगन को उतारते और उसे पहाड़ी पर स्थित करते देखा। इस परिस्थिति में तत्काल कार्यवाही की आवश्यकता थी।

नायब सूबेदार हरि राम ने नायक राम कुमार से संपर्क किया और उन्हें सही स्थिति बताई। कुछ ही सेकंडों में दोनों तीन इंची मोर्टार आग उगलने लगी। परिणाम तत्काल हुआ और पशु पागल हो उठे और भाग निकले। यह भारतीयों के लिए राहत की बात थी, लेकिन यह राहत केवल कुछ देर की थी।

चीनियों ने मोर्टार और आर.सी.एल. गोलीबारी के साथ प्रत्युत्तर दिया। उन्होंने उस मध्यम मशीनगन का भी प्रयोग किया, जिसे पहले ही उतार लिया गया था। चीनी बेहतर अग्निशक्ति का प्रयोग कर रहे थे और जल्दी ही एक भारतीय दो इंची मोर्टार पूरी तरह नष्ट हो गई। बात तब और बिगड़ गई, जब एक अन्य मध्यम मशीनगन ने गोलीबारी करना आरंभ कर दिया, वह प्लाटून आठ को दिखाई नहीं दे रही थी और दूर स्थित थी। कंपनी के पास एक भी मध्यम मशीनगन का न होना कंपनी को गंभीर हानि पहुँचा रहा था।

जब तक चीनी बम रुके, प्लाटून आठ को पर्याप्त क्षति पहुँच चुकी थी। अधिकांश जवान या तो मृत्यु को प्राप्त हो चुके थे या गंभीर रूप से घायल थे। मध्यम मशीनगन की एक गोली ने नायब सूबेदार हरि राम का सिर भी खुरच दिया था। रक्तस्राव रोकने के लिए सिपाही धरमपाल दहिया ने उनकी पट्टी कर दी।

अंततः सूर्य छह बजकर पचपन मिनट पर निकला। वहाँ अब रहस्यमय सन्नाटा था। जल्दी ही कुछ हजार गज तक दृश्यता बढ़ गई थी और जितनी

दूर वे देख सकते थे, वहाँ बमों के टुकड़े पड़े थे। नालों में चीनी सैनिकों के शव अभी भी पड़े थे, हालाँकि उनमें से अधिकांश को अँधेरे में ले जाया गया था। बर्फबारी बंद हो चुकी थी।

प्लाटून सात और आठ की संख्या पर्याप्त कम हो चुकी थी और अब वे केवल प्रतीक्षा कर सकते थे। भारतीयों के पास बहुत सीमित गोली-बारूद बचा था और इसे किसी प्रकार के दुस्साहस पर व्यर्थ नहीं किया जा सकता था। मेजर शैतान सिंह के आदेश स्पष्ट थे– उन्हें भारतीय क्षेत्र की रक्षा अंतिम जवान और अंतिम गोली तक करनी थी।

प्रत्येक भारतीय जवान लड़ने के लिए तैयार था, लेकिन इस समय उनके आस-पास का सफेद रेगिस्तान मानो जाग उठा था, प्रकृति की सुंदरता और इस पर मनुष्यों द्वारा अधिकार के लिए खूनी लड़ाई–दोनों के मध्य विषम तुलना थी।

संक्षिप्त राहत प्रातः सात बजकर दस मिनट पर समाप्त हो गई, जब अगले 20 मिनट तक चीनियों ने प्लाटून सात और आठ पर दोबारा बमबारी करना आरंभ कर दिया, अभी तक की यह सबसे भारी बमबारी थी। उन्होंने इसके लिए अपने शस्त्रागार का प्रत्येक शस्त्र प्रयोग किया, जो उनके पास था और वह भी उसकी अधिकतम गोलीबारी की क्षमता के साथ। स्पष्ट रूप से उनकी सोच थी कि वे हठीले अग्रिम भारतीय मोर्चों को नष्ट करना चाहते थे, चाहे इसमें कितना भी मूल्य लगे।

लेकिन चीनियों को ज्ञात नहीं था कि उनके भाग्य में क्या था।

जैसे ही बमबारी लगभग साढ़े सात बजे रुकी और जैसी आशा थी, आक्रमणकारी चीनी पैदल सैनिक नायक चंदगी राम की कमान वाले सेक्शन तीन से मात्र 40 गज दूर थे।

नायक हुकुमचंद ने इसकी आशा की थी, क्योंकि सेक्शन तीन प्लाटून आठ मुख्यालय के सीधा मार्ग में था। इसलिए उन्हें पता था कि चीनियों की संपूर्ण योजना का प्रथम लक्ष्य सेक्शन तीन को नष्ट करना होगा। उनका आकलन यह भी था कि सेक्शन तीन अपने बल पर चीनियों के केंद्रित

आक्रमण को सहन नहीं कर पाएगा, इसलिए नायक हुकुमचंद पहले ही शत्रु का सामना करने के लिए सेक्शन दो से एक अतिरिक्त हलकी मशीनगन लेकर आ गए थे। इस प्रकार शत्रु-आक्रमण की एक के बाद एक दो छोटी लहरों को पराजित कर दिया गया।

चीनियों ने पुनर्संगठित होकर दोबारा आक्रमण किया, लेकिन इस समय भारतीय पूरी तरह तैयार थे और दिन का प्रकाश भी उनकी सहायता कर रहा था। जैसे ही चीनी सैनिकों ने पैदल आक्रमण किया, उन पर तीन इंची मोर्टार द्वारा बमबारी की गई और जब वे भारतीयों के छोटे हथियारों की प्रहार-सीमा में आ गए तो सभी तीनों सेक्शनों ने हलकी मशीनगनों और राइफलों का प्रयोग कर उन पर आक्रमण किया। इस प्रकार दो छोटी लहरों को पराजित किया गया।

चीनी आक्रमण की छठी लहर, प्रातः 7:40 बजे, 18 नवंबर, 1962

अपने छठे बड़े आक्रमण में चीनियों ने अपनी मोर्टार बमबारी को दोबारा आरंभ कर दिया और उनकी दोनों मध्यम मशीनगनों ने दो मोर्चों से युद्ध करना आरंभ कर दिया। इस बिंदु तक प्लाटून आठ के भारतीय सैनिकों के पास गोला-बारूद समाप्त हो गया था। इससे अधिक दुखद और कुछ नहीं हो सकता, जब एक सैनिक लड़ने की इच्छा रखता हो, लेकिन उसका गोला-बारूद समाप्त हो गया हो।

यह समझते हुए कि अंत आ गया था, नायक चंदगी राम ने हुँकार भरी, 'दादा किशन की जय' और सेक्शन तीन का बैनट चार्ज के लिए नेतृत्व किया। जवान अपनी खाइयों से बाहर कूद पड़े, उनके हाथों में उनकी राइफलें थीं जिन पर बैनट लगे हुए थे और उन्होंने आ रहे शत्रु पर धावा बोल दिया। वातावरण वीर अहीर सैनिकों के युद्धघोष से गूँज उठा।

नायक चंदगी राम के सेक्शन तीन के बाद सेक्शन दो और दो इंची मोर्टार सेक्शन के हवलदार रामानंद, सिपाही खूब राम और अन्य जवानों ने भी चीनियों पर बैनट से आक्रमण खोल दिया। भारतीयों द्वारा प्रति-आक्रमण इतना भयंकर था कि कुछ देर के लिए चीनियों ने गोलीबारी बंद कर दी।

अब तक, सेक्शन एक के सेक्शन कमांडर, नायक हुकुमचंद वीरगति को प्राप्त हो चुके थे और सेक्शन की कमान लांस नायक रघुनाथ के पास थी। उन्होंने अपने सेक्शन पर होने वाले चीनी आक्रमण को पराजित कर दिया, लेकिन अब चीनी संख्या में इतने अधिक हो चुके थे कि उन्हें रोका नहीं जा सकता था और उन्होंने लड़ते-लड़ते स्वयं का बलिदान कर दिया। अगले कुछ मिनटों में प्लाटून आठ का अस्तित्व मिट गया। प्रत्येक जवान ने अपनी अंतिम गोली दाग दी थी और प्लाटून से कोई जीवित नहीं बचा था।

अपनी अंतिम श्वास तक नायब सूबेदार हरि राम जमीनी स्थिति की सूचना कंपनी कमांडर मेजर शैतान सिंह को दे रहे थे।

प्लाटून सात पर भी उसी प्रकार से आक्रमण हुआ और वे अनेक छोटी लहरों को पराजित कर पाए, लेकिन अंत में, जब उनका गोला-बारूद समाप्त हो गया, तब नायब सूबेदार सुरजा राम ने मेजर शैतान सिंह को टेलीफोन किया और कहा, “साहब, हमारा गोला-बारूद खत्म हो गया है। अब हम अपने मोर्चों को हैंड-टू-हैंड (शारीरिक) युद्ध के लिए छोड़ने की तैयारी कर रहे हैं।”

मेजर शैतान सिंह को पता था कि इसका क्या अर्थ था और उन्होंने कहा, “आज्ञा है, सुरजा साहब!” और तब अपनी आवाज में मजबूती भरकर कंपनी कमांडर गरजे, “दादा किशन की जय।”

“दादा किशन की जय,” वापस उत्तर आया।

यह अंतिम बार था कि चार्ली कंपनी नायब सूबेदार सुरजा राम या प्लाटून सात के किसी जवान से कुछ सुनेगी– कभी भी। अपनी मृत्यु में भी चार्ली कंपनी के जवान अपने मोर्चों पर बने रहेंगे और अपने प्लाटून कमांडर, अपने कंपनी कमांडर और पूरी भारतीय सेना और संपूर्ण राष्ट्र को गौरवान्वित करेंगे।

युद्ध के तीन महीने बाद, जब नायब सूबेदार सुरजा राम और प्लाटून सात के पाँच अन्य जवानों के शव खोजे गए थे, वे उनकी खाइयों से 10 मीटर आगे पाए गए थे और उन पर अनेक गोलियों और बैनटों के घाव

थे। चार्ली कंपनी के जवानों और उनके जे.सी.ओ. ने भारत माता के सच्चे सपूतों की तरह वीरों की तरह अपने प्राणों को न्योछावर कर दिया था।

हालाँकि उस क्षण कंपनी मुख्यालय में कंपनी कमांडर को इस पर गर्व था कि प्लाटून सात और आठ ने किस प्रकार भारतीय सीमा की रक्षा की थी। उनके नेता के रूप में उन्हें न केवल प्रशिक्षित करने, बल्कि प्रेरित करने के लिए भी वह उत्तरदायी थे। वह प्रत्येक को अच्छी तरह जानते थे, वे कहाँ के रहने वाले थे, उनकी पत्नियों के क्या नाम थे, उनके बच्चों के नाम क्या थे, उनकी छोटी-छोटी खुशियाँ क्या थीं और उन्हें किस बात की कभी-कभी चिंता होती थी। उनके लिए उनकी मृत्यु का अर्थ अपने परिवार के सदस्यों की मृत्यु थी। हालाँकि मेजर शैतान सिंह बहुत ही गौरवान्वित थे, वह दुःखी भी महसूस कर रहे थे।

लेकिन वह कोई साधारण अधिकारी नहीं थे। मेजर एक शांत, लेकिन पेशेवर सैनिक थे, उन्होंने शीघ्रता से अपनी भावनाओं पर नियंत्रण पाया और युद्ध जारी रखने का निर्णय किया। चार्ली कंपनी मृत्यु का वरण कर लेगी, इसके बजाय कि वह अपनी पीठ दिखाएगी। पीछे से सहायता समय पर आए या नहीं, वे अंत तक लड़ेंगे।

लगभग आठ बजे चीनियों ने वेरी (एक प्रकार की पिस्तौल) से हरा संकेत दागा, जो प्लाटून सात और आठ पर उनकी विजय की घोषणा थी। मेजर शैतान सिंह को पता था कि शत्रु के आगे की योजना को भोथरा करने का केवल एक रास्ता था, वह था शीघ्र कार्यवाही करना।

वह कंपनी मुख्यालय से अपने रेडियो ऑपरेटर के साथ बाहर निकले और अपनी दूरबीन से शत्रुओं को संग्रहित होते देखने लगे। वह देख सकते थे कि शत्रु पहाड़ी के दोनों छोरों पर स्वयं को पुनर्संगठित कर रहे थे।

मेजर शैतान सिंह ने नायक राम कुमार को बुलाया, जो मोर्टार चौकी पर थे, “राम कुमार, हमारे पास कितने बम बचे हैं?”

“साहब, लगभग 400 बचे हैं। हमने 600 बम खर्च कर दिए हैं।”

मोर्टार सेक्शन में स्थिति गंभीर थी। चीनी सेना आरंभ से ही इसे लक्षित कर रही थी। तीन घंटे और पाँच मिनट में मोर्टार सेक्शन ने 300 गोले प्रति मोर्टार दागे थे। इस दर पर इसकी गणना प्रति मोर्टार प्रति घंटा 100 गोले थी। इस तथ्य को ध्यान में रखते हुए कि इस अवधि में मोर्टार तोपों पर तैनात दस जवानों में से सात जवान वीरगति को प्राप्त हो चुके थे और यह कि इन तोपों पर तीन अवसरों पर बम लगे थे, यह किसी भी तरह से बम दागने की असाधारण दर थी।

नायक राम कुमार ने बाद में याद करते हुए बताया कि शून्य से 24 डिग्री नीचे के तापमान ने मोर्टार की बैरल (नली) को इस दर से दागने के बावजूद ठंडा रखने में सहायता की थी। दोनों तोपों की साइट (लक्ष्य देखने का यंत्र) क्षतिग्रस्त हो चुके थे, उसके बाद भी मोर्टारों ने शत्रु पर कहर बरपाए रखा।

अब इस समय उनकी चिंता का विषय था कि हलकी मशीनगनों और राइफलों के समान बम भी समाप्त हो जाएँगे।

"राम कुमार, हमें अपने बमों के साथ बहुत सावधान रहना होगा," मेजर ने सावधान किया।

"जी, साहब!"

याक एक पालतू पशु है जिसके लंबे बाल होते हैं और यह हिमालयी क्षेत्र में और एशिया के अन्य भागों में ऊँचे स्थानों पर पाया जाता है। यह स्पष्ट नहीं है कि याक को कब पालतू बनाया गया, लेकिन अध्ययनों से आभास होता है कि उसे पहले हिमालयी व्यापार मार्गों के लिए बोझा ढोने वाले जानवर के रूप में पाला गया था। याक के छोटे पैर, छोटे कान, चौड़ा माथा और भारी शरीर होता है। जंगल में याक का भार 1,000 किग्रा. तक हो सकता है, लेकिन पालतू याक का भार सामान्य रूप से 600 किग्रा. से अधिक नहीं होता। याक के फेफड़े की क्षमता निचले क्षेत्र में पाए जाने वाले पशुओं की तुलना में तीन गुणा होती है

और अपने रक्त के माध्यम से ऑक्सीजन संचारित करने की क्षमता बेहतर होती है, क्योंकि उसमें अधिक संख्या में छोटी लाल रक्त कोशिकाएँ होती हैं। यह इस प्राकृतिक अनुकूलन, लंबे बालों और पसीने की ग्रंथियों से रहित मोटी त्वचा के कारण है कि वह बहुत ऊँचाई पर शून्य से 40 डिग्री सेल्सियस नीचे के तापमान में भी जीवित रह सकता है। आजकल संसार में पालतू याकों की संख्या कम-से-कम 1.2 करोड़ है और समय के साथ उनके आज्ञाकारी होने और अधिक दुग्ध उत्पादन के कारण उनका पालन किया जाता है। याक का प्रयोग हल जोतने के लिए और फसलों की गहाई के साथ-साथ मांस, खाल और फाइबर के लिए भी होता है। तिब्बती पठार में याक का सूखा गोबर ही उपलब्ध ईंधन होता है, क्योंकि वहाँ पेड़ नहीं उगते।

11 18 नवंबर, 1962; रेजांग ला, प्रातः 8:10 बजे

अब तक भारतीयों को प्लाटून सात और आठ की क्षति हो चुकी है। कंपनी मुख्यालय से मेजर शैतान सिंह पराजित भारतीय मोर्चों पर चीनियों को देख सकते हैं, लेकिन उनके पास अभी भी प्लाटून नौ और तीन इंची मोर्टार सेक्शन सही सलामत है, हालाँकि दो मोर्टार तोपें बिना साइटों (लक्ष्य साधने के यंत्र) के हैं और सीधा प्रहार होने के कारण दस में से सात जवान शहीद हो चुके हैं। इस बीच चीनी अपनी सातवीं लहर को आरंभ करते हैं, जबकि कंपनी कमांडर प्लाटून सात के मोर्चे पर पुनः अधिकार करने का निर्णय करते हैं, जहाँ नायक सही राम के नेतृत्व में अंतिम बचे हुए जवान वश में किए जाने और अपने प्राण न्योछावर करने से पहले शत्रु का सामना करते हैं और उनके सैनिक बड़ी संख्या में मार गिराते हैं। इस प्रक्रिया में मेजर शैतान सिंह घातक रूप से घायल हो जाते हैं और नायक राम कुमार भारतीय प्रतिरोध के अंतिम मिनट तक शत्रु को क्षति पहुँचाते हैं।

चीनी सैनिक अब तक प्लाटून सात और आठ के मोर्चों पर पहुँच चुके थे। मेजर शैतान सिंह उन्हें अपनी दूरबीन के माध्यम से देख सकते थे, जब वे प्लाटून नौ कंपनी मुख्यालय और तीन इंची मोर्टार सेक्शन पर अगले चरण का आक्रमण करने के लिए स्वयं को संगठित कर रहे थे।

मेजर शैतान सिंह ने नायब सूबेदार राम चंदर से रेडियो पर संपर्क किया, "राम चंदर साहब, किसी भी समय सेकंड हमला आ सकता है। क्या प्लाटून तैयार है?"

नायब सूबेदार सर्वदा के समान आत्मविश्वास से भरपूर थे, "साहब, हम तैयार हैं। सभी जवान अपने मोर्चों पर हैं।"

"अभी तक कोई घायल?"

"केवल दो मामूली घायल हैं, साहब, लेकिन कोई हताहत नहीं है।"

चीनी तोपखाने के आक्रमण ने अभी तक प्लाटून नौ को छोड़ दिया था, क्योंकि कंपनी मुख्यालय प्लाटून नौ के निकट स्थित था। मेजर शैतान सिंह को ज्ञात था कि उन्हें अपने सारे हथियार और शेष मानव शक्ति को एक स्थान पर एकत्र करना होगा।

प्लाटून सात के अवशेषों पर एकत्रित हुए चीनी सैनिकों का पूरा ध्यान पश्चिमी दिशा की ओर था।

युद्ध अब एक व्याकुल सन्नाटे की दशा में था, क्योंकि दोनों पक्ष आमने-सामने एक-दूसरे को ताक रहे थे। मेजर शैतान सिंह को पता था कि उनके पास अब 50 से कम जवान बचे थे तथा गोली-बारूद और बम भी बहुत सीमित थे, जबकि चीनियों के पास हजारों-हजार सैनिक थे, जो एक के बाद एक मानव लहरों से भारतीय मोर्चों पर आक्रमण कर सकते थे। उनके पास व्यावहारिक ढंग के हथियार और गोला-बारूद भी सीमित थे, जबकि चीनियों के पास हथियारों, गोला-बारूद और सैनिकों की अबाधित आपूर्ति प्रतीत हो रही थी। चार्ली कंपनी के पास अब केवल शेष थे– स्वाभाविक साहस और अदम्य प्रेरणा।

अब समय आठ बजकर तीस मिनट था और कुछ अद्‌भुत होने वाला था।

जब एकत्र चीनी सैनिकों का ध्यान पश्चिम की ओर था, हलकी मशीनगन और राइफल से दागी गई गोलियों की बौछार ने उन पर उत्तर दिशा से प्रहार किया। बस कुछ सौ गज दूर से इरा पूरी तरह अचानक हुई गोलीबारी ने चीनियों में घबराहट फैला दी और वे स्वयं को बचाने के लिए इधर-उधर कूद पड़े। इस गोलीबारी में अनेक चीनी सैनिक मारे गए।

मेजर शैतान सिंह को यह समझने के लिए केवल एक सेकंड का छोटा भाग लगा कि कौन से हथियारों ने इतने चीनियों को मार गिराया था। यह नायब सूबेदार सुरजा राम का सेक्शन होना चाहिए था जिसे बिलकुल आरंभ में प्लाटून कमांडर ने एक वैकल्पिक स्थान पर तैनात किया था।

यह स्पष्ट था कि नायक सही राम और उनका सेक्शन आक्रमण के बाद पीछे नहीं हटा था, बल्कि उन्होंने अपने वीरगति को प्राप्त प्लाटून कमांडर नायब सूबेदार सुरजा राम के अंतिम आदेशों का पालन करने का निश्चय किया था।

नायक सही राम और उनके सेक्शन के जवानों को अवश्य ही ज्ञात होगा कि अब आगे क्या होने वाला था। वे पूरी तरह अलग-थलग स्थिति में थे और मिनटों में ही उन्हें चीनियों द्वारा चारों ओर से घेर लिया गया, लेकिन उन शूरवीर जवानों ने लड़ते-लड़ते अपने प्राण न्योछावर कर दिए, शायद अपनी प्लाटून के प्रति अपनी निष्ठा के कारण, विशेषकर जब उन्हें पता लगा कि उनकी प्लाटून का प्रत्येक साथी, उनके कमांडर सहित, प्लाटून के मोर्चे की रक्षा करते-करते अपना जीवनदान दे चुका है।

मेजर शैतान सिंह और अन्य ने नायक सही राम और उनके जवानों का अंतिम मोर्चा अपनी दूरबीनों से गर्व के साथ देखा।

अब पहली बार चीनियों ने एक 57 मिमी. आर.सी.एल. गन को युद्ध क्षेत्र में दृष्टिगोचर दूरी पर लाकर उसे पहाड़ी पर प्रातः आठ बजकर चालीस मिनट पर स्थापित कर दिया।

मेजर शैतान सिंह ने स्थिति की समीक्षा की। दर्रे के उत्तर की ओर का क्षेत्र-नायक सही राम और उनके सेक्शन के अंतिम मोर्चे के कारण खाली

हो चुका था। पूर्व भी खाली था, क्योंकि वहाँ सामने से आक्रमण करने के लिए कोई चीनी नहीं था। कंपनी के पीछे अर्थात् कंपनी मुख्यालय की पश्चिमी दिशा में भी कोई चीनी नहीं था। इसका अर्थ था कि चीनी केवल दक्षिण में उपस्थित थे।

जहाँ पहले प्लाटून आठ थी, उस जगह एकत्रित हुए चीनियों ने प्लाटून नौ, कंपनी मुख्यालय और मोर्टार सेक्शन पर अपनी दोनों मध्यम मशीनगनों से गोलीबारी आरंभ कर दी। वे भारतीयों पर लगभग 1,000 गज की दूरी से गोलीबारी कर रहे थे और इसका प्रत्युत्तर देने के लिए भारतीयों के पास एक मात्र हथियार था तीन इंची मोर्टार, लेकिन समस्या यह थी कि चार्ली कंपनी के पास सीमित संख्या में बम शेष थे। इसलिए यह वह समय था, जब बड़ा निर्णय लिया जाना था।

बहुत विचार के बाद मेजर शैतान सिंह ने प्लाटून सात के मोर्चे पर दोबारा अधिकार करने का निर्णय किया। उन्होंने नायब सूबेदार राम चंदर को रेडियो किया, जो प्लाटून नौ के प्लाटून कमांडर थे और उस समय सेक्शन तीन में उपस्थित थे।

शत्रु की गोलीबारी के बीच मेजर शैतान सिंह ने रेडियो सेट के आले में चिल्लाकर कहा, "राम चंदर, हम प्लाटून सात के मोर्चे पर दोबारा कब्जा करेंगे। ध्यान से सुनो, मेरे साथ आपके सेक्शन एक और दो भी आगे बढ़ेंगे।"

"रोजर, साहब!"

इसके बाद मेजर शैतान सिंह सिपाही राम चंदर की ओर मुड़े और कहा, "जाओ और हवलदार फूल सिंह को लेकर आओ।"

मेजर शैतान सिंह प्रतीक्षा करते हुए कुछ देर के लिए स्थिति को दोबारा देखने के लिए बाहर गए और इस समय उनके अपने हाथ और कंधे पर गोलियाँ आ लगीं। वह तुरंत वापस कंपनी मुख्यालय में चले गए। वहाँ उपस्थित एक सिपाही ने प्राथमिक चिकित्सा किट को निकाला और उनकी पट्टी की।

हवलदार फूल सिंह प्लाटून नौ की दो इंची मोर्टार चौकी के सेक्शन कमांडर थे। जब वह आए, मेजर शैतान सिंह ने कहा, "फूल सिंह, हम प्लाटून सात के मोर्चे पर वापस कब्जा करने जा रहे हैं।"

"रोजर, साहब!"

तब उन्होंने सी.एच.एम. हरफूल सिंह को देखा और कहा, "हरफूल, मैं चाहता हूँ कि आप प्लाटून नौ के सेक्शन एक और सेक्शन दो को अपने साथ लेकर कंपनी मुख्यालय के उत्तर में अंतिम छोर तक चले जाओ। हम आपको बचाने के लिए हलकी मशीनगन से गोलीबारी करेंगे। जब आप वहाँ पहुँच जाओ तो मेरे आने की प्रतीक्षा करो। ओके?"

"जी, साहब!"

सी.एच.एम. हरफूल तुरंत चले गए।

मेजर शैतान सिंह अपने जाने से पहले दो हलकी मशीनगनों को छोड़ना चाहते थे। एक पहले से ही सिपाही निहाल सिंह के पास थी।

उन्होंने वहाँ उपस्थित लोगों से पूछा, "मुझे दूसरी एल.एम.जी. के लिए एक वॉलंटियर (स्वेच्छा से काम करने वाला) चाहिए।"

इससे पहले कि वहाँ उपस्थित लोगों में से कोई कुछ कह पाता, हवलदार फूल सिंह, जो अभी भी कंपनी मुख्यालय में थे, ने कहा, "साहब, मै वॉलंटियर करता हूँ।"

"बहुत अच्छा।"

तब मेजर मुड़े और दोनों हलकी मशीनगनों को दक्षिण की ओर मुख कर तैनात किया, यह स्थिति तीन इंची मोर्टार सेक्शन और कंपनी मुख्यालय के बीच में थी।

संतुष्ट होकर उन्होंने हवलदार फूल सिंह और सिपाही निहाल सिंह को देखा और कहा, "आपके लिए आदेश है कि एम.एम.जी. को सँभालो। जितनी देर तक हो सके, दुश्मन को रोको।"

दोनों ने उत्तर दिया, "रोजर, साहब!"

जिस स्थान पर सी.एच.एम. हरफूल सिंह प्रतीक्षा कर रहे थे, वहाँ पहुँचकर मेजर शैतान सिंह की योजना सीधी थी। पहला, सेक्शन एक और

दो के साथ, गोलीबारी की ओट में, वह उत्तर की ओर तेजी से जाएँगे। तब नायब सूबेदार राम चंदर के साथ सेक्शन तीन पीछे आएगा। एक बार जब सभी सुरक्षित हो जाते हैं तो दोनों हलकी मशीनगन चालक मोर्टार की गोलीबारी की ओट लेकर उसी स्थान पर आ जाएँगे। और अंत में, मोर्टार सेक्शन भी मोर्टारों को विघटित करने के बाद वही कार्यवाही करेगी। यह एक चरणबद्ध अभियान था जिसका बचाव गोलीबारी की आड़ में किया जाना था।

कुछ देर तक योजना सफल होती लगी, लेकिन जब मेजर शैतान सिंह और उनके साथी जवान कंपनी मुख्यालय से 400 गज दूर थे, एक अनदेखी मध्यम मशीनगन की गोलीबारी ने उनके समूह को काट दिया। मेजर शैतान सिंह को मध्यम मशीनगन की गोलीबारी की एक बौछार पेट में लगी। अन्य भी गिर गए। सी.एच.एम. हरफूल सिंह ने सभी को बाईं ओर मुड़ने को कहा और उन्होंने मेजर की बाईं भुजा पर अपनी कलाई से पकड़ बनाकर उन्हें सुरक्षित होने तक 200 गज ले जाने में सहायता की।

प्लाटून के 20 जवानों और कंपनी मुख्यालय के आठ जवानों में से केवल पाँच ही शत्रु की मध्यम मशीनगन की लक्षित गोलीबारी में जीवित बच पाए थे।

इसी के साथ प्लाटून नौ का सेक्शन तीन भी भारी गोलीबारी का शिकार हुआ था। अब तक सेक्शन तीन के जवानों के पास हलकी मशीनगन और राइफल की गोलियाँ समाप्त हो गई थीं।

जैसे ही सी.एच.एम. हरफूल मुड़े, उन्होंने सेक्शन कमांडर लांस हवलदार बलबीर सिंह की अंतिम झलक देखी, जो अपने तीन जवानों को बैनट चार्ज के लिए चीनी सैनिकों की भूरी वर्दियों के ढेर में ले जा रहे थे। टीले के निकट स्थित प्लाटून नौ से 400 गज आगे तैनात सेक्शन तीन का अस्तित्व कुछ मिनटों में ही मिट गया।

अब चीनी सैनिक कंपनी मुख्यालय और तीन इंची मोर्टार सेक्शन की ओर धीरे-धीरे आगे बढ़ने लगे। जब वह बस 150 गज दूर थे, तीन इंची मोर्टार को लगभग 80 डिग्री की ऊँचाई पर चलाना पड़ रहा था। जल्दी ही

मोर्टार की उपयोगिता समाप्त हो गई, क्योंकि चीनी उस शस्त्र की न्यूनतम प्रहार-सीमा 125 गज के भीतर आ चुके थे।

उस क्षण मोर्टार सेक्शन की स्थिति बुरी होने वाली थी। नायक सूरत सिंह को बम का एक नुकीला टुकड़ा आ लगा और वह मृत्यु को प्राप्त हो गए।

शत्रु की कानफोड़ गोलीबारी के बीच नायक राम कुमार ने लांस नायक सिरी राम और लांस नायक रोशन सिंह को आदेश दिया, "तुम दोनों अपनी मोर्टार को बेकार कर दो और जाओ। अभी!"

दोनों साहसी जवानों ने उत्तर दिया, "नहीं, श्रीमान!"

नायक राम कुमार अपनी बात पर डटे रहे, "अब केवल कुछ बम बचे हैं। अब यहाँ और रुकने का कोई कारण नहीं है।"

"श्रीमान, हम आपको यहाँ अकेले नहीं छोड़ेंगे।" निष्ठावान जवानों ने नायक राम कुमार के बिना जाने से मना कर दिया।

अब तक नायक राम कुमार अनेक गोलियों से छलनी हो चुके थे और उनकी नाक बम के टुकड़े से उड़ गई थी।

दुखदपूर्ण ढंग से, जब दोनों जवान एक नया गोला भर रहे थे, मध्यम मशीनगन की एक बौछार ने उन्हें बीच में ही रोक दिया और दोनों वीरगति को प्राप्त हो गए। अब उन दस जवानों में से, जो मोर्टार सेक्शन में उपस्थित थे केवल एक ही जीवित था– नायक राम कुमार।

इस समय नौ बजे थे।

चीनी आक्रमण की सातवीं लहर, प्रातः 9:00 बजे, 18 नवंबर, 1962

किसी भी मानक से यह एक असमान युद्ध था, लेकिन चार्ली कंपनी के हलकी मशीनगन के जवान, हवलदार फूल सिंह और सिपाही निहाल सिंह, जो मोर्टार मोर्चों के पूर्व में तैनात थे, लगातार चीनियों की आग उगलती मध्यम मशीनगनों और प्रत्येक क्षण धीरे-धीरे निकट आते शत्रु सैनिकों पर लक्ष्य लगा रहे थे।

हवलदार फूल सिंह एक मशीनगन को कुछ देर तक के लिए निष्प्रभावी कर पाए, लेकिन उसके तुरंत बाद ही उनका मोर्चा एक 75 मिमी. के टैंक-रोधी रॉकेट द्वारा बेधा गया। इसके बाद हवलदार फूल सिंह ने गोली दागना बंद कर दिया, क्योंकि वह बम के टुकड़े से घातक रूप से घायल हो गए थे।

हवलदार फूल सिंह, जो इकाई के सबसे सम्मानित एन.सी.ओ. में से एक थे, सिपाही निहाल सिंह के पास श्वासहीन पड़े हुए थे, जो स्वयं गोली दागते रहे। कुछ और मिनटों में ही, उनके दोनों हाथों को मध्यम मशीनगन की गोलियाँ बेध गईं और हलकी मशीनगन उनके हाथों से फिसल गई। सिपाही निहाल सिंह नीचे लेट गए और अपनी हलकी मशीनगन को विघटित करने का प्रयास किया, जैसा कि कंपनी कमांडर ने आदेश दिया था, लेकिन उनके हाथों से भारी रक्तस्राव हो रहा था, जो उनके मस्तिष्क के आदेशों को मानने से मना कर रहे थे। वह असहाय थे और कंपनी के उन बलिदानी जवानों के बीच लेटे थे।

जब भारतीय पक्ष की ओर से कुछ मिनट तक कोई गोलीबारी नहीं हुई, बड़ी संख्या में चीनी सैनिक हलकी मशीनगन के मोर्चे पर उतर आए। यह उनकी सातवीं बड़ी लहर थी।

चीनियों ने उसके साथ ही प्लाटून नौ पर भी बम बरसाए थे। जल्दी ही प्लाटून के मोर्चों से भी कोई प्रतिरोध सामने नहीं आ रहा था और यह उनके लिए संकेत था कि भारतीय प्रतिरोध समाप्त हो चुका है।

सिपाही निहाल सिंह को अंत में बंदी बना लिया गया।

एक चीनी सैनिक ने निहाल सिंह की पहुँच से हलकी मशीनगन को ठोकर मारकर दूर कर दिया और उनसे हिंदी में पूछा, "तुम्हारा नाम क्या है?"

निहाल सिंह, जिन्हें अपनी दोनों बाँहों से रक्त बहने के कारण बहुत दर्द था, ने उत्तर दिया, "निहाल सिंह।"

चीनियों ने अपना अगला प्रश्न दागा, "तुम्हारे कमान अधिकारी का क्या नाम है?"

"नहीं," सिपाही निहाल सिंह चिल्लाए।

चीनी उन्हें ले गए, लेकिन वह साहसी सिपाही एक दिन बाद उनकी अभिरक्षा से भाग निकलेगा।

प्लाटून नौ के प्लाटून कमांडर, नायब सूबेदार राम चंदर, जो गंभीर रूप से घायल हो गए थे, को भी बंदी बना लिया गया, लेकिन वह उस समय बेहोशी की अवस्था में थे। कुछ घंटों बाद वह खुले में लेटे हुए चीनी सैनिकों के शवों से भरे ट्रकों की पंक्ति देखेंगे। उन्हें युद्ध के छह महीने बाद रिहा कर दिया जाएगा और वह युद्ध के बारे में विवरण बताएँगे।

लेकिन चीनियों को पता नहीं था कि चार्ली कंपनी ने अभी तक हथियार नहीं डाले हैं। एक जवान अभी भी युद्ध कर रहा था।

प्रातः के सवा नौ बजे थे और नायक राम कुमार ने अब तक अपनी मोर्टार को बेकार कर दिया था। वह विचार कर रहे थे कि उन्हें अब क्या करना है, जब उन्होंने चीनी सैनिकों को 20 गज से कम दूर देखा। उनके ठीक पीछे उलटी ढलान थी और वहाँ से बचने के लिए उन्हें बस वहाँ से नीचे की ओर लुढ़कना था। उन्होंने अपना काम अच्छी तरह किया था। उनके सेक्शन द्वारा जो 1,000 बम तैयार किए गए थे, उनमें से केवल सात बचे हुए थे।

उनका पूरा सेक्शन अपने प्राण न्योछावर कर चुका था। एक चीज वह निश्चित रूप से नहीं करेंगे और वह था अपनी बटालियन की ओर वापस जाने की बात भी सोचना। यह वह स्थान था, जहाँ उनके साथियों ने अपना जीवन समर्पित कर दिया था और यही वह स्थान था, जहाँ वह अपने प्राण त्याग देंगे, लेकिन चीनियों को और क्षति पहुँचाए बिना नहीं।

नायक राम कुमार के पास कोई व्यक्तिगत शस्त्र नहीं था और इसलिए वह अपनी बाईं ओर बिना देखे बढ़े और क्षतिग्रस्त कंपनी मुख्यालय के भीतर गए। भीतर उन्हें एक राइफल मिल गई। उन्होंने इसे भरा और प्रतीक्षा करने लगे, दृष्टि प्रवेश-द्वार पर जमी हुई। नायक राम कुमार अब तक बुरी तरह घायल थे, नौ गोलियों के निशान उनके शरीर पर थे और उनकी नाक

उड़ चुकी थी। उनके चेहरे के बीच में केवल दो रक्त से भरे छेद रह गए थे। उनके वस्त्र रक्त में भीगे हुए थे। जब वह राइफल की साइट में से प्रवेश-द्वार की ओर देखते हुए प्रतीक्षा कर रहे थे, उनकी आँखें भारी थीं और वह मुश्किल से ही साँस ले पा रहे थे।

उन्होंने प्रथम शत्रु सैनिक को एक ही गोली से मार डाला, जिसने भीतर सिर घुसाया था। इस पर कंपनी मुख्यालय के भीतर प्रत्येक छेद से हथगोले फेंके गए। नायक राम कुमार ने अपनी राइफल एक ओर रख दी और गर्भ के शिशु के आकार में लेट गए। यह वही समय था, जब उन्होंने अपनी चेतना खो दी। जबकि चीनी अभी भी भयभीत थे और कुछ सेकंड बाद उन्होंने कंपनी मुख्यालय को आग लगा दी।

अत्यधिक गरमी के कारण नायक राम कुमार चौंककर जाग गए। वह कुछ मिनट तक बेहोश रहे होंगे। उन्होंने स्तब्ध होकर चारों ओर देखा और पाया कि उनके वस्त्रों को आग लगी है और कंपनी मुख्यालय धुएँ से भरा है। वह साँस नहीं ले पा रहे थे। उन्हें एक रास्ता मिल गया और थकान व ऑक्सीजन की कमी के कारण गहरी श्वास लेते हुए उन्होंने परिश्रम किया और वह इसमें से बच निकले।

बाहर सारा स्थान जल रहा प्रतीत हो रहा था। प्रत्येक दिशा से धुआँ उठ रहा था। चीनियों का अब कोई चिह्न नहीं बचा था।

नायक राम कुमार कुछ दूरी तक रेंगकर गए और फिर पहाड़ी के नीचे की ओर लुढ़क गए। रास्ते में वे दोबारा बेहोश हो गए। अंत में, अगले दिन वह लँगड़ाकर किसी प्रकार चलते हुए बटालियन मुख्यालय पहुँच गए।

अब तक मेजर शैतान सिंह को सी.एच.एम. हरफूल सिंह और सिपाही राम चंदर सहित चार अन्य जवानों की सहायता से एक नाले में से होकर निचले स्थान पर लाया गया था। कंपनी कमांडर को बहुत दर्द हो रहा था और उन्होंने कहा कि वह बैठना चाहते हैं।

तब उन्होंने कहा, “कृपया मेरी बेल्ट (कमर पेटी) खोल दो। मुझे बहुत दर्द है।”

बैटमैन आगे झुके और जब उन्होंने अपना हाथ भीतर डाला, उन्हें समझ आया कि गोलियों की बौछार ने बहुत हानि पहुँचाई थी। यदि वह उनकी बेल्ट उतार देते तो आंतरिक रक्तस्राव बढ़ जाता और आँतें बाहर आ जातीं। उन्होंने सी.एच.एम. की ओर देखा।

सी.एच.एम. हरफूल सिंह ने कहा, "साहब, बस थोड़ी और दूर। हमें आपको अस्पताल ले जाने की जरूरत है।"

इस समय तक वीर कंपनी कमांडर को समझ आ गया था कि वह बचने वाले नहीं हैं। उन्होंने कहा, "मैं चाहता हूँ कि आप मुझे यहाँ छोड़ दो और बटालियन मुख्यालय चले जाओ। कमान अधिकारी को रिपोर्ट करो कि हमारी कंपनी किस बहादुरी से लड़ी।"

जवान अड़े रहे, लेकिन मेजर ने जोर दिया, "जल्दी जाओ, अपने को बचाओ। शत्रु यहाँ कभी भी आ सकता है।"

जवानों की आँखों में आँसू थे। अंत में, अपने कंपनी कमांडर को एक बड़े पत्थर के सहारे लगाकर जवान अनमने ढंग से चले गए। अब तक मेजर शैतान सिंह ने अपनी व्यक्तिगत पिस्तौल प्लाटून नौ के सिपाही मामचंद को दे दी थी, जो उनके साथ थे। इसे बटालियन क्वार्टर मास्टर के पास जमा कराई जानी थी, ताकि वह शत्रु के हाथों में न पड़े।

जवानों ने मेजर शैतान सिंह को जब उनके अंतिम आदेश का पालन करने के लिए छोड़ा, वह कठिनाई से साँस ले रहे थे। जवानों को अपना जीवन बचाना था और कमान अधिकारी को रिपोर्ट करना था कि चार्ली कंपनी ने किस प्रकार युद्ध किया था। भारतीय सेना को वह उसी स्थान पर तीन महीने बाद मिलेंगे, तब उनका पूरा शरीर, चेहरे को छोड़कर, बर्फ से ढका होगा।

जब ये मुट्ठी-भर जवान चार्ली कंपनी के प्रशासनिक आधार शिविर में पहुँचे, उन्होंने उसे जलते पाया और वहाँ कोई कार्मिक नहीं था। जल्दी ही उन्होंने वहाँ एक वाहन को आते देखा और जब उन्हें पहचान लिया गया तो उन्हें बटालियन मुख्यालय ले जाया गया।

वहाँ आगमन पर सिपाही मामचंद ने सबसे पहले कंपनी कमांडर की पिस्तौल को बटालियन क्वार्टर मास्टर हवलदार (बी.क्यू.एम.एच.) नंदकिशोर को जमा करा दी।

18 नवंबर की रात को पहले ले. कर्नल एच.एस. धींगरा और बाद में ब्रिगेडियर टी.एन. रैना ने उन बचे हुए जवानों को धीरजपूर्वक सुना।

सेंट्रल इंटेलीजेंस एजेंसी (अमेरिका की सी.आई.ए.) 1950 के दशक के आरंभ से तिब्बती गुरिल्लाओं को तिब्बत के चीनी कब्जे के विरुद्ध सक्रिय रूप से समर्थन और प्रशिक्षण दे रही थी। इसमें लड़ाकों को कोलोरेडो, अमेरिका में कैंप हेल नामक एक गुप्त स्थान पर कठोर प्रशिक्षण दिया जाता था और गुरिल्लाओं के अधिकार वाले तिब्बती क्षेत्र में हथियार गिराए जाते थे, लेकिन अमेरिकी योजना में एक घातक कमी थी। उन्होंने रेडियो सेट न गिराने का निर्णय किया था, क्योंकि उन्हें डर था कि संचार के दौरान तिब्बती गुप्त प्रोटोकॉल का पालन नहीं करेंगे। एक अन्य कारण यह था कि रेडियो को बहुत सारी बैटरियों की आवश्यकता होगी और वायुयान की भार सीमाओं के कारण उन्होंने रेडियो और बैटरियों के स्थान पर शस्त्रों को चुना। आंतरिक संचार की अनुपस्थिति में तिब्बतियों को एक ही स्थान पर केंद्रित होना पड़ा, जिसके कारण वे चीनी वायु आक्रमणों के आसान लक्ष्य बन गए। हालाँकि सी.आई.ए. का समर्थन विफल हो गया और ‘सी.आई.ए. तिब्बती कार्यक्रम’ को 1974 में बंद कर दिया गया, लेकिन इसका एक सकारात्मक पक्ष यह था कि दलाई लामा के पलायन का नेतृत्व सी.आई.ए. के प्रशिक्षित लड़ाकों ने किया था जिन्होंने आध्यात्मिक गुरु, उनके परिवार और कार्मिकों की गुरिल्ला वाले अधिकार क्षेत्र में से रक्षा की थी और इसे पिछली शताब्दी के महानतम पलायन रहस्यों में से एक बनाया।

12

18 नवंबर, 1962; सायं चार बजे, चीन की सीमा में

प्लाटून नौ और कंपनी मुख्यालय के अचेत जवानों को चीन द्वारा युद्धबंदी बनाया जाता है। नायब सूबेदार राम चंदर स्मरण करते हैं कि कुछ समय बाद उन्हें होश आया और उन्होंने चीनी सैनिकों के ढेरों शवों को युद्धक्षेत्र से ले जाते हुए देखा। जब सिपाही निहाल सिंह चीनी अभिरक्षा में जागते हैं, वह एक अवसर देखते हैं और सफलतापूर्वक भाग निकलते हैं। अंत में, फरवरी, 1963 के प्रथम सप्ताह में, एक लद्‌दाखी चरवाहा भारतीय सैनिकों के जमे हुए शवों को खोज लेता है और सेना को सूचित करता है। ब्रिगेड कमांडर, ब्रिगेडियर टी.एन. रैना के नेतृत्व में खोजी दल रेजांग ला में 10 फरवरी, 1963 को पहुँचता है। वे भारतीय सैनिकों के अंतिम सैनिक, अंतिम गोली के मोर्चे को देखकर द्रवित हो जाते हैं, जब वे उन्हें अपनी युद्ध-स्थिति में जमे हुए देखते हैं। उसके बाद उन वीरों के शव ब्रिगेड कमांडर द्वारा स्वयं वैदिक मंत्रों के उच्चारण के मध्य अग्नि को समर्पित कर दिए जाते हैं। मेजर शैतान सिंह

का शव उसी स्थान पर खोज लिया जाता है, जहाँ से उन्होंने अपना अंतिम आदेश दिया था। कंपनी कमांडर के शव को जोधपुर वायुमार्ग से लाया जाता है, जहाँ पूर्ण राजकीय सम्मान के साथ उनका अंतिम संस्कार कर दिया जाता है।

नायब सूबेदार राम चंदर चौंककर जाग गए। उन्हें कुछ नहीं पता था कि वह कितने घंटों तक बेहोश रहे थे। उन्होंने स्वयं को एक चलते वाहन के भीतर पाया, जो उसी क्षण रुका था जिससे वह जाग गए थे। कुछ सही नहीं था। जब कुछ हाथों ने उन्हें पकड़कर दूसरे बड़े वाहन में अंतरित किया, उसके कुछ क्षण पहले ही जे.सी.ओ. ने अपनी आँखें बंद की थीं। जब उन्हें दो चीनी सैनिकों द्वारा एक स्ट्रेचर पर ले जाया जा रहा था, उन्होंने अपनी आँखें जरा-सी खोलीं और ट्रकों की एक पंक्ति देखी जिसमें चीनी सैनिकों के ढेर लगे थे। उन्होंने अपनी आँखें दोबारा बंद कर लीं।

सिपाही निहाल सिंह भी चीनी अभिरक्षा में थे। चीनी सैनिकों ने उन्हें एक बिस्कुट दिया था और उन्होंने इसे मुँह से काट लिया था, लेकिन क्षणों के भीतर ही उन्हें अहसास हुआ कि वह शत्रु द्वारा दिया गया भोजन स्वीकार कर रहे हैं और उन्होंने बिस्कुट थूक दिया।

देर रात को किसी समय सिपाही निहाल सिंह ने देखा कि दो व्यक्ति जो उनकी रक्षा कर रहे थे, वे उनसे कुछ दूर धूम्रपान करने और बात करने चले गए थे। केवल 21 वर्ष के इस जवान ने तुरंत निर्णय किया और चुपचाप बाहर निकल गए। उन्हें कुछ नहीं पता था कि वह भारतीय सीमा से कितनी दूर थे।

कुछ सौ गज के बाद वह एक बड़े पत्थर के पीछे झुक गए, जब एक फ्लेयर चीनियों द्वारा छोड़ा गया जिससे सारा वातावरण प्रकाशमान हो गया। शत्रु ने किसी गतिविधि की खोज की होगी, लेकिन वह चट्टानों के मध्य बिना हिले-डुले झुके रहे। कुछ क्षण बाद वह उठे और दोबारा चलने लगे।

वह घायल, थके हुए और प्यासे थे। कुछ सौ गज के बाद उन्हें एक कुत्ता मिला। अक्तूबर में जब चार्ली कंपनी वहाँ आई थी तो उन्होंने इस

कुत्ते को कुछ अवसरों पर भोजन कराया था। कुत्ते ने उन्हें देखा और एक विशेष दिशा में चलने लगा।

सिपाही निहाल सिंह कुत्ते के पीछे चलने लगे और कुछ घंटों बाद वह बटालियन मुख्यालय पहुँच गए। हालाँकि सिपाही निहाल सिंह ने लगातार यह कहा है कि एक कुत्ते ने सीमा खोजने में उनकी सहायता की, लेकिन कुछ लोगों का विश्वास है कि वह भ्रम में रहे होंगे। जो भी बात रही हो, इस तथ्य पर विचार करते हुए कि वह निकल भागे थे और ऐसे युद्ध के बाद जिसमें उनका विचार था कि कंपनी के सभी जवान, जिन्हें वह अपना परिवार मानते थे, मृत्यु को प्राप्त हो चुके थे, उस जमे हुए भू-भाग में से मस्तिष्क को कुंद करने वाली पैदल यात्रा के बाद वह जीवित रहे थे और गोलियों के घावों के कारण उनके दोनों हाथों से खून बह रहा था। इन सबके बाद उनका दिया गया वर्णन तार्किक और विश्वसनीय प्रतीत होता है।

युद्ध एक चरम चुनौती होता है, जो मनुष्य की मनोवैज्ञानिक दशा की परीक्षा लेता है। जिन लोगों को साहसी माना जाता है, वे बस अपनी पूँछ भीतर कर पीछे हट जाते हैं, जबकि आडंबरहीन और सीधे-सादे लोग शत्रु की गोलीबारी के सामने अपनी सच्ची शूरवीरता प्रदर्शित करते हैं।

जब एक सैनिक खाई में खड़ा होता है, शत्रु की आती गोलियों के सामने अपने शस्त्र से लक्ष्य साधकर गोली चलाते हुए, उसने जो कुछ सीखा होता है, उसे वास्तव में व्यावहारिक रूप दे रहा होता है, लेकिन जब शत्रु की एक गोली उसके साथ खड़े अन्य सैनिक के सिर में से गुजर जाती है, जिसके साथ उसने कुछ क्षण पहले ही चाय पी होगी, उस समय उसके प्रशिक्षण का प्रभाव समाप्त हो जाता है और उसके डी.एन.ए. में जमी हुई मूल प्रवृत्ति उभरकर सामने आ जाती है। इस बिंदु के बाद यह सैनिक वह करना बंद कर देगा जिसके लिए उसे प्रशिक्षण प्राप्त हुआ है, बल्कि इसके स्थान पर उसके सिर पर उसका अपना अपरिपक्व मनोविज्ञान अधिकार कर लेगा, जो उसे लड़ने या भागने का आदेश देगा।

चार्ली कंपनी के सीधे-सादे, गाँव में पले जवानों के पास अत्यधिक ऊँचाई पर लड़ने का अनुभव नहीं रहा होगा, लेकिन वे सच्चे योद्धा थे जो अंतिम जवान, अंतिम गोली मोर्चे का इरादा रखते थे।

चार्ली कंपनी के बहादुर जवानों पर वास्तविक त्रासदी तब हुई, जब उन मुट्ठी-भर बचे हुए सैनिकों के वृत्तांत को अधिकारियों ने स्वीकार नहीं किया। मेजर शैतान सिंह के अंतिम आदेशों को सावधानी से सुना गया और अस्वीकार कर दिया गया।

सिपाही राम चंदर कहते हैं कि जब उन्होंने अधिकारियों को जोर देकर कहा कि जो वह और अन्य कह रहे थे, सच था और चार्ली कंपनी ने वास्तव में एक वीर युद्ध लड़ा था, उन्हें कहा गया कि या तो वे चुप रहें या झूठ बोलने के लिए कोर्ट मार्शल का सामना करें। विडंबना यह थी कि जिन अधिकारियों ने जवानों को लड़ने के लिए प्रशिक्षित किया था, वे उनके अपने प्रशिक्षण के परिणाम की सच्चाई को सुनने के लिए तैयार नहीं थे।

परिणामस्वरूप चार्ली कंपनी का अंतिम मोर्चा सेना और राष्ट्र द्वारा भुला दिया गया, लेकिन इस बारे में दैवी योजना इससे भिन्न थी, क्योंकि तीन महीने बाद जो होना था, वह सेना में घोरतम आलोचक को और अन्य स्थानों में किसी दिखावटी रक्षा विशेषज्ञ को चुप करा सकती थी।

रेजांग ला; फरवरी, 1963 का प्रथम सप्ताह

फरवरी, 1963 के प्रथम सप्ताह में एक लद्दाखी गड़रिया रेजांग ला जा पहुँचा। तापमान अभी भी कभी शून्य से दस डिग्री सेल्सियस नीचे और कभी शून्य से 20 डिग्री सेल्सियस नीचे हो जाता था और शिकारी पशुओं के लिए अभी भोजन के लिए शिकार करने का समय नहीं हुआ था। संपूर्ण चंद्रमा-सी सतह अभी भी उतनी ही सफेद और जमी हुई थी, जैसी यह 18 नवंबर, 1962 की सुबह को हुए युद्ध के समय थी।

वह गड़रिया पहला भारतीय था जिसने युद्ध के समापन चरणों को एक जमी हुई झाँकी के रूप में देखा था। उसकी आँखों के सामने भारतीय

जवानों के शव थे, जो अभी भी अपनी खाइयों में खड़े हुए थे और जिनके हथियार अभी भी पूर्व दिशा की ओर लक्षित थे।

उसने चुशुल में भारतीय सेना की इकाई को शीघ्रता से सूचित कर दिया। सूचना जल्दी ही दिल्ली मुख्यालय पहुँच गई और एक खोजी दल को बनाया गया। इस खोजी दल में भारतीय सेना के टी.एन. रैना सहित अनेक अधिकारी व जवान थे और रेड क्रॉस के प्रतिनिधि भी इस खोजी दल के सदस्य थे। यह रेजांग ला दर्रे के आधार से रेजांग ला गया, जहाँ कभी चार्ली कंपनी का प्रशासनिक शिविर था।

इस खोजी दल के एक सदस्य कैप्टन किशोरी लाल थे। 'द गाड्स ऑफ वेलर' में प्रकाशित एक लेख में वह निम्न प्रकार अपने रेजांग ला पर आगमन की प्रथम धारणा को लिपिबद्ध करते हैं–

"हम 10 फरवरी, 1963 को रेजांग ला पहुँचे। वहाँ हमने भारत माता के वीर पुत्रों को चिरनिद्रा में सोते देखा। हमने देखा कि वहाँ बहुत भारी बमबारी हुई थी, जो चीनियों ने उन्हें पूरी तरह से नष्ट करने के लिए की थी। चारों ओर गहरे गड्ढे थे। हमने बिना फटे बमों को उठाया और तौला। उनमें से अधिकांश 80 पाउंड से अधिक के थे। वहाँ पर हमारे वीर जवानों के प्रत्येक शव पर 33 से अधिक गोलियों के घाव थे। जमादार (नायब सूबेदार) हरि राम के शरीर पर 47 गोलियाँ लगी थीं। एक बंकर शील्ड (कवच) पर 759 गोली के छेद थे।"

भारतीय सेना की कुमाऊँ रेजिमेंट के आधिकारिक वर्णन का निम्न उद्धरण और विवरण प्रदान करता है–

"रेजांग ला में कोई भी बंकर सही-सलामत नहीं पाया गया था, लहरदार लोहे की चादरें टुकड़ों में पाई गई थीं, बल्लियाँ जलकर माचिस की तीलियाँ बन चुकी थीं और रेत के कट्टे चीथड़ों में थे, लेकिन वहाँ घबराहट या पीछे हटने का कोई चिह्न नहीं था। प्रत्येक जवान अपनी खाई में मृत पाया गया था प्रत्येक को अनेक गोलियों और बम के टुकड़ों से घाव हुए थे, टूटी हुई हलकी मशीनगनें/राइफलें शत्रु की सघन गोला-बारी का प्रमाण थीं।

जमादार (नायब सूबेदार) हरि राम को उनके सिर पर बँधी पट्टी के साथ पाया गया था। प्रकट रूप से उन्होंने उसे जल्दी में बाँधा था, जब वह अपने एक सेक्शन से दूसरे की ओर भाग रहे होंगे और वह वहाँ मारे गए– जब उनका शरीर मिला, वह अभी भी बैठी स्थिति में था।"

10 फरवरी, 1963 को रेजांग जाने वाले बचावकर्ता अवाक् थे। ब्रिगेडियर टी.एन. रैना ने खोजी दल में अपने कनिष्ठ को बुलाया और कहा, "मैं चाहता हूँ कि यहाँ हर चीज की फोटो ली जाए। उसके बाद आप उन शहीद जवानों की सूची बनाओ।"

"जी, श्रीमान!"

"हम इन बहादुर जवानों का अंतिम संस्कार आज ही करेंगे।"

"श्रीमान, यहाँ?"

"हाँ, बिलकुल यहीं। यह भूमि इन वीर देशभक्तों के कारण हमारी है और यहाँ पर एक स्मारक होना चाहिए, जिस पर प्रत्येक भारतीय आए और अपनी श्रद्धांजलि दे।"

"जी, श्रीमान!"

उस शाम चार्ली कंपनी के 96 जवानों के शवों को रेजांग ला से खोजा गया और पूर्ण सैनिक सम्मान के साथ उनका अंतिम संस्कार किया गया। ब्रिगेडियर टी.एन. रैना ने स्वयं अपने हाथों से उस संयुक्त चिता को अग्नि दी।

वहाँ उपस्थित लोग याद करते हैं कि प्रत्येक व्यक्ति की आँखों में आँसू थे। ब्रिगेडियर टी.एन. रैना जो बाद में सेनाध्यक्ष बने, इतना भावुक हो गए कि उन्हें राहत के लिए अपनी कृत्रिम आँख उतारनी पड़ी।

सेना ने आरंभ में बचे हुए जवानों के वर्णन को स्वीकार करने से मना कर दिया था, जो अपने कमांडर मेजर शैतान सिंह के अंतिम आदेश का बस पालन भर कर रहे थे, लेकिन माता प्रकृति ने वीर सैनिकों के अंतिम मोर्चे को वैसे ही संरक्षित कर दिया था। अब वरिष्ठ अधिकारियों के मन में और संदेह नहीं बचे थे। कोर्ट मार्शल की और धमकी नहीं दी जा रही

थी। उन्होंने स्वयं देख लिया था और मान लिया था कि बचे हुए लोगों द्वारा कहा गया प्रत्येक शब्द सत्य था।

मेजर शैतान सिंह का शव उसी स्थान पर मिला, जहाँ उनके निष्ठावान जवानों ने उन्हें छोड़ा था। वह अभी भी उसी पत्थर के साथ टिके हुए थे, चेहरे के अतिरिक्त उनका पूरा शरीर बर्फ से ढका था। ऐसा प्रतीत हो रहा था मानो वह वीर अधिकारी, असाधारण रणनीतिज्ञ और प्रशंसित नेता दोबारा उठने और चीनियों को नष्ट करने के आदेश की गरजना करने से पहले थोड़ा आराम कर रहा था।

मेजर शैतान सिंह का शव एक विशेष भारतीय वायु सेना वायुयान द्वारा अगले दिन जोधपुर भेजा गया। कमान अधिकारी ले. कर्नल एच.एस. धींगरा शव के साथ गए और वीर कंपनी कमांडर का अंतिम संस्कार पूर्ण राजकीय सम्मान के साथ किया गया।

जबकि मेजर शैतान सिंह को परम वीर चक्र से सम्मानित किया गया, जो उच्चतम सैनिक सम्मान है, ब्रिगेडियर टी.एन. रैना को महावीर चक्र प्रदान किया गया, जो द्वितीय उच्चतम सैनिक सम्मान पदक है। ले. कर्नल एच.एस. धींगरा को बाद में अति विशिष्ट सेवा पदक प्रदान किया गया।

तीनों प्लाटून कमांडरों नायब सूबेदार हरि राम, नायब सूबेदार सुरजा राम और नायब सूबेदार राम चंदर को वीर चक्र से सम्मानित किया गया। तीन इंची मोर्टार मोर्चे के सेक्शन कमांडर नायक राम कुमार, प्लाटून सात के नायक हुकुमचंद और लांस नायक सिंह राम, प्लाटून आठ के सिपाही धरमपाल दहिया (चिकित्सा सहायक) को भी वीर चक्र से सम्मानित किया गया। इनके अतिरिक्त सी.एच.एम. हरफूल सिंह, हवलदार जय नारायण, हवलदार फूल सिंह और सिपाही निहाल सिंह को सेना पदक प्रदान किया गया। नायब सूबेदार जय नारायण का नाम मेंशंड-इन-डिस्पैचेज (एक प्रकार का सम्मान) में था।

अन्य वीर जवानों को स्मरण और सम्मानित करने के लिए इस असाधारण युद्ध का सही वर्णन पुनर्रचित करना कभी संभव नहीं होगा, लेकिन एक चीज जो राष्ट्र हमेशा करेगा, वह है चुशुल में स्थित 'रेजांग ला

युद्ध स्मारक : अहीर धाम' नामक युद्ध स्मारक पर जाकर अपना सिर आदर और सम्मान से झुकाना।

इस स्मारक पर गुदे हुए शब्दों को ले. कर्नल एच.एस. धींगरा द्वारा व्यक्तिगत रूप से चुना गया था, वह 13 कुमाऊँ के बटालियन कमांडर थे।

ये लार्ड मेकाले की 'लेज ऑफ एंशिएंट रोम' नामक कविताओं की पुस्तक से लिए गए हैं, जो इस प्रकार हैं–

"And how can man die better
Than facing fearful odds,
From the ashes of his fathers,
And the temples of the gods."

"और मनुष्य कैसे बेहतर मर सकता है
भयानक बाधाओं का सामना करने की तुलना में,
अपने पूर्वजों की राख से,
और देवताओं के मंदिरों से।"

13 कुमाऊँ बटालियन को युद्ध सम्मान 'रेजांग ला' और क्षेत्र सम्मान 'लद्दाख' दिया गया। आज 13 कुमाऊँ की चार्ली कंपनी को औपचारिक रूप से रेजांग ला कंपनी कहा जाता है।

चीन ने भारत पर 20 अक्तूबर, 1962 को आक्रमण किया। नई दिल्ली में निर्णय करने के शीर्ष पदों पर काम करने वाले पदाधिकारी आक्रमण से पहले के अंतिम कुछ महीनों में अपने कार्यालयों में उपस्थित नहीं थे। ये कौन लोग थे और वे कहाँ थे? प्रधानमंत्री जवाहरलाल नेहरू ने आठ सितंबर, 1962 को दिल्ली से राष्ट्रमंडल प्रधानमंत्री सम्मेलन में भाग लेने के लिए प्रस्थान किया और वह दो अक्तूबर, 1962 को वापस आए, लेकिन वह एक बार फिर 12 अक्तूबर, 1962 को कोलंबो चले गए, जहाँ से वह केवल 16 अक्तूबर, 1962 को लौटे अर्थात् युद्ध से मात्र चार दिन पहले। रक्षामंत्री कृष्ण मेनन 17 सितंबर, 1962 से 30 सितंबर, 1962 तक संयुक्त राष्ट्र महासभा बैठक में भाग लेने के लिए न्यूयॉर्क में

थे। सेनाध्यक्ष ले. जनरल बी.एम. कौल कश्मीर में दो अक्तूबर, 1962 तक छुट्टी मना रहे थे और सैनिक संक्रिया के निदेशक (Director of Military Operations – DMO) ब्रिगेडियर डी.के. पालित नेवल विमान वाहक 'विक्रांत' पर एक 'क्रूज' (परिभ्रमण) पर थे। यह रेखांकित करता है सरकार की राष्ट्र के प्रति उदासीनता को, जो संपूर्ण खुफिया विफलता का परिणाम थी। उसके बाद कुछ अंतर्वैयक्तिक मामले थे, जैसे– चीन संबंधी मामलों में जवाहरलाल नेहरू कृष्ण मेनन पर विश्वास नहीं करते थे, क्योंकि उनका मानसिक झुकाव वामपंथी पक्ष में था और इसलिए प्रधानमंत्री ने कुछ चीजों को सीधा उनके पास लाने का आदेश दे रखा था। ले. जनरल बी.एम. कौल और कृष्ण मेनन एक-दूसरे से बात करना पसंद नहीं करते थे, जैसा ब्रिगेडियर डी.के. पालित ने अपने संस्मरणों में लिखा है। अपने रिश्तेदारी के कारण ले. जनरल बी.एम. कौल की जवाहरलाल नेहरू से निकटता थी जिसके कारण जनरल पी.एन. थापर उनसे भयभीत थे। इन अंतर्वैयक्तिक मामलों ने शीर्ष पर संगठनात्मक रचना का और भी घालमेल कर दिया था। इसलिए वास्तविकता में 1962 में सेना के पास एक चीज थी, वह था उनका अपरिष्कृत साहस और राष्ट्र की रक्षा करने के लिए अपने प्राण न्योछावर करने की इच्छाशक्ति, लेकिन इसके विपरीत यदि चीन ने भारत पर 1962 में आक्रमण न किया होता तो शीर्ष राजनीतिक कर्ता-धर्ता कभी भी न जागे होते और अपनी उदासीनता बनाए रखते और उनके आपसी अविश्वास ने बाद में होने वाले युद्धों में हमें कहीं अधिक क्षति पहुँचाई होती।

उपसंहार

वर्ष 2020 के दिसंबर मास में मेरा भाई और मैं हरियाणा के रेवाड़ी जिले के मनेठी नामक एक गाँव में गए। सिपाही मोहिंदर सिंह के दामाद और मेरे चचेरे भाई के मामा सतपाल खोला हमारे साथ थे। दोपहर का समय था और सूरज चमक रहा था। हमारी योजना वीर चक्र विजेता नायक गुलाब सिंह के घर जाने की थी और हमें रास्ता जानने के लिए मात्र एक व्यक्ति से पूछना पड़ा। स्पष्ट रूप से गाँव में प्रत्येक व्यक्ति को ज्ञात था कि 1962 के शहीद का घर कहाँ स्थित है।

जब हम घर पहुँचे तो हमने एक बूढ़ी महिला को देखा, जो घर की सीढ़ियों पर बैठी थी। मैं उनके पास गया और कहा, "राम-राम, क्या यह नायक गुलाब सिंह का घर है?"

बूढ़ी महिला ने मेरी और मेरे भाई की ओर देखा, एक क्षण के लिए वह थोड़ी परेशान हुई और तब उसने जोर से रोना शुरू कर दिया। हम वहीं कुछ अवाक्-से खड़े थे कि एक अधेड़ व्यक्ति बाहर आया और वह उसे भीतर ले गया। तब वह दोबारा बाहर आया और हमें भीतर आने को कहा।

जब हम उस छोटे घर की साधारण बैठक में बैठ गए तो उसने हमारी ओर प्रश्न-भरी दृष्टि से देखा।

जब मैंने उसे अपने आने का प्रयोजन बताया, वह थोड़ा तनावमुक्त हो गया। तब मैंने उससे पूछा, "वह बूढ़ी महिला कौन थी और उसने रोना क्यों शुरू कर दिया था?"

हालाँकि अब तक मुझे पता चल गया था कि वह व्यक्ति क्या कहने वाला है, लेकिन मैं बिना कोई अनुमान लगाए उसे सुनना चाहता था। आखिरकार यह एक गंभीर और बहुत नाजुक मसला था।

उस व्यक्ति ने उत्तर दिया, "वह नायक गुलाब सिंह की विधवा है... और मेरी माता है।"

तब उसने बताया कि 1962 में वह अंबाला में थी और गर्भवती थी, जब नायक गुलाब सिंह को बारामुला और अंत में रेजांग ला जाना पड़ा। उसके बाद उसने जो कहा, उसने मुझे भावुक कर दिया और मैंने अपने आँसू कठिनाई से रोके। उसने कहा, "मेरे पैदा होने के बाद मेरी माता ने मेरे पिता को एक पत्र लिखा था, लेकिन उसे नहीं पता कि उन्हें समय पर समाचार मिला या नहीं क्योंकि उन्हें कभी कोई उत्तर प्राप्त नहीं हुआ।"

उसकी चाय की पेशकश को मना करने के बाद मैंने उससे पूछा कि क्या श्रीमती गुलाब सिंह चित्र खिंचवाने की इच्छुक होंगी? उसने बिना किसी अभिव्यक्ति के सिर हिलाया और घर के भीतर उनसे पूछने चला गया। हम चुपचाप प्रतीक्षा करते रहे। वह कुछ देर बाद 'हाँ' के साथ वापस आ गया।

इस बार जब वह आईं, हमने उनका आशीर्वाद लेने के लिए उनके पैर छुए। उन्होंने हमें लंबे जीवन और प्रसन्नता का आशीर्वाद दिया। उसके तुरंत बाद हमने उनका चित्र खींचा, जिसे मैंने इस पुस्तक का भाग बनाया है। बाद में पुत्र जिसका नाम सुरेश कुमार था और जो भारतीय वायु सेना में सेवा करने के बाद सेवानिवृत्त हो चुका था, हमें एक स्मारक पर ले गया जो उसके घर से कुछ दूर स्थित था। सुरेश कुमार ने हमें बताया कि उसने वह स्मारक पंचायत और कुछ गाँव के बड़े-बूढ़ों के साथ मिलकर स्वयं बनाया है।

“इसकी देख-रेख कौन करता है?” मैंने उससे पूछा।

“मैं स्वयं करता हूँ,” उसने अपनी गर्वीली आँखों से कहा।

हम कुछ और गाँवों में गए और चार्ली कंपनी के वीरगति प्राप्त सैनिकों के स्मारकों पर सम्मान व्यक्त किया। हालाँकि हमारा वहाँ जाना भावुक रूप से थकाने वाला था, अंत में हमने बहुत गौरवान्वित महसूस किया।

इस पुस्तक के लेखन ने मुझे परिवर्तित कर दिया है और सबसे महत्वपूर्ण परिवर्तन है हमारी स्वतंत्रता का आदर करना, क्योंकि हमारे देशवासियों ने इसके लिए अपना जीवन न्योछावर किया है।

चार्ली कंपनी के बहादुर सैनिकों के लिए, जैसा वे बहुधा कहते थे, मृत्यु स्वीकार्य थी, लेकिन पराजय नहीं और इसलिए अंत में, कंपनी के 120 में से 110 सैनिकों ने अपना बलिदान दे दिया और चीनियों को वहीं रोक दिया। इन भारतीय जवानों ने उनकी युद्ध-मशीन को पर्याप्त रूप से कुंद कर दिया था और चीनियों को समझ आ गया होगा कि उस बिंदु से पार जाना संभव नहीं था। रेजांग ला वास्तव में चीन द्वारा जीत लिया गया था, लेकिन भारतीयों ने हार नहीं मानी थी और यह तथ्य कि चीन वहीं रुक गया था और अगले दिन ही उसने युद्ध-विराम की घोषणा कर दी थी, इस बात का प्रमाण है कि चार्ली कंपनी के सैनिकों ने सच में मृत्यु का वरण किया था, पराजय का नहीं।

सारांश में, केवल एक चीज है जिसे कहे जाने की आवश्यकता है। क्या होता यदि इन सैनिकों के पास बेहतर बंदूकें, गोला-बारूद, उपयुक्त बर्फ के वस्त्र, भरपेट भोजन, तोपखाने की सहायता और सेना मुख्यालय तथा सरकार में योग्य नेता होते? मुझे आशा है कि आप मुझसे सहमति व्यक्त करेंगे कि इस प्रश्न का उत्तर स्पष्ट है।

यदि आप कभी चुशुल में युद्ध स्मारक पर जाएँ और यदि आप कठिन प्रयत्न करें तो आप आज भी पहाड़ों में युद्धघोष को गूँजते सुन पाएँगे। मुझे विश्वास है कि इस पुस्तक के पाठक इस स्मारक पर शीघ्र ही जाएँगे।

शब्दावली

एडजुटेंट : एक सैनिक अधिकारी जो कमान अधिकारी के संक्रियात्मक/प्रशासनिक आदेशों को बटालियन में प्रचारित और समन्वित करता है।

एडवांस पार्टी (अग्रिम दल) : सैनिकों का एक समूह, जो मुख्य सेना के आगमन से पहले किसी स्थिति/मोर्चे पर पहले भेजा जाता है।

एडवांस्ड लैंडिंग ग्राउंड (ए.एल.जी.) : अग्रिम अवतरण पट्टी या लघु हवाई अड्डा जो मुख्य रूप से सैनिक प्रयोजन के लिए प्रयुक्त होता है।

बैटमैन : भारतीय सेना में इसे अब बडी (साथी) कहा जाता है। बैटमैन एक सैनिक होता है, जो अधिकारी को उसकी वर्दी तैयार करने, संदेश लाने-ले जाने और आवश्यकता होने पर अन्य कामों, जैसे– अधिकारी के वाहन को चलाने, अधिकारी के सुरक्षा कर्मचारी के रूप में काम करने और अधिकारी के आदेशानुसार अन्य छिटपुट काम निबटाता है।

बैनट : यह एक चाकू होता है जिसे राइफल के सामने लगाया जाता है और इसका प्रयोग निकट/हाथापाई युद्ध में शस्त्र की तरह होता है।

बटालियन : भारतीय सेना में बटालियन एक सैनिक इकाई होती है, जिसमें लगभग 800 जवान होते हैं और इसकी कमान ले. कर्नल (अब कर्नल) के पास होती है। इसके अधीन तीन या चार कंपनियाँ होती हैं और प्रत्येक में 100 से 150 जवान होते हैं, जो कैप्टन/मेजर की कमान में होते हैं।

वर्ग नौ मार्ग : एक सड़क जो छह फुट चौड़ी और थ्री-टन वाहनों के लिए उपयुक्त होती है।

कोट परका : एक प्रकार का अच्छी तरह आवृत्त कोट, जो तीव्र हवाओं और ठंड को रोकता है तथा उसमें एक हुड (कनटोप) लगा होता है जिसमें कृत्रिम फर लगा होता है।

कंपनी हवलदार मेजर (सी.एच.एम.) : एक एन.सी.ओ. (लांस नायक/नायक/हवलदार) जो कंपनी का इंचार्ज होता है और उसके कर्तव्य में सभी संक्रियात्मक और प्रशासनिक कार्य होते हैं जिनमें कंपनी का अनुशासन भी शामिल होता है। वह जवानों और उनकी बातों पर निकटता से दृष्टि रखता है।

कंसरटिना कॉयल : कँटीली और नुकीली तारों का मिश्रण जिसका सामान्य रूप से सुरक्षा सीमा को चिह्नित करने के लिए बाड़ के रूप में प्रयोग किया जाता है। यह इसे पार करने का प्रयत्न करने वाले पशुओं और मनुष्यों को गंभीर रूप से घायल कर सकती है।

कंपनी क्वार्टर मास्टर हवलदार (सी.क्यू.एम.एच.) : वह एक वरिष्ठ एन.सी.ओ. (हवलदार) होता है जिसके अधीन कंपनी की रसद, प्रशासन, हथियार और बारूद होते हैं।

दादा किशन की जय (भगवान कृष्ण की जय) : यह एक युद्धघोष है जिसका उद्देश्य देशभक्त, धार्मिक या सामुदायिक भावनाओं को उकसाकर आक्रामकता और दल भावना को उजागर करना होता है। 'दादा किशन की जय' कुमाऊँ रेजिमेंट के अहीरों का आधिकारिक युद्धघोष है। कुमाऊँ रेजिमेंट के अन्य युद्धघोष हैं : 'कलिका माता की जय' और 'बजरंग बली की जय'।

डिवीजन : भारतीय सेना की किसी डिवीजन का शीर्ष अधिकारी जनरल ऑफिसर कमांडिंग (जी.ओ.सी.) होता है जिसका रैंक मेजर जनरल होता है। इसमें सामान्य रूप से 15,000 योद्धा और 8,000 सहायक तत्व होते हैं और इसके अधीन तीन या अधिक ब्रिगेड हो सकती हैं।

ड्रॉपिंग जोन (डी.जेड.) : यह भूमि पर एक निर्दिष्ट क्षेत्र होता है जिसमें सैनिक आपूर्ति को भूमि पर स्थित जवानों के लिए वायुयान से गिराया जाता है।

एक्स्ट्रीम हाई आल्टीट्यूड (अत्यधिक ऊँचाई) : सेना में क्षेत्रों को सामान्य रूप से तीन वर्गों में बाँटा जाता है, जो उनकी समुद्र-तल से ऊँचाई के आधार पर होता है : प्लेंस या मैदान, हाई आल्टीट्यूड या ऊँचाई (9,000 फुट से 15,000 फुट) और एक्स्ट्रीम हाई आल्टीट्यूड या अत्यधिक ऊँचाई (15,000 फुट से अधिक)। इन क्षेत्रों में प्रत्येक सैनिक के लिए भिन्न राशन (भोजन) पैमाना होता है।

फर्स्ट लाइन ऑफ एम्यूनिशन (गोली-बारूद/कारतूसों की प्रथम पंक्ति–राइफल) : प्रत्येक जवान के पास 100 गोलियाँ होती हैं, जो उसके व्यक्तिगत हथियार के लिए निर्गत की जाती हैं।

फॉरवर्ड पॉलिसी (अग्रिम नीति) : भारत-चीन युद्ध से पहले के वर्षों में भारत सरकार ने लगभग 60 अग्रिम चौकियों की श्रृंखला को पूरी भारत-चीन सीमा पर उन क्षेत्रों में स्थापित किया था, जिन्हें भारत व चीन अपना मानते थे। इसे फॉरवर्ड पॉलिसी या अग्रिम नीति कहा गया। तत्कालीन प्रधानमंत्री जवाहरलाल नेहरू की अगुवाई में, यह इंटेलीजेंस ब्यूरो (आई.बी.) और सेना मुख्यालय के खुफिया आकलन का परिणाम थी कि चीन भारत पर आक्रमण नहीं करेगा।

एफ.एस.एम.ओ. स्केल 'ए' या बड़ा पिट्ठू : फील्ड सर्विस मार्चिंग ऑर्डर (पैक आठ/स्केल ए) एक बड़ा हैवरसैक या झोला होता है, जो सैनिक के कंधों पर टिका होता है। इसमें सामान की मानक सूची होती है जिनमें एक छोटा हैवरसैक, कंबल, फील्ड ड्रेसिंग या वस्त्र, बारिश की टोपी, पानी

की बोतल, भोजन के लिए मेस टिन, अतिरिक्त युद्ध वर्दी आदि शामिल होते हैं और इसका भार लगभग 20 किग्रा. होता है, जो इसमें ढोए जा रहे सामानों की कुल संख्या पर निर्भर होता है, जो किसी अभियान के अनुसार ले जाए जाते हैं। आगे के दो पाउच या छोटे थैले बेल्ट से जुड़े होते हैं और उनका प्रयोग हथगोले और कारतूस रखने के लिए होता है।

गोंद का लड्डू : हरियाणा में लोकप्रिय यह अधिक कैलोरी वाले लड्डू होते हैं जिन्हें गोंद, देशी घी, भुने हुए आटे, चीनी और सूखे मेवे से बनाया जाता है। सर्दियों में इन्हें विशेष रूप से अच्छा माना जाता है। इन मीठे लड्डुओं को शक्ति और रोग-प्रतिरोधक क्षमता को बढ़ाने के लिए खाया जाता है।

आर्टिलरी : इसमें बड़ी तोपें होती हैं, जो इन्फेंट्री को पीछे से बमबारी कर सहायता देती है। इसकी तोपों को एक स्थान से दूसरे को ले जाया जा सकता है।

इन्फेंट्री : पैदल सेना, इसमें कुछ मध्यम श्रेणी के हथियार, जैसे– मशीनगन, मोर्टार, बख्तरबंद गाड़ी आदि हो सकते हैं।

इन्फेंट्री ब्रिगेड : भारतीय सेना में, इन्फेंट्री ब्रिगेड की कमान ब्रिगेडियर के पास होती है और इसमें तीन इन्फेंट्री बटालियन होती हैं, साथ ही इसमें सहायक हथियार और सेवाएँ सम्मिलित होती हैं, जैसे– बख्तरबंद स्क्वाड्रन/जवान, इंजीनियर कंपनी, आर्टिलरी या तोपखाना बैटरी, सिग्नल या संचार कंपनी और ई.एम.ई. वर्कशाप या कार्यशाला जो उपकरणों की मरम्मत करती है।

ईपॉलेट्स : स्कंधपट्ट या कंधे पर रैंक लगाने का सजावटी वस्त्र।

जमादार : एक जूनियर कमीशंड अधिकारी (जे.सी.ओ.) रैंक जिसका प्रयोग 1965 तक भारतीय सेना में किया गया था। वर्तमान समय में इसका समान रैंक नायब सूबेदार है। आसान संदर्भ के लिए इस पुस्तक में सभी स्थानों पर जमादार के रैंक को नायब सूबेदार से बदल दिया गया है।

नॉल : एक छोटी गोल पहाड़ी या टीला।

लंगर : लंगर एक सामान्य शब्द है जिसका प्रयोग भारतीय थल सेना में विभिन्न इकाइयों में जवानों की रसोई के लिए किया जाता है। इसका प्रयोग तब भी किया जाता है, जब लंगर की कोई इमारत नहीं होती और भोजन को खुले में खिलाया जाता है, जहाँ यह बन रहा होता है।

लाइन-तोड़ : यह एक सैनिक आदेश होता है जिसका अर्थ है कि एकत्रित सैनिक अब अपनी रचित पंक्ति को तोड़कर जा सकते हैं।

माइन : यह भूमिगत बम होता है जिसे शत्रु की राह में बिछाया जाता है। इनका प्रयोजन टैंकों, तोपों, गाड़ियों या शत्रु सैनिकों को उड़ाने के लिए होता है, जब इन पर भार पड़ता है।

मैग्नेटो टेलीफोन : यह हाथ से घुमाया जाने वाला टेलीफोन होता है जिसमें स्थायी चुंबकों का प्रयोग घूमने वाली तार से आल्टरनेटिंग करंट पैदा करने के लिए होता है, जो उसी तार से जुड़े सभी टेलीफोनों को बजा देता है।

मोर्टार : मोर्टार एक हलके वजन की ढोई जा सकने वाली तोप होती है जिसमें एक समतल/घुमावदार धातु की नाली आधार प्लेट (रिकॉयल या झटके को फैलाने के लिए) लगी होती है और इसमें एक हलके भार का दो पैरों वाला स्टैंड और दिशा व दूरी निश्चित करने के लिए दृश्यता यंत्र लगा होता है। मोर्टार से बम को ऊँचे वक्राकार पथ पर फेंका जाता है और इसका विशिष्ट रूप से प्रयोग अप्रत्यक्ष अग्नि शस्त्र के रूप में निकट तोपखाना मदद के लिए होता है। इसमें बम को सीधा नली के ऊपर से भरा जाता है।

एन.सी.ओ. (नॉन-कमीशंड अधिकारी) : भारतीय सेना में लांस नायक से हवलदार तक के रैंक को सामूहिक रूप से एन.सी.ओ. कहा जाता है।

नेफा; नॉर्थ ईस्ट फ्रंटियर एजेंसी : भारतीय राज्य अरुणाचल प्रदेश का पुराना नाम।

'ओ' ग्रुप या समूह : बटालियन के संदर्भ में 'ओ' ग्रुप या समूह का अर्थ ऑर्डर ग्रुप या समूह होता है जिसमें कमान अधिकारी, सभी कंपनी कमांडर, एडजुटेंट, खुफिया अधिकारी, बटालियन क्वार्टर मास्टर, सूबेदार मेजर आदि सम्मिलित होते हैं।

पायनियर्स : भारतीय सेना की पायनियर कोर (अब भंग कर दी गई है), जो भारतीय सेना की रसद शाखा थी, के कार्मिक। उनका मुख्य कार्य अग्रिम सीमा पर युद्धक इकाइयों को सहायता देना था जिनमें वे सड़क, खच्चर मार्ग, वायुपट्‌टी का निर्माण, निर्माण व खुदाई-कार्य करते थे। इनके साथ-साथ वे घायल जवानों को युद्धक्षेत्र से लाने, फील्ड अस्पतालों में सहायता करने, रसद सामग्री, राशन और गोला-बारूद को लादने व उतारने का कार्य भी करते थे।

पी.एल.ए. : पिपुल्स लिबरेशन आर्मी या पी.एल.ए. की स्थापना एक अगस्त, 1927 को की गई थी। यह संसार का सबसे बड़ा सैनिक बल है, जो पिपुल्स रिपब्लिक ऑफ चाइना से संबंधित है। इसकी पाँच शाखाएँ हैं– थल सेना, वायु सेना, नौ सेना, रॉकेट सेना और सामरिक सहायता सेना।

प्लाटून : प्लाटून एक सैनिक इकाई होती है, जो कंपनी के अधीन होती है और इसमें लगभग 50 कार्मिक होते हैं। भारतीय सेना में कंपनी के अधीन तीन प्लाटून होती हैं और प्रत्येक की कमान एक जे.सी.ओ. के पास होती है।

क्वार्टर मास्टर : वह कैप्टन या मेजर रैंक का अधिकारी होता है जिसके अधीन किसी इकाई की रसद और गोला-बारूद होते हैं।

रि-एंट्रेंट : यह एक भौगोलिक विशेषता होती है, जो मानचित्र पर अंग्रेजी अक्षर आकार की कांटूर या समान ऊँचाई दर्शाने वाली रेखा होती है, जो वापस पहाड़ी की ओर चली जाती है, न कि पहाड़ी से बाहर निकलती है (जैसा स्पर में होता है)। इस प्रकार यह एक छोटी घाटी होती है जिसके केंद्र में पानी एकत्र हो जाता है और जब वर्षा होती है या बर्फ पिघलती है तो यह नीचे की ओर धारा बनाता है।

रेकी : सर्वेक्षण या जाँच।

रोजर : 'हाँ' कहने के लिए प्रयुक्त शब्द, जिसका अर्थ होता है कि संदेश को प्राप्त कर समझ लिया गया है। रेडियो संचार में इसका अधिक प्रयोग होता है।

साहब : अक्सर भारतीय सेना के जवान वरिष्ठ सैनिकों और अधिकारियों को 'सर' या 'श्रीमान' न कहकर 'साहब' कहते हैं, लेकिन यह आवश्यक नहीं होता।

सैंगर : यह भूमि पर अस्थायी मोर्चा होता है जिसमें पत्थरों, रेत की बोरियों या समान प्रकार के स्थानीय संसाधनों का प्रयोग किया जाता है। यह शत्रु को देखने और गोली दागने का एक सुरक्षित स्थान होता है।

सेक्शन : सेक्शन भारतीय सेना की सबसे छोटी इकाई होती है, जो किसी युद्ध को स्वतंत्र रूप से लड़ सकती है। एक प्लाटून में तीन सेक्शन होते हैं और इसमें लगभग दस कार्मिक होते हैं। उनमें से सबसे वरिष्ठ को सेक्शन कमांडर कहा जाता है, जो सामान्य रूप से एक एन.सी.ओ. होता है।

शक्करपारा : परिष्कृत गेहूँ के आटे से बने मीठे पारे जिन्हें लगभग दो-तीन इंच लंबाई, एक इंच चौड़ाई और चौथाई इंच मोटाई में चौकोर काटकर तल लिया जाता है। अधिक ऊर्जा वाला यह भोजन लगभग प्रत्येक मौसम में कुछ सप्ताहों तक चल सकता है।

साइटिंग (स्थान चयन) : साइटिंग में किसी हथियार को रणनीतिक रूप से स्थित किया जाता है। सामान्य रूप से इसमें हथियार की सही स्थिति, इसकी गोलाबारी की चाप और गोलाबारी की चाप की बाईं और दाईं सीमा होती है। हथियारों को सामान्य रूप से अन्य निकटस्थ हथियारों के संयोजन में इस प्रकार लगाया जाता है कि वे एक-दूसरे की गोलाबारी की चाप को समाहित करें और किसी खाली क्षेत्र को न छोड़ें।

सिट्रेप (सिचुएशन रिपोर्ट) : यह सैनिक इकाइयों के मध्य आवधिक रिपोर्ट होती है, जो सामान्य रूप से किसी सैनिक शृंखला में निम्न से उच्च पदानुक्रम में होती है और उन्हें पूर्व-निश्चित समय पर और प्रारूप में बनाया जाता है। इनके सामान्य प्रारूप को 'रिटर्न' भी कहा जाता है।

बर्फ का चश्मा : यह अच्छी तरह लगने वाला चश्मा होता है, जो आँखों को हवा, अत्यधिक धूप, यूवी (अल्ट्रावायलेट या पराबैंगनी) किरणों और ठंड जैसे जोखिमों से बचाता है, ताकि आँखों को बर्फ से होने वाली अंधता से बचाया जा सके।

स्पिट-लॉकिंग : सेना में इस प्रकार जमीन पर पत्थर या कंकर रखकर सीमा को चिह्नित किया जाता है, जहाँ वास्तविक खुदाई या निर्माण-कार्य किया जाना होता है। ऐसा करने का प्रयोजन सैनिकों को खाइयों, बंकरों आदि के संभावित स्थानों की पहचान कराना होता है।

स्पर (पर्वत स्कंध) : स्पर या पर्वत स्कंध एक पार्श्विक पहाड़ी या ऊँची भूमि होती है, जो किसी पहाड़ या पर्वत के एक ओर से बाहर निकलती है।

ट्री लाइन (वृक्ष रेखा) : यह वह ऊँचाई होती है जिससे ऊपर अत्यधिक ठंड और वायु में नमी की अनुपस्थिति के कारण पेड़ नहीं उग सकते।

ट्रिगर गार्ड (घोड़ा घेरा) : यह वह घेरा होता है, जो किसी हथियार के ट्रिगर या घोड़े के चारों ओर होता है और यह घोड़े को अचानक दबने या सक्रिय होने से बचाता है।

वेरी पिस्तौल : यह एक बड़े बोर वाली बंदूक होती है जिसे 'सिग्नल पिस्टल' (संकेत पिस्तौल) या 'फ्लेअर गन' (प्रकाश पिस्तौल) भी कहा जाता है। इसका प्रयोग प्रकाश के पुंज दागने के लिए होता है जिससे चेतावनी, खतरे या सफलता का संकेत दिया ज़ाता है।

वाटरशेड (जलविभाजक) : यह वह क्षेत्र या उठी हुई भूमि होती है, जो विभिन्न नदियों, घाटियों या समुद्रों के मध्य बहने वाले पानी को अलग करता है। पहाड़ी क्षेत्र में यह एक प्रमुख पहाड़ी-रेखा (पर्वत-शृंखला के उच्चतम बिंदु को जोड़ने वाली पंक्ति) होती है जिसे दो देशों के बीच प्राकृतिक सीमा माना जाता है।

ग्रंथ-सूची

'हिमालयन ब्लंडर', लेखक ब्रिगेडियर जे.पी. दल्वी।

'इंडियाज चाइना वॉर', लेखक नेविल मैक्सवैल।

हेंडरसन ब्रुक्स की रिपोर्ट (भाग 1) : पूरी रिपोर्ट अभी तक भारत सरकार द्वारा गुप्त सूची से हटाई नहीं गई है।

'1962: द वॉर दैट वाजंट', लेखक शिव कुणाल वर्मा।

डॉ. पी.बी. सिन्हा और कर्नल ए.ए. अठाले। 'ऑफिशियल हिस्ट्री ऑफ 1962 इंडिया-चाइना वॉर', संपादन एस.एन. प्रसाद, भारत सरकार प्रकाशन (मार्च, 1993), https://www.bharat-rakshak.com/ARMY/history/1962war/266-official-history.html

'वेलर ट्रायंफ्स : ए हिस्ट्री ऑफ कुमाऊँ रेजिमेंट', लेखक मेजर के. सी. प्रवाल।

'अनसंग हीरोज ऑफ 1962', लेखक ले. कर्नल गुरदीप सिंह क्लेर, लैंसर्स पब्लिशर्स, 1995

ऑफिशियल वॉर डायरी, 13 कुमाऊँ बटालियन, भारतीय सेना।

सैनी, रविंद्र, और शिव कुमार शर्मा : 'रेजांग ला वॉर मार्टर्स रिमेंबर्ड'। 'द ट्रिब्यून' (16 नवंबर, 2020), https://www.tribuneindia.com/news/haryana/rezang-la-war-martyrs-remembered-170895

एम.पी. अनिल कुमार। 'रेजांग ला स्टैंड्स आउट'। 'इंडियन डिफेंस रिव्यू' (8 जुलाई, 2018), http://www.indiandefencereview.com/spotlights/rezang-la-stands-out/2/

कर्नल एच.एस. धींगरा (सेवानिवृत्त) का रेजांग ला स्मारक उद्घाटन पर संबोधन– 29 दिसंबर, 2012, https://www.youtube.com/watch?v=ytM_DgS8aF8

'कश्मीर : द केस फॉर फ्रीडम', लेखक तारिक अली, हिलाल भट्ट, अंगना पी. चटर्जी, हब्बाह खातून, पंकज मिश्रा और अरुंधती रॉय, https://books.google.co.in/books?id=2s_V4_pNhgMC&pg=PA33&redir_esc=y#v= onepage&q&f=kfalse.

दत्ता, श्वेता, 'ऑवर फेमिलीज रिफ्यूज्ड टू बीलीव वी वर लकी'। 'द इंडियन एक्सप्रेस' (19 नवंबर, 2012), http://archive.indianexpress.com/news/-our-families-refused-to-believe-we-were-lucky-/1033012/

राव, आई. राममोहन। 'रिमेंबरिंग द बैटल ऑफ रेजांग ला'। 'बिजनेस स्टैंडर्ड' (22 नवंबर, 2016), https://www.business-standard.com/article/news-ani/remembering-the-battle-of-rezang-la-116112200132_1.html

लिस्ट ऑफ रेजिमेंट्स ऑफ द इंडियन आर्मी (विद ऑफिशियल वॉर क्राइज) https://en-wikipedia.org/wiki/List _of_regiments_of_the_Indian_Army

मेजर जनरल राज मेहता, ए.वी.एस.एम., वी.एस.एम. (सेवानिवृत्त)। 'थर्मोपाइले रिडक्स इन हाई हिमालया', http://reportmysignalpm.blogspot.com/2012/10/v-behavioururldefaultvmlo.html.

एअर चीफ मार्शल पी.सी. लाल। ‘1962 वॉर : द रोल ऑफ आई.ए.एफ.’। ‘इंडियन डिफेंस रिव्यू’ (17 फरवरी, 2021), http://www.indiandefencereview.com/interviews/1962-war-the-role-of-the-iaf/

‘1962, साइनो-इंडियन कनफ्लिक्ट’, लेखक मृणाल तालुकदार (अनुवाद दीपिका फुकन)।

‘इंडियाज वार्स : ए मिलीट्री हिस्ट्री, 1947-1971’, लेखक अर्जुन सुब्रमणियम।

‘द गॉड्स ऑफ वेलर’, लेखक सत्य प्रकाश सिंह।

‘द बैटल ऑफ रेजांग ला’ (पुस्तक ‘लेस्ट वी फॉरगेट’ से पाठ) : कैप्टन अमरिंदर सिंह।

गुरुस्वामी, मोहन। ‘वी मस्ट नेवर फॉरगेट रेजांग ला’। ‘द हिंदू’ (18 अक्तूबर, 2016), https://www.thehindu.com/opinion/lead/Don%E2%80%99t-forget-the-heroes-of-Rezang-La/article12513562.ece

‘होम दे ब्रॉट देअर वारियर्स डीड’ (पाठ) : ‘ए विटनेस एकाउंट ऑफ द लास्ट सीन ऑफ द बैटल ऑफ रेजांग ला’, लेखक कैप्टन किशोरी लाल।

युद्ध-नायकों के प्रशंसा-पत्र, भारत सरकार।

ऑन रेजांग ला, ‘द टाइम्स ऑफ इंडिया’, 1962

ऑन रेजांग ला, ‘द इंडियन एक्सप्रेस’, 27 सितंबर 1963

मोहन गुरुस्वामी द्वारा हैदराबाद रेजिमेंट लेख, ‘द हिंदू’।

‘द सागा ऑफ लद्दाख : हीरोइक बैटल्स ऑफ रेजांग ला एंड गुरुंग हिल, 1961-62’, लेखक मेजर जनरल जगजीत सिंह, 1983

‘वेलर ट्रायंफ्स : द सागा ऑफ रेजांग ला’, लेखक वीरेंद्र वर्मा, 1991

‘मेजर डिफेंस ऑपरेशंस सिंस 1947’, लेखक ग्रुप कैप्टन रणबीर सिंह, 2005।

‘द स्टेट एट वॉर इन साउथ एशिया’, लेखक प्रदीप बरुआ।

‘रेमिनिसिंग रेजांग ला’ (कॉफी टेबल बुक), लेखक कर्नल एन.एन. भाटिया, विज बुक्स, 2019।

‘द ब्रेव : परम वीर स्टोरीज’, लेखक रचना बिष्ट, 2014

‘फायर अंडर द स्नो’, लेखक ग्यात्सो पाल्डेन (तिब्बती भिक्षु जिसे चीनी बंदीगृह से 33 वर्ष बाद रिहा किया गया था)।

‘चाइनाज इंडिया वार’, लेखक बेटिल लिंटनर।

‘वॉर इन हाई हिमालया’, लेखक मेजर जनरल डी.के. पालित।

‘माई ईयर्स विद नेहरू’, लेखक बी.एन. मलिक (आई.बी. निदेशक)।

‘स्लेंडर वाज द थ्रेड’ (ऑन कश्मीर), लेखक ले. जनरल बोगी सेन।

सुब्रामनियन, एल.एन., ‘द बैटल ऑफ चुशुल’, ‘भारत रक्षक मॉनिटर’, अंक 3(3), (नवंबर-दिसंबर, 2000), https://web.archive.org/web/20070202180526/http://www/bharat-rakshak.com/MONITOR/ISSUE3-3/Ins.html

मेजर जनरल एस.वी. थापलियाल, एस.एम. (सेवानिवृत्त)। ‘बैटल ऑफ ईस्टर्न लद्दाख : 1962, साइनो-इंडियन कंफ्लिक्ट’ (अप्रैल 2005-जून, 2005), https://usiofindia.org/publication/usi-journal/battle-of-eastern-ladakh-1962-sino-indian-conflict-2/

लैंब, एलीस्टेअर। ‘चाइना इंडिया बॉर्डर : द ओरिजिन ऑफ द डिस्प्यूटिड बाउंड्रीज’, चैथम हाउस निबंध, 1964 में ओ.यू.पी. द्वारा प्रकाशित। https://pahar.in/mountains/Books%20and%20Articles/Indian%20Subcontinent/1964%20The%20China-India%20Border--the%20origins%20of%20disputed%boundaries%20by%20Lamb%20s.pdf

‘इंडिया-चाइना बाउंड्री प्रॉब्लम 1846-1947: हिस्ट्री एंड डिप्लोमेसी’, लेखक ए.जी. नूरानी।

‘द फॉल ऑफ तवंग’, लेखक मेजर जनरल निरंजन प्रसाद।

राव तुलाराम, लेखक के.सी. यादव (राष्ट्रीय पुस्तक न्यास, भारत)।

‘इंडियन आर्मी आफ्टर इंडीपेंडेंस’, लेखक मेजर के.सी. प्रवाल।

‘हिस्ट्री ऑफ द कन्फ्लिक्ट विद चाइना’, 1962 (रक्षा मंत्रालय प्रकाशन), लेखक डॉ. पी.बी. सिन्हा और कर्नल ए.ए. अठाले, संपादन द्वारा डा. एस.एन. प्रसाद।

‘अंडरस्टेंडिंग द साइनो-इंडियन वॉर, 1962’, लेखक गौतम दास।

टेलीफोन साक्षात्कार ब्रिगेडियर रघुनाथ वी. जाटार (सेवानिवृत्त), 1962 के युद्ध में कमान अधिकारी, ‘डी’ कंपनी।

व्यक्तिगत साक्षात्कार ‘सी’ कंपनी के मानद कैप्टन राम चंदर (सेवानिवृत्त) के साथ, वह प्लाटून 9 के प्लाटून कमांडर थे।

व्यक्तिगत साक्षात्कार ‘सी’ कंपनी के मानद कैप्टन राम चंदर (सेवानिवृत्त) के साथ, वह सिपाही के रूप में 1962 में रेडियो ऑपरेटर थे।

व्यक्तिगत साक्षात्कार ‘सी’ कंपनी के हवलदार निहाल सिंह (सेवानिवृत्त) के साथ, वह रेजांग ला युद्ध के दौरान कंपनी मुख्यालय में हलकी मशीनगन टुकड़ी में थे।

व्यक्तिगत साक्षात्कार कर्नल अमित मलिक, कमान आधिकारी, 13 कुमाऊँ के साथ।

टेलीफोन साक्षात्कार श्री नरपत सिंह, स्व. मेजर शैतान सिंह परमवीर चक्र विजेता के पुत्र, के साथ।

व्यक्तिगत साक्षात्कार हवलदार गजे सिंह जो रेजांग ला युद्ध के दौरान प्लाटून 9 के सिपाही थे।

‘ए चैकर्ड ब्रिलिएंस : द मैनी लाइव्ज ऑफ वी.के. कृष्ण मेनन’, लेखक जयराम रमेश।

‘द साइनो-इंडियन वॉर ऑफ 1962: न्यू पर्सपेक्टिव्ज’, लेखक अमित आर. दास गुप्ता और लॉरेंज एम. लुथी।

‘चाइनाज इंडिया वॉर, 1962: लुकिंग बैक टू सी द फ्यूचर’, लेखक एअर कमोडोर जसजीत सिंह (सेवानिवृत्त)।

‘1962 एंड द मैकमोहन लाइन सागा’, लेखक क्लॉड आर्पी

'द फेट ऑफ तिब्बत : व्हेन बिग इंसेक्ट्स ईट स्मॉल इंसेक्ट्स', लेखक क्लॉड आर्पी

'जेएफके'ज फॉरगॉटन क्राइसिस : तिब्बत, द सी.आई.ए., एंड द साइनो-इंडियन वॉर', लेखक ब्रूस रीडेल।

दत्ता, प्रकाश के। 'दिस डे इन 1962ः चाइना-इंडिया वॉर स्टार्टेड विद सिंक्रोनाइज्ड एटैक ऑन लद्दाख, अरुणाचल'। 'इंडिया टूडे' (20 अक्तूबर, 2017), https://www/indiatoday.in/india/story/india-china-war-1962-20-october-aksai-chin-nefa-arunachal-pradesh-1067703-2017-10-20

साइनो-इंडियन वॉर, 1962, एनसाइक्लोपीडिया ब्रिटानिका, https://www.britannica.com/topic/Sino-Indian-War.

रोशे, एलिजाबेथ, 'रिपोर्ट ऑन इंडियाज डिफीट इन 1962 वॉर रीवील्ड'। लाइवमिंट (19 मार्च, 2014), https://www.livemint.com/Politics/VnlRYckt2cIqfnzA2jiviP/Forward-Policy-of-Jawaharlal-Nehru-govt-blamed-for-1962-deba.html

डॉ., विक्रम। '1962 इंडिया-चाइना वॉर : व्हाय इंडिया नीडेड दैट जोल्ट'। 'द इकोनोमिक टाइम्स' (7 अक्तूबर, 2012), https://economictimes.indiatimes.com/news/politics-and-nation/1962-india-china-war-why-india-needed-that-jolt/articleshow/16703076.cms?utm_source=contentofinterest&utm_medium=text&utm_campaign=cppst

मैक्सवैल, नेवील। 'दिस इज इंडियाज चाइना वॉर'। 'साउथ चाइना मॉर्निंग पोस्ट' (15 जुलाई, 2017), https://www.scmp.com/week-asia/geopolitics/article/2102555/indias-china-war-round-two.

मल्होत्रा, हंसा। '1962 इंडिया-चाइना वॉर : सेवन थिंग्ज यू माइट नॉट नो'। द क्विंट, (21 नवंबर, 2020), https://www.thequint.com/news/india/facts-about-1962-india-china-war

कर्नल एन.एन. भाटिया (सेवानिवृत्त), '1962 इंडिया चाइना वॉर, अनफॉरगेटेबल बैटल ऑफ 1962: 13 कुमाऊँ एट रेजांग ला'। 'भारत रक्षक' (1 नवंबर, 2012), http://www.bharat-rakshak.com/ARMY/history/1962war/414/rezang-la.html

मेजर जनरल शेरू थापलियाल, '1962 वॉर : ए क्रिटिकल एनालिसिस'। 'इंडियन डिफेंस रिव्यू' (30 मार्च, 2018), http://www.indiandefencereview.com/spotlights/1962-war-a-critical-analysis/

कमोडोर उदय भास्कर (सेवानिवृत्त)। 'स्ट्रेंजली फॉरगॉटेन : ऑन रेजांग ला'। 'द हिंदू' (16 नवंबर, 2017), https://www.thehindu.com/opinion/op-ed/strangely-forgotten/article20461145.ece

गुप्ता, शेखर, 'रिमेंबरिंग द बैटल ऑफ रेजांग ला थ्रू द आइज ऑफ टू ब्रेव सोल्जर्स'। द प्रिंट (18 नवंबर, 2018), https://theprint.in/walk-the-talk/56-years-on-remembering-the-battle-of-rezang-la-through-the-eyes -of-two-brave-soldiers/150549/

'आर्मी ऑब्जर्व्ज 54 एनिवर्सरी ऑफ बैटल ऑफ रेजांग ला इन लद्दाख'। 'पुणे मिरर' (19 नवंबर, 2019), https://punemirror.indiatimes.com/news/india/army-observes-54th-anniversary-of-battle-of-rezang-la-in-ladakh/articleshow/72128779.cms

कर्नल दिलबाग दबास। 'हीरोज ऑफ 1962 रेजांग ला बैटल'। 'द ट्रिब्यून' (15 दिसंबर, 2018), https://www.tribuneindia.com/news/archive/haryanatribune/heroes-of-1962-rezang-la-battle-698535

गुप्ता, शेखर। 'नोबॅडी बीलीव्ड वी हैड किल्ड सो मेनी चाइनीज एट रेजांग ला। ऑवर कमांडर काल्ड मी क्रेजी एंड वार्न्ड दैट आय कुड बी कोर्ट-मार्शल्ड'। 'द इंडियन एक्सप्रेस' (30 अक्तूबर, 2012), http://archive.indianexpress.com/news/-nobody-believed-we-had-killed-so-many-chinese-at-rezang-la-our-commander-called-me-crazy-and-warned-that-i-could-be-courtmartialled-/1023745/

‘इंडिया-चाइना वॉर इन रेजांग ला : व्हेन 124 इंडियन सोल्जर्स फॉट 1000 चाइनीज ट्रूप्स इन 1962’। ‘बी.बी.सी. हिंदी’ (11 मार्च, 2019), https://www.youtube.com/watch?v=quWUicBpkwI

‘मेजर शैतान सिंह : मैन हू टॉट चाइनीज ए लेसन इन द बैटल ऑफ रेजांग ला’। ‘इंडिया टूडे’ वीडियो (6 अक्तूबर, 2018), https://www.indiatoday.in/programme/param-vir-chakra/video/Maj.or-shaitan-singh-man-who-taught-chinese-a-lesson-in-the-battle-of-rezang-la-1357566-2018-10-06

‘डी.एन.ए. : एनालाइजिंग द अनफॉरगेटेबुल इंडिया-चाइना वॉर ऑफ 1962’। ‘जी न्यूज’ वीडियो (19 नवंबर, 2016), https://www.youtube.com/watch?v=79wYad_j9A

‘वंदे मातरम, स्टोरी ऑफ मेजर शैतान सिंह’। ‘आज तक’ वीडियो (4 सितंबर, 2016), https://www.youtube.com/watch?v=vmywNzXu34M

द ग्रेट एस्केप-एपिसोड 4-रेजांग ला’। ‘द एपिक चैनल’ (1 अगस्त, 2016), https://www.youtube.com/watch?v=pcM_JbxUJRo.

‘सेंटिनल्स ऑफ द स्नो’। द एपिक चैनल (16 दिसंबर, 2018), https://www.youtube.com/watch?v=IPI-bOp2bPk.

‘1962 वॉर लीजेंड : हाउ 123 इंडियन जवान्स डिफीटेड 1300 चाइनीज ट्रूपर्स’। ‘न्यूज नेशन’ (2 दिसंबर, 2019), https://www.youtube.com/watch?v=SioCdllHq7xI

गार्वर, जॉन डब्ल्यू.। ‘चाइनाज डिसीशन फॉर वॉर विद इंडिया इन 1962’। https://www.chinacenter.net/wp=content/uploads/2016/04/china-decision-for-war-with-india-1962.pdf

थरूर, इशान। ‘द साइनो-इंडियन वॉर : 50 ईयर्स लेटर, विल इंडिया एंड चाइना क्लैश अगेन?’ ‘टाइम’ (21 अक्तूबर, 2012), https://world.time.com/2012/10/21/the-sino-indian-war-50-years-later-will-india-and-china-clash-again/

‘इंडिया : नेवर अगेन द सेम’। ‘टाइम’ पत्रिका कवर स्टोरी, (30 नवंबर, 1962), http://content.time.com/time/magazine/article/0,9171,829540,00.html

‘द साइनो इंडियन बॉर्डर डिस्प्यूट’। मई, 2017 में गुप्त सूची से हटाई गई सी.आई. ए. फाइलें, सेक्शन 2 (1959-61), 9 अप्रैल, 2020 को ली गई, https://www.cia.gov/readingroom/document/cia-rdp79r00904a000800020012-I

‘द गिल्टी मेन ऑफ 1962’, लेखक डी.आर. मानकेकर।

विंग कमांडर होशांग के. पटेल। ‘इंडीपेंडेंस एंड द चाइना वॉर’, Bharatrakshak.com (चाइनीज चैकर्स फोरम)।

‘रिवर्स ऑफ साइलेंस’, लेखक अशोक कल्याण वर्मा।

‘इंडियाज वॉर्स सिंस इंडीपेंडेंस’, लेखक मेजर जनरल सुखवंत सिंह।

एबिटबोल, आल्डो डी। ‘कॉजेज ऑफ द 1962 साइनो-इंडियन वॉर’। डेनवर विश्वविद्यालय (2009 ग्रीष्म), https://digitalcommons.du.edu/cgi/viewcontent.cgi? article=1000&context=advancedintlstudies

ग्रुप कैप्टन ए.जी. बेवूर, वी.एम. (सेवानिवृत्त), ‘क्लोज एअर सपोर्ट इन द 1962 वॉर’। भारत-रक्षक (12 जून, 2017), http://www.bharat-rakshak.com/IAF/history/1962war/1019-bewoor.html

केल्विन, जेम्स बर्नार्ड, ले. कमांडर, यू.एस. नेवी। ‘द चाइना-इंडिया बॉर्डर वॉर (1962)’। ‘GlobalSecurity.org’ (अप्रेल 1984), https://www.globalsecurity.org/military/library/report/1984/CJB.htm#

चेलेनी, ब्रह्मा, ‘ए वॉर चाइना वन ओनली टू लूज’। लाइवमिंट (17 अक्तूबर, 2012), https://www.livemint.com/Opinion/fINQNMSls85qPWbI0WjSDL/A-war-China-won-only-to-lose.html

'द चाइनीज पिपुल्स लिबरेशन आर्मी एट 75'। सं. बरकिट, लॉरी, एंड्रयू स्कोबेल एंड लैरी एम. वोर्टजेल। https://web/stanford.edu/group/tomzgroup/pmwiki/uploads/0199-2003/Burkitt-a-IEM.pdf

फिशर, मार्गरेट डब्ल्यू.; रोज लिओ ई. एंड हटनबैक, रॉबर्ट ए। 'हिमालयन बैटलग्राउंड : साइनो-इंडियन राइवल्री इन लद्दाख'। https://www.questia.com/read/10466588/himalayan-battleground-sino-indian-rivalry-in-ladakh

आर्पी, क्लॉड। 'रिमेंबरिंग ए वॉर', 'Rediff.com' (15 नवंबर, 2002), http://ia.rediff.com/news/2002/nov/15chin.htm

वेंबू, वेंकटेशन। 'चाइना, इंडिया एंड द फ्रूट्स ऑफ नेहरूज फॉली'। 'डी.एन.ए.' (6 जून 2007), https://www.dnaindia.com/world/report-china-india-and-the-fruits-of-nehru-s-folly-1101845

खत्री, सुनील। 'इवेंट्स लीडिंग टू द साइनो-इंडियन कंफ्लिक्ट ऑफ 1962'। 'आई.डी.एस.ए. मोनोग्राफ सीरीज', संख्या 58 (फरवरी, 2017), https://idsa.in/system/files/monograph/monograph58.pdf

'1962 : ए व्यू फ्रॉम द अदर साइड ऑफ द हिल'। सं. पी.जे.एस. संधु, भावना त्रिपाठी, रणजीत सिंह कल्हा, भारत कुमार, जी.जी. द्विवेदी, विनय शंकर, विज बुक्स, 2015।

'रेड फियर : द चाइना थ्रेट', लेखक इकबाल चंद मल्होत्रा, (ब्लूम्सबरी इंडिया)।

बुटालिया, निव्रीति। 'द घोस्ट ऑफ 1962 एंड अदर स्टोरीज'। 'हिंदुस्तान टाइम्स' (19 दिसंबर, 2010), https://www.hindustantimes.com/delhi/the-ghost-of-1962-and-other-stories/story-uUwi56C5wLUWrPfJ1A2NRO.html

आभारोक्ति

अनेक ऐसे लोग हैं, जिन्हें मुझे धन्यवाद कहने की आवश्यकता है, लेकिन मैं युद्ध-नायकों के परिवारों को धन्यवाद देने से आरंभ करना चाहूँगा जिनसे मैंने हरियाणा के गाँवों में भेंट की। मैं उन्हें उनके अतिथि सत्कार, दयालुता और बड़प्पन के लिए धन्यवाद देना चाहूँगा, क्योंकि उन्होंने अपने उन परिजनों की कहानियाँ बताईं, जिन्होंने अपने प्राणों का बलिदान कर दिया था।

मैं 13 कुमाऊँ के कमान अधिकारी कर्नल अमित मलिक का कृतज्ञ हूँ, जिन्होंने मुझे उन चित्रों को प्रदान किया जिनका प्रयोग मैंने इस पुस्तक में किया है और मुझे कर्नल एन.एन. भाटिया (सेवानिवृत्त) द्वारा लिखित 'कॉफी टेबल' बुक भेंट की। उसके बाद उनके कर्मचारी मूल युद्ध दैनिकी (वॉर डायरी) को खोज निकालने में सफल हुए, जो सूचना का अमूल्य स्रोत सिद्ध हुई, क्योंकि इसे 1962 युद्ध के दौरान हाथ से लिखा गया था। मैं 13 कुमाऊँ के दो एडजुटेंट कैप्टन अतुल कुमार यादव और मेजर अविनाश पाटिल के अतिरिक्त नायब सूबेदार जय भगवान को भी धन्यवाद देना

चाहूँगा, जिनके कार्मिकों ने युद्ध दैनिकी को बटालियन के पुराने दस्तावेजों में से खोज निकाला था।

ब्रिगेडियर रघुनाथ वी. जाटार (सेवानिवृत्त) से बात करना सम्मान का विषय था, जिन्होंने पुणे से मेरे संदेश के प्रति अनुक्रिया करते हुए कहा कि वह व्हाट्सएप पर वीडियो कॉल पर अंतर्क्रिया कर प्रसन्न होंगे। इन 80 वर्ष के अधिकारी से वीडियो पर बात करना बहुत शिक्षाप्रद और मजेदार था। मैंने ब्रिगेडियर प्रेम कुमार (सेवानिवृत्त) से भी बात की, जो पंचकुला में रहते हैं और उन्होंने मुझे अक्तूबर, 1962 के बारे में पर्याप्त सूचना प्रदान की, क्योंकि यह वह थे जिन्होंने मेजर शैतान सिंह के शेष प्लाटूनों के साथ आने और कमान को अपने हाथों में ले जाने से पहले चार्ली कंपनी की एक प्लाटून का नेतृत्व किया था।

दोनों ब्रिगेडियर रघुनाथ वी. जाटार (सेवानिवृत्त) और ब्रिगेडियर प्रेम कुमार (सेवानिवृत्त) के पास मेजर शैतान सिंह के बारे में सजीव स्मृतियाँ थीं (मेजर शैतान सिंह 24 अप्रैल, 1962 को पठानकोट में ब्रिगेडियर प्रेम कुमार के विवाह में सम्मिलित हुए थे)। इनके अतिरिक्त मैंने शैतान सिंह के पुत्र नरपत सिंह से भी बात की, जो जोधपुर में रहते हैं। इसके आगे जय समोटा नामक एक युवा शोधकर्ता, जो मेजर शैतान सिंह की जीवनी लिख रहे हैं, ने उस सूचना के अंतरों को भरने में सहायता की जो मैंने पुस्तकों, पत्रिकाओं, अखबारों और अन्य ऑनलाइन स्रोतों से मेजर शैतान सिंह के आरंभिक जीवन के बारे में एकत्र की थीं।

इस असाधारण युद्ध में बचे हुए लोगों से मिलना एक सम्मान था। मैंने प्लाटून नौ के प्लाटून कमांडर कैप्टन (ऑनरेरी या मानद) राम चंदर (सेवानिवृत्त), कंपनी मुख्यालय पर हलकी मशीनगन के साथ तैनात हवलदार निहाल सिंह (सेवानिवृत्त), रेडियो ऑपरेटर कैप्टन (मानद) राम चंदर (सेवानिवृत्त) और प्लाटून नौ में तैनात हवलदार गजे सिंह (सेवानिवृत्त) से भेंट की। इस दौरान मैं उनके द्वारा श्वास ली जा रही वायु में श्वास ले रहा

था और चार्ली कंपनी की वीरता को सुन रहा था जिसने मुझे एक भारतीय के रूप में अपरिमित गर्व और कृतज्ञता से भर दिया।

मैं ले. कर्नल एच.एस. धींगरा (सेवानिवृत्त) की सुपुत्री श्रीमती सुनीता मुखर्जी के प्रति कृतज्ञ हूँ, जिन्होंने मुझे गुरुग्राम में अपने घर आमंत्रित किया और अपने पिता के चित्र दिखाए तथा उस व्यक्ति को समझने में मेरी सहायता की। उन्होंने ले. कर्नल एच.एस. धींगरा द्वारा दिए गए भावुक संबोधन के बारे में भी बताया, जो उन्होंने गुरुग्राम में रेजांग ला युद्ध स्मारक के उद्घाटन के दौरान 29 दिसंबर, 2012 को दिया था। मैं ले. कर्नल एच.एस. धींगरा के पुत्र मेजर हरामृत सिंह धींगरा (सेवानिवृत्त) के प्रति कृतज्ञ हूँ, जिनसे मैंने चंडीगढ़ में दूरभाष पर बात की।

जनरल टी.एन. रैना के बारे में और जानने के लिए, जो 1962 में चुशुल में स्थित 114 ब्रिगेड के ब्रिगेड कमांडर थे, मैंने उनकी पुत्री श्रीमती अनीता थपन से संपर्क किया। मैं उनका आभारी हूँ कि उन्होंने दो बार मुझसे दूरभाष पर बात की, साथ ही उन्होंने और सूचना के लिए ब्रिगेडियर सतीश के. इसर (सेवानिवृत्त) का संपर्क-सूत्र दिया, जो जनरल टी.एन. रैना के सैनिक सहायक थे जब वह सेनाध्यक्ष थे। इस समय ब्रिगेडियर सतीश के. इसर जनरल टी.एन. रैना की जीवनी लिख रहे थे, उन्होंने जनरल के बारे में सब कुछ जानने के लिए मुझे विनम्रतापूर्वक पुस्तक की प्रतीक्षा करने को कहा, लेकिन मेरे पास समय कम था, क्योंकि इस जीवनी के प्रकाशित होने से पहले ही यह पुस्तक छपने के लिए जा चुकी थी।

शोधकर्ताओं और इतिहासकारों में से मैं मेजर (डॉ.) टी.सी. राव, डॉ. ईश्वर सिंह यादव, प्रो. के.सी. यादव, राव अजीत सिंह और रेजांग ला समिति के श्री नरेश चौहान का धन्यवाद करना चाहूँगा, जिन्होंने अनेक महत्वपूर्ण सूचनाएँ उपलब्ध कराईं, जिन्होंने मुझे इस पुस्तक को अधिक प्रामाणिकतापूर्वक और अधिकारपूर्वक ढंग से लिखने में सहायता की।

मैं अपनी पत्नी के मौसा कर्नल नरेंद्र यादव और अपने भाई कर्नल (डॉ.) एंडी अनिल को इस पुस्तक का प्रथम मसौदा पढ़ने और सुधार के

सुझाव देने के लिए धन्यवाद देना चाहूँगा। इन दोनों वर्षों के दौरान मेरे भाई पूरी तरह मुझे समर्थन देते रहे और जब भी मैंने उनसे समय माँगा, उन्होंने प्रत्येक बार अपने काम को एक ओर रख मेरे साथ यात्रा की।

मैं श्री सतपाल खोला के प्रति भी कृतज्ञ हूँ, जो समाजसेवी और मेरे चचेरे भाई के मामा हैं और जो इस युद्ध में अपना बलिदान देने वाले सिपाही मोहिंदर सिंह (रेडियो ऑपरेटर) की बेटी से विवाहित हैं। उन्होंने गाँव की सड़कों पर मेरा मार्गदर्शन करते हुए युद्ध-नायकों के परिवार सदस्यों के पास जाने के लिए मेरे साथ पूरा दिन व्यतीत किया।

इस पुस्तक के लेखन में मैं अन्य अनेक लोगों के प्रति भी हृदय से कृतज्ञ हूँ– विंग कमांडर एम.ए. अफराज (सेवानिवृत्त), संस्थापक, ऑनर प्वायंट; कर्नल एन.एन. भाटिया (सेवानिवृत्त) जो रेजांग ला पर कॉफी टेबल बुक जिसका शीर्षक 'रेमिनिसिंग बैटल ऑफ रेजांग ला' के लेखक हैं; पंकज यादव, भारतीय पत्रकार, शीनहुआ समाचार एजेंसी, दिल्ली; 1962 युद्ध के दौरान 13 कुमाऊँ में खुफिया कक्ष में कार्यरत कर्नल चंदू लाल जो अब सेवानिवृत्त हैं; बी.आर. दीपक, प्रोफेसर, जवाहरलाल विश्वविद्यालय, नई दिल्ली, चीनी विद्वान और लेखक, कमांडेंट ए.के.एस. पँवार (सेवानिवृत्त), एक युद्ध इतिहास उत्साही; मोहन गुरुस्वामी, अध्यक्ष, सेंटर फॉर पॉलिसी आल्टरनेटिव्ज (नीति विकल्प केंद्र) और रवि यादव, बॉलीवुड के निर्देशक और निर्माता।

मैंने इस पुस्तक का अधिकांश भाग घर पर लिखा, लेकिन इसके कुछ भाग गाजियाबाद स्थित इंदिरापुरम हैबिटेट सेंटर में स्थित 'द रीडर्स कैफे' में लिखे गए थे और मैं अंबुज, अनुज और कैफे के बहुत अच्छे कार्मिक दल के प्रति उनके उदार आतिथेय के लिए कृतज्ञ हूँ।

यह पुस्तक मेरे मित्र और साहित्यिक अभिकर्ता सुहेल माथुर और पेंगुइन रैंडम हाउस इंडिया में प्रकाशक मिली ऐश्वर्या के सहयोग बिना संभव नहीं होती। यह केवल मिली द्वारा स्वीकार करने के बाद था कि मैं इस पुस्तक पर शोध और लेखन आरंभ कर सका और मैं उनके निरंतर विश्वास

तथा समर्थन के लिए धन्यवाद देता हूँ, क्योंकि यह पेंगुइन के साथ मेरी दूसरी पुस्तक है। मैं उनके दल के विनीत गिल और राल्फ रेबेलो के प्रति भी उनके पेशेवर उपागम के लिए कृतज्ञता व्यक्त करता हूँ जिसके साथ उन्होंने समन्वय और संपादन को पूरा किया।

मैं मेजर जनरल विक्रम देव डोगरा, अति विशिष्ट सेवा पदक, के प्रति भी कृतज्ञ हूँ जो आयरनमैन ट्रायथलॅन प्रतियोगिता दो बार करने वाले पहले सेवारत भारतीय सेना अधिकारी और संसार के पहले जनरल थे; उन्होंने इस पुस्तक के लिए भूमिका लिखने की मेरी प्रार्थना स्वीकार कर ली।

और अंत में, मैं अपने पिता और माता को इस पुस्तक को लिखने के लिए प्रेरित करने और अपनी पत्नी सीमा तथा पुत्रियों मेहल और लियाना को समर्थन देने के लिए धन्यवाद देता हूँ, जो एक परिवार ही कर सकता है। कृतज्ञता मेरी सासु जी, सचिन, रचना, लियाशा, विनीता, आर्णव, रीमा, संजय, रूही, राजीव, विकास, निशा, अमित, विशाल, अनु, सौरव, प्रवीन, जीतेंद्र, नितिन और भारत तथा विदेश में रह रहे अन्य सभी पारिवारिक सदस्यों और मित्रों के प्रति भी बनती है। आप जानते हैं कि आप कौन हैं और आपमें से प्रत्येक ने जाने-अनजाने में, उत्साहवर्धन करने, समर्थन देने और मुझ पर विश्वास करने में कुछ भाग अदा किया है। मैं आपमें से प्रत्येक के प्रति आभारी हूँ।

मुद्रक : मैजिक इंटरनेशनल प्रा. लि., ग्रेटर नोएडा

भाग 4 (क)

अनुच्छेद 51(क)

मूल कर्तव्य

भारत के प्रत्येक नागरिक का यह कर्त्तव्य होगा कि वह :

(क) संविधान का पालन करे और उसके आदर्शों, संस्थाओं, राष्ट्र ध्वज और राष्ट्रगान का आदर करे;

(ख) स्वतंत्रता के लिए हमारे राष्ट्रीय आंदोलन को प्रेरित करने वाले उच्च आदर्शों को हृदय में संजोए रखे और उनका पालन करे;

(ग) भारत की प्रभुता, एकता और अखंडता की रक्षा करे और उसे अक्षुण्ण रखे;

(घ) देश की रक्षा करे और आह्वान किए जाने पर राष्ट्र की सेवा करे;

(ङ) भारत के सभी लोगों में समरसता और समान भ्रातृत्व की भावना का निर्माण करे जो धर्म, भाषा और प्रदेश या वर्ग पर आधारित सभी भेदभाव से परे हो, ऐसी प्रथाओं का त्याग करे जो स्त्रियों के सम्मान के विरुद्ध हैं;

(च) हमारी सामासिक संस्कृति की गौरवशाली परंपरा का महत्व समझे और उसका परिरक्षण करे;

(छ) प्राकृतिक पर्यावरण की, जिसके अंतर्गत वन, झील, नदी और वन्य जीव हैं, रक्षा करे और उसका संवर्धन करे तथा प्राणि मात्र के प्रति दयाभाव रखे;

(ज) वैज्ञानिक दृष्टिकोण, मानववाद और ज्ञानार्जन तथा सुधार की भावना का विकास करे;

(झ) सार्वजनिक संपत्ति को सुरक्षित रखे और हिंसा से दूर रहे;

(ञ) व्यक्तिगत और सामूहिक गतिविधियों के सभी क्षेत्रों में उत्कर्ष की ओर बढ़ने का सतत प्रयास करे जिससे राष्ट्र निरंतर बढ़ते हुए प्रयत्न और उपलब्धि की नई ऊंचाइयों को छू ले;

(ट) यदि माता-पिता या संरक्षक है, छह वर्ष से चौदह वर्ष तक की आयु वाले अपने, यथास्थिति, बालक या प्रतिपाल्य के लिए शिक्षा के अवसर प्रदान करे।